国家高端智库武汉大学国际法研究所

国 际 法 文 库

INTERNATIONAL LAW LIBRARY

黄 进 总主编

肖永平 执行主编

专著系列

黄志雄 主编

德国法院确定跨国代孕儿童亲子关系的实证分析

An Empirical Study on Determination of Parenthood of Transnational Surrogate Children, from the Perspective of German Judicial Practices

李珏 著

法律出版社
LAW PRESS · CHINA

北京

图书在版编目（CIP）数据

德国法院确定跨国代孕儿童亲子关系的实证分析 / 李珏著. -- 北京 ：法律出版社, 2024. -- (国际法文库 / 黄进总主编). -- ISBN 978 - 7 - 5197 - 9255 - 8

Ⅰ. D951.621.6

中国国家版本馆 CIP 数据核字第 2024L0Y598 号

德国法院确定跨国代孕儿童亲子关系的实证分析
DEGUO FAYUAN QUEDING KUAGUO DAIYUN ERTONG QINZI GUANXI DE SHIZHENG FENXI

李　珏　著

策划编辑　沈小英
责任编辑　刘晓萌　鲁　安
装帧设计　李　瞻

出版发行　法律出版社
编辑统筹　法治与经济出版分社
责任校对　李慧艳
责任印制　吕亚莉
经　　销　新华书店

开本　710 毫米 × 1000 毫米　1/16
印张　15　　**字数**　289 千
版本　2024 年 6 月第 1 版
印次　2024 年 6 月第 1 次印刷
印刷　北京虎彩文化传播有限公司

地址：北京市丰台区莲花池西里 7 号(100073)
网址：www.lawpress.com.cn
投稿邮箱：info@lawpress.com.cn
举报盗版邮箱：jbwq@lawpress.com.cn

销售电话：010 - 83938349
客服电话：010 - 83938350
咨询电话：010 - 63939796

书号：ISBN 978 - 7 - 5197 - 9255 - 8　　**定价**：96.00 元

凡购买本社图书，如有印装错误，我社负责退换。电话：010 - 83938349

总序一

当今之世界，随着全球投资贸易不断增长，科学技术特别是信息技术飞速进步，通信和交通日益便捷，人文交流蓬勃发展，经济全球化、政治多极化、文化多元化、社会网络化、法律趋同化已成为天下大势。在这种背景下，作为国际社会最为重要的行为规范，国际法在全球治理中发挥着不可替代的作用。

今日之中国，秉持“创新、协调、绿色、开放、共享”五大发展理念，正在全面建设小康社会、全面深化改革、全面推进依法治国、全面从严治党、全面参与全球治理。在这个过程中，国家始终坚持统筹国内国际两个大局，于内，追求实现“两个一百年”奋斗目标，追求实现中华民族伟大复兴的中国梦。于外，坚定不移对外开放，参与全球治理；坚持和平发展、合作共赢；积极构建中国特色大国外交，完善对外战略布局，既“请进来”，又“走出去”，加快推进“一带一路”建设；坚决维护国家主权、安全、发展利益，争取良好国际环境，维护世界和平稳定，促进各国共同发展，打造“人类命运共同体”。毫无疑问，坚持统筹国内国际两个大局，不仅要全面推进依法治国，加强国内法治，而且要在全球治理中高度重视和善于发挥国际法的作用，加强国际法治，推进国内法治与国际法治良性互动，特别是要完善中国自己的涉外法律法规体系，积极参与国际规则的制定，增强中国在国际法律事务中的话语权和影响力，运用法治思维和法治方式依法处理涉外事务，强化涉外法律服务，加强国际法治合作。

当下之中国国际法学界，经过改革开放 30 多年的建设和发展，可以肯定地说，国际法学科体系不断健全，学术队伍不断壮大，国际学术交流与合作不断拓展，学术水平和创新能力不断提高，培养了一大批国际法专门人才。而且，广大国际法专家学者解放思想、实事求是、求真务实、与时俱进，深入研究和回答中国改革开放面临的国际法理论和实践问题，产出了一大批有分量的学术成果，为国际法学的繁荣发展和国家改革开放及现代化建设做出了重要贡献。但应该指出的是，中国国际法学领域还存在一些亟待解决的问题。比如，国家缺乏整体的国际法学科发展战略规划，国际法学科建设放任自流，各国际法机构各自为阵；国际法人才队伍学术原创能力和解决实际问题的能力不强，活跃在世界国际法舞台的人才不多，总体素质亟待提高；国际法人才培养体系不健全，德行教育与知识传授相分离、理论培养与实践训练相脱离、国内培训与国际培训相隔离；国际法学术研究缺少精品力作，还没有产出具有广泛国际影响的创造性思想成果和理论成果，在国际规则制定和国际法律事务中的话语权和影响力不大。可以这样说，中国国际法学界目前在学术命题、学术思想、学术观点、学术标准、学术评价、学术话语上的能力和水平同中国综合国力和国际地位还不太相称。

综上所述，国际法在国际社会中的重要地位日益凸显，中国全面推进依法治国、对外开放、参与全球治理，亟须掌握和运用国际法，中国国际法学界仍处于有数量缺质量、有专家缺大师以及作用没有充分发挥出来的状态。我们所处的时代表明，这是一个需要国际法的时代，这是一个需要国际法理论创新而且一定能够产生国际法新理论的时代，这是一个需要国际法思想而且一定能够产生国际法新思想的时代。所有这些，正是我们编辑出版“国际法文库”以推动国际法学繁荣发展的初衷。

“国际法文库”将坚持兼容并包、思想自由。主张立足中国、借鉴国外，挖掘历史、把握当代，关怀人类、面向未来，着力推进构建既具有中国特色、中国风格、中国气派，又能进入世界学术话语体系的国际法学。

“国际法文库”将坚持问题导向。面对中国改革开放的新常态、国际局势的新变化，世界范围内各种思想文化交流交融交锋的新形势，只有聆听时代的声音，回应时代的呼唤，认真研究国家深化对外开放、全面参与全球治理的重大而紧迫的问题，才能真正把握历史脉络，找到发展规律，推进国际法理论创新和全球治理实现良法善治。

“国际法文库”将坚持跨学科研究。国际法律问题涉及国际社会生活的方方面面，具有跨学科性，需要从多学科视角，运用学科交叉融合的方法，进行跨学科研究。也就是说，对于国际法律问题，不仅要从国际公法、国际私法、国际经济法等国际法学视角进行研究，而且还要从宪法、行政法、民商法、刑法、诉讼法等国内法学视角进行研究；不仅要从法学视角进行研究，而且还要从国际政治、世界历史、全球经济、人类社会变迁、多元文化交融、地球生态文明等视角进行研究。跨学科研究在于坚持用联系的发展的眼光看待问题，增强研究的整体性、系统性、协调性、战略性，促进问题合情、合理、合法的解决。

“国际法文库”将坚持创造创新。创新是一个民族进步的灵魂，也是引领理论发展的动力。创新，就是有所发现、有所发明、有所创造。国际法理论的生命力在于创新，只有不断进行探索，才能推进国际法思想创新、知识创新、理论创新、制度创新、方法创新。国际法理论创新要从问题开始，发现问题、筛选问题、分析问题、研究问题、解决问题的过程就是创新的过程。国际法理论创新不必贪大求全，发现新事实、新材料、新现象是创新，阐明一个新原理、提出一种新学说、揭示一条新规律是创新，发明一项新技能、找到一条新路径、创造一种新方法也是创新。

“国际法文库”设专著系列、译著系列、实务系列、文集系列，是法律出版社与武汉大学国际法研究所共同打造的学术品牌。法律出版社在中国出版界特别是法学、法律出版领域的龙头地位自不待言。这里有必要对武大国际法所多说几句。武大国际法所是我国著名法学家、教育家、国际私法一代宗师韩德培先生于1980年创办的，是我国高校设立的第一个国际法研究所。该所自创立以来，自强不息，追求卓越，先后培养了一大批已在学术和实务方面崭露头角的国际法专门人才，先后产出了一大批具有较高水平的国际法学术成果，先后两次被评为国家级重点学科，2000年被确定为教育部人文社会科学重点研究基地，2015年入选首批国家高端智库。可以肯定地说，武大国际法所是当今中国国际法领域的学术重镇，不断推进中国国际法人才培养、科学研究和新型智库建设，不仅是它义不容辞的责任，更是它崇高而神圣的使命。正是基于这种情怀，武大国际法所与法律出版社携手合作，设立了这个“国际法文库”。这是为中国国际法学界开辟一块新的学术园地，建造一个新的学术舞台。“国际法文库”是自由、开放、包容、多元的，海内外的国际法同仁都可以在这块园地里辛勤耕耘，春播夏种、秋收冬藏；也都可以在这座舞台上翩翩起舞，崭露头角、一展锋芒。我真诚希望，所有以国际法为志业、立志为中国国际法事业做出贡献的海内外同仁,都能把“国际法文库”视为我们共同的国际法事业的一部分,关心之、支持之、帮助之、鞭策之,勿忘初心、久久为功,去迎接我们共同期待的中国国际法学界百花齐放、百鸟争鸣的春天。

是为序。

[*]

2016 年 12 月 1 日于北京

---

* 黄进,中国政法大学教授,中国法学会副会长,中国国际法学会会长,中国国际私法研究会会长。

总序二

随着中国日益接近世界舞台的中央，我国迫切需要加强国际法律共同体建设，利用国际法维护世界和平和人类命运共同体以及可持续发展，保障中国的正当利益。因此，不管是国际法制度构建，还是国际法理论创新，抑或是国际法实践引领，中国都需要从“被动适应者”向“主动引领者”转变。

由我国著名法学家、教育家、社会活动家、国际私法一代宗师韩德培先生创办的武汉大学国际法研究所是1980年由原国家教委批准成立的中国高校第一个国际法研究机构；1981年设立博士点；1995年建立博士后流动站；1996年列为“211”工程重点建设单位；2000年被教育部批准为普通高等学校人文社会科学重点研究基地；2004年被批准为“985”工程哲学社会科学创新基地；2015年被中宣部确定为首批国家高端智库试点建设单位。她一贯秉持国际公法、国际私法、国际经济法的全面和综合研究，积极拓展联合国法、欧洲联盟法、国际能源法、电子商务法、国际发展法、国际网络法、国际投资法、国际金融法、国际体育法、世贸组织法、海洋法和海商法等前沿学术领域，形成了学科研究方向齐全、学科发展水平一流、咨政服务能力突出、教学科研成果领先的鲜明特色。

但是，不管是作为教育部的人文社会科学重点研究基地，还是作为国家高端智库，仅仅依靠一个研究所的力量难以实现中国国际法理论的创新，难以实现中国从国际法的"被动适应者"向"主动引领者"的转变。当下，中国面临的问题在全球化进程中愈加凸显其复杂性，许多问题往往需要从不同学科、不同视角、不同谱系进行合理的理论解释、作出正确的政策选择；而不同学者、学术机构、智库在不同领域具有相对优势，或者因所在区域不同而存在区域政策问题的竞争优势。因此，团结、组织中国国际法学者共同攻关、协同创新是获得国际竞争优势、创新中国国际法理论，进而实现中国从国际法的"被动适应者"向"主动引领者"转变的必由之路。正是出于这种考虑，我们与法律出版社合作出版"国际法文库"，希望集中展示中国学者的国际法著述和学术见解，及时传播国外国际法学界的最新研究成果，协同研究中国面临的重大国际法实践问题，不断增强中国国际法理论的国际话语权，不断提升中国国际法制度的国际吸引力，不断提高中国国际法实践的国际影响力。

因此，"国际法文库"将面向中国国际法理论界和实务界广泛征集选题，通过自荐与他荐相结合的方式，由丛书编辑委员会根据其学术性、思想性和创新性决定出版选题。本文库分为专著系列、译著系列、实务系列和文集系列。

专著系列旨在集中呈现中国学者在国际法领域的理论研究成果，引导中国国际法学界关注国际学术动态、设置前沿学术议题、营造良好学术风气，推动中国国际法理论创新。以学术性和创新性为选题标准，主要出版中国学者关于国际法领域具体问题的创新性研究成果。

译著系列旨在全面推介国际社会国际法理论的经典著作和最新成果，促进中外国际法理论的交流与交锋，促使中外国际法实践的互动与创新。以思想性与新颖性为选题标准，主要出版国际社会在20世纪90年代以后创作或再版的国际法著作的译作。

实务系列旨在在中国国际法理论研究和实践运用之间架起桥梁，促使中国国际法研究更加贴近国家和社会的现实需要，在国际法理论的支撑下运用国际法规则分析和解决实践中出现的问题。以对策性与实用性为选题标准，主要出版针对实践中的国际法问题，特别是与中国密切相关的国际法问题的著作，强调贴合国家对外交往实际需要，关注操作层面的问题选择、分析和解决方案。

文集系列旨在及时反映中国国际法学界举办的学术会议成果，提高学术交流的质量，加强学术交流的深度，扩大学术交流的影响。以新颖性与可行性为选题标准，主要出版能够设置学术议题、引领理论前沿的论文集。

我们相信，在中国国际法学界同仁的关心、支持与积极参与下，“国际法文库”一定能够实现上述目的，为中国国际法的理论创新、制度变革和实践引领贡献她应有的智慧、发挥她应有的作用。

*

2017年元旦于武汉

---

* 肖永平，武汉大学国际法研究所所长，长江学者，法学教授，中国国际私法研究会常务副会长。

Contents

目　录

导　论

一、研究目的

跨国代孕是人类辅助生殖技术高度发达和国际旅行极为便捷的产物,在实现意向父母孕育与自己基因相关的孩子的愿望的同时,也带来了大量的亲子关系认定问题。生产于跨国代孕安排下的儿童,面临着跛脚亲子关系、没有国籍和签证、被照顾和被抚养的权利无法保障等问题。儿童是人类的希望,学术界需要给予这类亟须保护的儿童群体更多的关注。研究德国法院审理跨国代孕亲子关系案件的司法经验正当其时,有丰富的学术价值和实践价值。

(一)有利于促进我国家庭冲突法向精细化方向发展

跨国代孕中的亲子关系问题,虽仅是家庭冲突法中的极小一支,但其涵盖面较广,对该问题进行全面的研究可以以点见面、见微知著,对德国亲子关系认定的实体法和冲突法有全局性的了解。目前我国学术界对德国跨国代孕亲子关系判决的研究存在不全面、不及时的问题:第一,研究大都简单地援引标志性案例,远未涵盖德国法院已审理的跨国代孕案件;第二,对德国判决的研究更新不及时,存在已经出现新的判决,但作者仍引用已被撤销的判决的现象。本书通过对一手资料,即德国判决书的研究,对德国法院审理跨国代孕亲子关系认定案件进行全面的、发展的、辩证的梳理和分析,可以对德国法院审理此类案件的司法经验有全局性的了解。

这对于促进我国家庭冲突法向更精细化方向发展有一定借鉴意义。

虽然目前已有较充分的国外研究成果,但笔者认为仍有一些问题亟待解决:第一,德国公共政策在解决不同法律问题时应如何区分尚不明确。在法律适用和承认外国判决两个问题上,德国法院分别适用了《德国民法典施行法》第6条和《家事事件与非讼事件程序法》第109条中规定的不同的公共政策。在承认外国判决时又将其分为国内公共政策与国际公共政策,德国法院适用更为宽松的国际公共政策承认外国判决的理论基础值得分析。目前德国学术界在这方面的讨论还不够深入,国内公共政策与国际公共政策的区分是本书力求解决的理论问题之一。第二,就外国亲子关系证明,如出生证明、公证文书等的流动而言,目前德国学术界关注不高。海牙国际私法会议比较关注官方文书的流动,认为这是解决跨国代孕儿童身份问题的高效便捷的方式。本书结合德国国内法和国际条约分析了官方文书的流动,比如可以考虑跨国代孕案件中出生证明和公证文书的流动与《关于取消外国公文书认证要求的公约》的关系。

(二)有利于我国学术界全面准确掌握德国国际私法的最新发展

如上所述,目前我国学术界对于德国跨国代孕亲子关系问题的研究,存在不全面、不及时的问题。本书动态研究德国相关司法判决,不仅关注德国法院承认外国判决的标志性案件,还关注该标志性判决前后的司法动态;不仅关注终审法院作出的对儿童有利的判决,也关注该终审判决作出前被修正的下级法院的判决,还关注判决作出后其他法院在审理类似案件时的做法;不仅关注德国上下级、不同地区法院之间观念的相互承袭,还关注司法机关内部的冲突和紧张关系。德国法院对跨国代孕亲子关系问题总体呈逐渐开放的态度,重视保护儿童最大利益,但司法机关内部态度不一,在诸如连结点的选择、准据法的适用、儿童最大利益的判定、意向父母收养跨国代孕儿童等问题上,并未达成共识。即使在德国联邦最高法院(Bundesgerichtshof)或上级法院有先例的情况下,也并非所有的德国法官都会作出与德国国内立法和社会观念相矛盾的判决。意向父亲和意向母亲身份被承认的难度不同、男性同性伴侣与女性同性伴侣获得的外国判决被承认的可能性不同、国内代孕与跨国代孕的结果不同,德国法院如何在这三类问题上做出妥协与平衡值得研究。

德国法院的判决书表明,承认外国判决并不导致德国对代孕的一般性禁止性规定的立法目的无法实现。但是笔者认为,判决书中"承认外国判决的结果事实上削弱了禁止代孕的立法的威慑力"的表述应该理解为"法院在普遍性预防的立法目的和儿童最大利益之间,赋予后者更高的优先级",不宜全盘否认承认外国判决对本国法律的冲击。德国法院在承认外国亲子关系判决的同时,严格适用德国法拒绝认定意向父母与跨国代孕儿童的亲子关系,这两者是否矛盾?当事人的行为本质上是相同的,仅仅因为前者获得了外国判决就承认之,是否在鼓励当事人跨国代孕后向外国法院申请亲子关系判决?这对没有申请外国法院判决的意向父母和代孕儿童是否公平?因此,简单的标志性案例研究并不足以形成对跨国代孕亲子关系相关的国际私法问题的全局性认知,只有收集整理大量的司法判决并进行实证研究,才能掌握该问题相关的德国国际私法的最新发展。

二、研究现状

(一)国内研究现状

目前国内较少有学者涉猎德国跨国代孕亲子关系相关的司法实践问题,未检索到专著,知网检索到的文章也较少,仅有部分文章提及个别德国法院审理跨国代孕相关问题的案例,主要包括德国法院承认外国亲子关系判决、意向父母收养跨国代孕儿童两大类型。

1. 关于德国法院承认外国判决的研究

目前,我国对德国法院在跨国代孕案件中承认外国亲子关系判决的研究有待深入。国内部分学者认为,2014 年德国联邦最高法院作出的具有里程碑意义的承认同性伴侣赴美代孕案件中的美国亲子关系判决,主要是受欧洲人权法院的影响。德国法院对公共政策和儿童最大利益进行了衡量,赋予儿童生存权、发展权更高的优先级,严格限制公共政策的适用,即儿童最大利益优先于一国公共政策,成为跨国代孕案件中承认外国亲子关系认定判决的最重要的考量因素。① 部分学者认为,德国目前处于跨国代孕案件的频发期,个案的判决无法形

① 参见王吉文:《儿童最大利益原则在跨国代孕判决承认中的适用问题——以德国的判例为例》,载《青少年犯罪问题》2018 年第 4 期;曾琦:《谁为人母——德国法视角下与"适度放开代孕"的争锋》,载方小敏主编:《中德法学论坛》第 13 辑,法律出版社 2016 年版;王洪根、闫星宇:《跨国代孕法定亲子关系承认问题研究》,载《河南财经政法大学学报》2019 年第 1 期;高升、王洪根:《论跨国代孕中法定父母身份认定的法律冲突》,载《河南财经政法大学学报》2017 年第 4 期;王艺:《外国判决承认中公共秩序保留的怪圈与突围——以一起跨国代孕案件为中心》,载《法商研究》2018 年第 1 期;王吉文:《公共秩序保留的二维发展走向》,载李明发主编:《安徽大学法律评论》总第 18 辑,安徽人民出版社 2010 年版;周如雪:《外国民商事判决承认与执行的可分性研究》,载《浙江万里学院学报》2018 年第 4 期;马永梅:《外国法院判决承认与执行中的公共秩序》,载《政法论坛》2010 年第 5 期。

成可援引的规则,需要通过制定多边条约规范跨国代孕亲子关系判决的承认,并限制公共政策的适用。但各国对代孕的立法态度不同,甚至大相径庭,承认与执行外国判决的立法规定也有所区别,该多边条约的制定需要参与国的妥协,耗时良久,目前尚无较为明朗的条约草案。因此也有学者建议充分利用现有的《儿童权利公约》《欧洲人权公约》等,保护跨国代孕儿童福祉。①

2. 关于德国意向父母收养跨国代孕儿童的研究

除了研究德国法院承认外国亲子关系判决、法院另行认定亲子关系之外,还有文章分析了无法认定意向父母是代孕儿童合法父母时的替代性解决方案,即德国意向父母通过收养建立与跨国代孕儿童的亲子关系。尽管德国立法中规定跨国代孕是违法的收养方式,必须是为保护儿童最大利益时,才能允许意向父母收养代孕儿童,但部分学者通过分析德国法院的判决书,认为德国法院允许收养并非与禁止代孕相矛盾,也并未违反德国公共政策,而是站在保护儿童最大利益的立场上,为已经出生的代孕儿童建立家庭提供有温度的可能性。②有部分学者认为,代孕源于追求基因延续的偏执,无子女的夫妇可以以收养代替代孕。同时有相反意见认为,即使代孕不值得被鼓励,也不应该被谴责。希望拥有与自己血脉相连的亲人的愿望是不可罚的。③

---

① 参见王洪根、闫星宇:《跨国代孕法定亲子关系承认问题研究》,载《河南财经政法大学学报》2019 年第 1 期;王吉文:《儿童最大利益原则在跨国代孕判决承认中的适用问题——以德国的判例为例》,载《青少年犯罪问题》2018 年第 4 期;杜涛:《跨国代孕引发国际私法问题》,载《中国妇女报》2016 年 3 月 2 日,第 3 版;汤瑜:《国外代孕游走在法律边缘》,载《民主与法制时报》2015 年 5 月 17 日,第 8 版;任巍:《论完全代孕中子女身份归属的法律认定——从"子女最佳利益"原则出发》,载《学术探索》2014 年第 8 期;张燕玲:《生育自由及其保障范围——兼论人工生殖的理论基础》,载《中南民族大学学报(人文社会科学版)》2007 年第 5 期。

② 参见袁泉、罗颖仪:《跨境代孕中的法律冲突及其解决路径——〈跨国收养方面保护儿童及合作公约〉的经验》,载《国际法研究》2019 年第 2 期;王洪根:《论跨国代孕法定父母身份承认中的公共秩序》,载《西部法学评论》2018 年第 1 期;严红:《跨国代孕亲子关系认定的实践与发展》,载《时代法学》2017 年第 6 期;曾琦:《谁为人母——德国法视角下与"适度放开代孕"的争锋》,载方小敏主编:《中德法学论坛》第 13 辑,法律出版社 2016 年版;袁泉、罗颖仪:《跨境代孕亲子关系认定所涉及的若干国际私法问题》,载《国际法研究》2016 年第 6 期;齐玲星:《跨国代孕亲子关系确定问题研究》,浙江工商大学 2015 年硕士学位论文;王贵松:《中国代孕规制的模式选择》,《法制与社会发展》2009 年第 4 期。

③ 参见曾琦:《谁为人母——德国法视角下与"适度放开代孕"的争锋》,载方小敏主编:《中德法学论坛》第 13 辑,法律出版社 2016 年版。

3. 国内研究现状评价

学者们基本上可以达成的共识是，德国法院并非绝对杜绝跨国代孕亲子关系的建立，而是在不违反德国法律的基础上，保护这种新出现的家庭形式。但目前的研究仍存在一些问题：第一，对判决的研究不全面，远未涵盖德国法院全部已审理的跨国代孕案件，仅仅是简单地援引标志性案例，没有具体分析不同情形下德国法院的不同态度。有部分学者在研究跨国代孕域外判决的承认与执行问题时，通过引用德国法院承认外国亲子关系判决的标志性案例，认为外国法院认定男性同性伴侣为合法父母的判决可以被德国法院承认，且得出认定意向母亲为合法母亲的外国判决会被德国法院拒绝承认的错误结论。[①] 第二，对德国判决的了解更新不及时，存在已经出现新的判决，但作者仍引用被撤销的判决的现象。部分学者并未从发展的、全面的角度研究德国判决，如德国法院在 2017 年承认了一份外国判决，该判决认定已婚意向父母是代孕儿童的合法父母，从而实际上将德国法院承认的外国法院判决中意向父母的类型从同性伴侣扩展到了异性伴侣。还有部分学者引用了一审拒绝承认外国判决的案例，未及时关注德国最新的司法实践，忽视了作出相反决定的二审判决，从而错误地将德国归类为拒绝承认认定意向父母与代孕儿童亲子关系的外国判决的国家。[②] 虽说瑕不掩瑜，这些问题并不妨碍上述论文成为优秀的学术论文，但笔者认为有必要通过一手资料，即德国判决书，对德国法院审理跨国代孕亲子关系认定案件进行全面的、发展的、辩证的梳理和分析。

（二）国外研究现状

国外英文和德文文献中对德国跨国代孕亲子关系认定的研究成果更为丰富，而且有更好的时效性。首先，德国法院的判决书旁征博引，有很强的说理性，其本身就是很好的研究素材。本书尝试从 1983 ~ 2020 年与跨国代孕亲子关系问题相关的百余份判决书中，归纳德国法院就亲子关系认定、外国判决的承认、同意收养跨国代孕儿童的条件等问题的裁判标准。其次，有大量德文文献对德国法院的判决作出了梳理，并对判决背后如儿童最大利益、公共政策、替代性连结点的优先级等理论与实践问题进行了深入的分析。最后，现有的英文

---

① 参见俞泽桁：《跨国代孕域外判决承认与执行问题研究》，华东政法大学 2019 年硕士学位论文；俞胜杰：《跨国代孕亲子关系认定的承认问题研究》，华东政法大学 2017 年硕士学位论文。

② 参见王艺：《外国判决承认中公共秩序保留的怪圈与突围——以一起跨国代孕案件为中心》，载《法商研究》2018 年第 1 期。

文献虽然极少以德国跨国代孕亲子关系认定问题为选题,但是在多部跨国代孕比较法研究的著作中,以文集形式收录了德国的国别报告。

1. 关于跨国代孕基本情况的调查

21 世纪以来,德国意向父母开始寻求跨国代孕。根据 2013 年非官方的统计,德国每年有 50 ~ 100 对夫妇实施跨国代孕。事实上,2014 年年底德国联邦最高法院承认美国亲子关系判决后,鼓励了更多的德国夫妇寻求跨国代孕。[①] 就代孕目的国而言,美国、俄罗斯、柬埔寨、白俄罗斯、格鲁吉亚、危地马拉和乌克兰等国家是德国意向父母寻求跨国代孕的首选地。[②] 美国以更便捷的护照、签证规则和对意向父母更友好的认定亲子关系的法律规定,即使其代孕费用高

---

① Vgl. Konigorski, M, Der gemietete Bauch, Deutschlandfunk. http://www. deutschlandfunk. de/der-gemietete-bauch. 886. de. html? dram:article_id = 246049, (abgerufen am 09. Mai 2013). Torn, P. /Wischmann, T., Leitlinien des BKiD Psychosoziale Beratung für Frauen und Männer, die eine Kinderwunschbehandlung im Ausland beabsichtigen, Journal für Reproduktionsmedizin und Endokrinologie 2010, S. 394ff. Sabrina Dücker & Tatjana Hörnle, *German Law on Surrogacy and Egg Donation: The Legal Logic of Restrictions*, in Tulsi Patel, Sayani Mitra & Silke Schicktanz eds., Cross-Cultural Comparisons on Surrogacy and Egg Donation, Interdisciplinary Perspectives from India, Germany and Israel, Springer Press, 2018, p. 231. Anatol Dutta, *Surrogacy in Germany*, in Jens M. Scherpe, Claire Fenton-Glynn & Terry Kaan eds., Estern and Western Perspective on Surrogacy, Cambridge University Press, 2019, p. 35 – 48. Viji Athreye, *What Are the Surrogacy Laws in India?*, MyIndia (6 March 2017), https://www. mapsofindia. com/my-india/india/surrogacy-laws-in-india-whose-baby-is-it-anyway.

② Vgl. Paul Lagarde, Die Leihmutterschaft: Probleme des Sach-und des Kollisionsrechts, ZEuP 2015, S. 234 f. Susanne Lilian Gössl, *Report in Germany*, in Katarina Trimminggs & Paul Beaumont eds., International Surrogacy Arrangements: Legal Regulation at The International Level, Hart Publishing, 2013, p. 131 – 134. Claire Fenton-Glynn, *International Surrogacy before the European Court of Human Rights*, 3 Journal of Private International Law 546 – 567 (2017). Sayani Mitra, *Cross-Border Reprofows: Comparing the Cases of India, Germany, and Israel*, in Katarina Trimminggs & Paul Beaumont eds., International Surrogacy Arrangements: Legal Regulation at The International Level, Hart Publishing, 2013, p. 83 – 102. Anika König, *Parents on the Move: German Intended Parents' Experiences with Transnational Surrogacy*, in Tulsi Patel, Sayani Mitra & Silke Schicktanz eds., Cross-Cultural Comparisons on Surrogacy and Egg Donation, Interdisciplinary Perspectives from India, Germany and Israel, Springer Press, 2018, p. 1 – 10. Julia Teschlade, *Conceiving before Conception: Gay Couples Searching for an Egg Donor on their Journey to Parenthood*, in Tulsi Patel, Sayani Mitra & Silke Schicktanz eds., Cross-Cultural Comparisons on Surrogacy and Egg Donation, Interdisciplinary Perspectives from India, Germany and Israel, Springer Press, 2018, p. 301 – 323.

达乌克兰、印度等国家的5倍,也仍然很受德国意向父母的青睐。①

2. 关于承认外国亲子关系判决的研究

德国法院从2009年开始审理承认外国亲子关系判决的跨国代孕案件,意向父母主要分为已婚夫妇、男性或女性同性伴侣、单身父亲或母亲三种。但德国法院的判决并不完全一致,即使存在2014年德国联邦最高法院承认外国判决的案例,地方法院仍会依据公共政策拒绝承认外国判决。同时,也会存在对性别平等这一宪法基本权利的争论,因为德国立法对父亲和母亲身份的规定不同,认定已婚的意向父亲或意向母亲、男性或女性同性伴侣、单身的意向父亲或意向母亲为合法父母的判决,在德国法院被承认的难度并不相同。② 目前学术

① See Judit Sándor, *Transnational Surrogacy: An Overview of Legal and Ethical Issues*, in Tulsi Patel, Sayani Mitra & Silke Schicktanz eds., Cross-Cultural Comparisons on Surrogacy and Egg Donation, Interdisciplinary Perspectives from India, Germany and Israel, Springer Press, 2018, p. 35 – 55. Gabriele Werner-Felmayer, *Globalisation and Market Orientation: A Challenge Within Reproductive Medicine*, in Tulsi Patel, Sayani Mitra & Silke Schicktanz eds., Cross-Cultural Comparisons on Surrogacy and Egg Donation, Interdisciplinary Perspectives from India, Germany and Israel, Springer Press, 2018, p. 13 – 55. Vasanti Jadva, Natalie Gamble, Helen Prosser & Susan Imrie, *Parents' Relationship with their Surrogate in Cross-border and Domestic Surrogacy Arrangements: Comparisons by Sexual Orientation and Location*, 111 Fertility and Sterility 568 (2019). Anatol Dutta, *Surrogacy in Germany*, in Jens M. Scherpe, Claire Fenton-Glynn & Terry Kaan eds., Estern and Western Perspective on Surrogacy, Cambridge University Press, 2019, p. 35 – 48. Viji Athreye, *What Are the Surrogacy Laws in India?*, MyIndia (6 March 2017), https://www.mapsofindia.com/my-india/india/surrogacy-laws-in-india-whose-baby-is-it-anyway. Piotr Mostowik ed., *Fundamental Legal Problems of Surrogate Motherhood Global Perspective*, Wydawnictwo Instytutu Wymiaru Sprawiedliwości, 2019, p. 857 – 867. Katarina Trimminggs, *International Surrogacy Arrangements: Legal Regulation at the International Level*, Hart Publishing, 2013, p. 131. Wilson, T., *Unravelling Orders in a Borderless Europe? Cross-border Reproductive Care and the Paradoxes of Assisted Reproductive Technology Policy in Germany and Poland* (2017), Available at http://dx.doi.org/10.1016/j.rbms.2017.02.002.

② Vgl. KG, Beschluss vom 21.1.2020 – 1 W 47/19; KG Berlin, Beschluss vom 17.05.2020 – 1 W 298 + 300/19; AG Köln, Beschluss vom 05.07.2019 – 378 Ⅲ 41/19; AG Fürth, Beschluss vom 28.06.2019 – 4 F 144/19 AB; OLG Hamm, Beschluss vom 17.12.2019 – 15 W 324/19; BGH, Beschluss vom 05.09.2018 – Ⅻ ZB 224/17; AG Gummersbach, Beschluss vom 04.07.2018, Az. 23 F/18. AG Berlin-Schöneberg, 21.12.2018 – Ⅲ 122/18; BGH, Beschluss vom 10.10.2018 – Ⅻ ZB 231/18; OLG Düsseldorf, Beschluss vom 28.2.2018 – Ⅱ – 6 UF 175/17; AG Frankfurt, Beschluss vom 09.04.2018 – 470 F 16020/17 AD; OLG Braunschweig, Beschluss vom 12.04.2017 – 1 UF 83/13; KG Beschluss vom 04.07.2017 – 1 W 153/16; AG Heidenheim, Beschluss vom 11.04.2017 – 9 F 191/17; AG Wuppertal, Beschluss vom 03.11.2017 – 67 FH 6/16; AG Berlin-Schöneberg, Beschluss vom 07.03.2016 – 71a Ⅲ 354/15; OVG Nordrhein-Westfalen, 14.07.2016 – 19 A 2/14; BGH, Beschluss

界对外国判决在德国获得承认持积极态度，即使德国司法判决并不完全一致，但承认外国法院作出的认可意向父母和代孕儿童之间亲子关系的判决的可能性仍然较高。① 承认外国判决主要涉及外国法院的管辖权、公共政策、儿童最大利益这三大问题，学者们认为，儿童最大利益应当为审理跨国代孕案件时的首要考量因素，具有最高优先级。在外国亲子关系判决的承认案件中，如果公共

---

vom 20.04.2016 – Ⅻ ZB 15/15; OLG Düsseldorf, Beschluss vom 07.04.2015 – Ⅱ – 1 UF 258/13; BGH, Beschluss vom 10.12.2014 – Ⅻ ZB 463/13; KG, Beschluss vom 02.12.2014 – 1 W 562/13; OLG Frankfurt am Main, Beschluss vom 14.07.2014 – 20 W 374/13; OLG Düsseldorf, Beschluss vom 26.04.2013 – I – 3 Wx 211/12; AG Düsseldorf, Beschluss vom 29.11.2013 – 270 F 214/13; AG Friedberg, Beschluss vom 01.03.2013 – 700 F 1204/12 AB; AG Friedberg, Beschluss vom 01.03.2013 – 700 F 1142/12 RI; VG Köln, Beschluss vom 13.11.2013 – 10 K 2043/12; KG, AG Gießen, Beschluss vom 07.11.2013 – 22 Ⅲ 9/13; Beschluss vom 01.08.2013 – 1 W 413/12; BVG, Beschluss vom 19.12.2013 – BvL 1/11; OLG München, Beschluss vom 05.12.2011 – 31 Wx 83/11.

① See Elisabetta Bergamini & Chiara Ragni, *Fundamental Rights and Best Interests of the Child in Transnational Families*, *International Journal of Law*, 35 Policy and the Family 19 (2019). Linda D. Elrod, *The Best Interests of the Child When there is Conflict about Contact*, in Elaine E. Sutherland & Lesley-Anne Barnes Macfarlane eds., Implementing Article 3 of the United Nations Convention on the Rights of the Child: Best Interests, Welfare and Well-Being Cambridge University Press, 2017, p. 265 – 279. Ursula Kilkelly, *The Best Interests of the Child: a Gateway to Children's Rights?*, in Elaine E. Sutherland & Lesley-Anne Barnes Macfarlane eds., Implementing Article 3 of the United Nations Convention on The Rights of The Child: Best Interests, Welfare and Well-Being Cambridge University Press, 2017, p. 51 – 66. Nancy E. Dowd, *A Developmental Equality Model for the Best Interests of Children*, in Elaine E. Sutherland & Lesley-Anne Barnes Macfarlane eds., Implementing Article 3 of the United Nations Convention on The Rights of The Child: Best Interests, Welfare and Well-Being Cambridge University Press, 2017, p. 112 – 130. Janys M. Scott, *Conflict between Human Rights and Best Interests of Children: Myth or Reality?*, in Elaine E. Sutherland & Lesley-Anne Barnes Macfarlane eds., Implementing Article 3 of the United Nations Convention on The Rights of The Child: Best Interests, Welfare and Well-Being Cambridge University Press, 2017, p. 67 – 80. Nicola Taylor, *Relocation Disputes Following Parental Separation: Determining the Best Interests of the Child*, in Elaine E. Sutherland & Lesley-Anne Barnes Macfarlane eds., Implementing Article 3 of the United Nations Convention on the Rights of the Child: Best Interests, Welfare and Well-Being Cambridge University Press, 2017, p. 280 – 292. OLG München, Eintragung einer nichtleiblichen Mutter in das ukrainische Geburtenregister keine anerkennungsfähige Entscheidung im inländischen Nachbeurkundungsverfahren, NZFam 2018, S. 36. KG, Anerkennungsfähigkeit einer ausländischen Gerichtsentscheidung über die Feststellung der Vaterschaft eines einzelnen Wunschelternteils, NZFam 2017, S. 919. Eintragung bei hinkenden Statusverhältnissen, IPRax 2015, S. 273 ff.

政策与儿童最大利益产生碰撞，应以后者优先。① 部分学者认为，在跨国代孕案件中，应审慎适用公共政策拒绝承认外国亲子关系的判决。德国的公共政策分为国内公共政策与国际公共政策，在承认外国判决时应适用更为宽松的国际公共政策，对外国法院合法作出的判决应秉持礼让的态度予以承认。②

3. 关于认定跨国代孕亲子关系问题的研究

认定意向父母与代孕儿童亲子关系主要涉及法律适用问题，包括替代性连结点的选择、新生儿经常居所地的认定、准据法的确定、适用外国法是否违反德

① Vgl. Rolf Wagner, Internationales Abstammungsrecht in der Haager Konferenz für Internationales Privatrecht, StAZ 2019, S. 321 ff. Konrad Duden, Zweifel an der Elternschaft bei internationaler Leihmutterschaft, StAZ 2017, S. 225. Martin Engel, Internationale Leihmutterschaft und Kindeswohl, ZEuP 2014, S. 538 ff. Wellenhofer, Familienrecht und IPR: Eintragung eines im Ausland geborenen Kindes gleichgeschlechtlicher Eltern im Geburtenregister, JuS 2016, S. 942. Rolf Wagner, Abstammungsfragen bei Leihmutterschaften in internationalen Sachverhalten, StAZ 2012, S. 294 ff. Konrad Duden, European Court of Human Rights: International Surrogate Motherhood-Shifting the Focus to the Child, ZEuP 2015, S. 637. Alexander Diel, Leihmutterschaft im Internationalen Privat-und Verfahrensrecht-Abstammung und ordre public im Spiegel des Verfassungs-, Völker-und Europarechts, ZEuP 2016, S. 1022. OLG Düsseldorf, Leihmutterschaft steht Kindeswohlentsprechung der Annahme des anderen Wunschelternteiles regelmäßig nicht entgegen, NZFam 2017, S. 404. Adeline A. Allen, *Surrogacy and Limitations to Freedom of Contract: Toward being More Fully Human*, 41 Harv. J. L. & Pub. Pol'y 776 (2018). Kees Jan Saarloos, *European Private International Law on Legal Parentage? Thoughts on A European Instrument Implementing the Principle of Mutual Recognition in Legal Parentage*, Maastricht University Press, 2010, p. 13. Paula Gerber & Katie O'Byrne, *Souls in the House of Tomorrow: The Rights of Children Born Via Surrogacy*, in Paula Gerber & Katie O'Byrne eds., Surrogacy, Law and Human Rights, Routledge, 2015, p. 185. ECtHR, *Mennesson vs. France*, app. no. 65192/11, judgment of June 26, 2014; ECtHR, *Labassee vs. France*, app no. 65941/11, judgment of June 26, 2014. Voskoboynik, Katherine, *Clipping the Stork's Wings: Commercial Surrogacy Regulation and Its Impact on Fertility Tourism*, 26 Indiana International and Comparative Law Review 336 (2016). Susanne Lilian Gössl, *The Recognition of a "Judgment of Paternity" in a Case of Cross-border Surrogacy Under German Law. Comentary to BGH*, 10 *December* 2014, *AZ.* Ⅻ *ZB* 463/13, 7 Cuadernos de Derecho Transnacional 448 - 465 (2015).

② Vgl. Rolf Behrentin und Christoph Grünenwald, Leihmutterschaft im Ausland und die deutsche Rechtsordnung, NJW 2019, S. 15. Konrad Duden, Grenzüberschreitende Leihmutterschaft-Eine Untersuchung des materiellen und internationalen Abstammungsrechts Deutschlands und der USA, ZEuP 2018, S. 716. Birgit Frie, Ausländische standesamtliche Beurkundung der Abstammung eines Leihmutterschaftskindes als „Entscheidung" iSv § 108 I FamFG? NZFam 2018, S. 97. Martin Löhnig, OLG München: Eintragung einer nichtleiblichen Mutter in das ukrainische Geburtenregister keine anerkennungsfähige Entscheidung im Inländischen Nachbeurkundungsverfahren, NZFam 2018, S. 36.

国公共政策的判定等。① 司法判决中，意向父母的类型与承认认定意向父母与代孕儿童亲子关系的外国判决的类型相同，分为已婚夫妇、男性或女性同性伴侣、单身父亲或母亲三种。② 部分学者的观点与法院判决保持一致，认为儿童经常居所地不应简单认定为婴儿出生地，而需要考虑儿童出生后已经久居或有久居意图的地方，或者考虑儿童主要照顾者的经常居所地。通常情况下，意向父母会将代孕儿童带回德国常住，因此，很多案件中认定代孕儿童的经常居所地为德国，除非代孕儿童因为护照或签证问题一直滞留在出生地国。③ 德国法院

---

① Vgl. Wellenhofer, Familienrecht und IPR: Gewönlicher Aufenthalt eines im Ausland von einer Leihmutter geborenen Kindes, JuS 2019, S. 717. BGH: Gewöhnlicher Aufenthalt von Leihmutterkindern, NZFam 2019, 428. Urs Peter Gruber, Der gwöhnliche Aufenthalt von Säuglingen und Kleinkindern, zu EuGH, 28.6.2018 – C – 512/17, IPRax 2019, S. 217. Martin Löhnig, Gewöhnlicher Aufenthalt eines im Ausland von einer Leihmutter geborennen Kindes, Anmerkung zu BGH, Beschluss vom 20. 3. 2019 – Ⅻ ZB 530/17, NJW 2019, S. 1605. Anatol Dutta, Der gewöhnliche Aufenthalt-Bewährung und Perspektiven eines Anknüpfungsmoments im Lichte der Europäisierung des Kollisionsrechts, IPRax 2017, S. 139. Walther Siede, Abstammung des von einer Leihmutter ausgetragenen Kindes, FamRB 2019, S. 224 ff.

② Vgl. BGH, Beschluss vom 20. 3. 2019 – Ⅻ ZB 530/17; BGH, Beschluss vom 20. 03. 2019 – Ⅻ ZB 320/17; BGH, Beschluss vom 29. 11. 2017 – Ⅻ ZB 459/16; OVG Berlin-Brandenburg, Beschluss vom 01. 09. 2017 – OVG 5 S 9. 17; OLG Celle, Beschluss vom 22. 05. 2017 – 17 W 8/16; BGH, Beschluss vom 20. 04. 2016 – Ⅻ ZB 15/15; OLG Köln, Beschluss vom 26. 03. 2015 – 14 UF 181/14; AG Regensburg, Beschluss vom 2. 5. 2014 – 201 F 1955/13; AG Köln, Beschluss vom 30. 05. 2014 – 378 Ⅲ 35/14; VG Köln, Beschluss vom 20. 02. 2013 – 10 K 6710/11; AG Düsseldorf, Beschluss vom 29. 11. 2013 – 270 F 214/13; VG Berlin, Beschluss vom 05. 09. 2012 – 23 L 283. 12; OLG Stuttgart, Beschluss vom 07. 02. 2012 – 8 W 46/12; BVerfG, Beschluss vom 22. 08. 2012 – 1 BvR 573/12; LG Frankfurt, Beschluss vom 03. 08. 2012 – 2/09 T 50/1; VG Berlin, Beschluss vom 15. 04. 2011 – 23 L 79/11; AG Hamm, Beschluss vom 22. 02. 2011 – XVI 192/08; AG Nürnberg, Beschluss vom 14. 12. 2009 – UR Ⅲ 0264/09.

③ Vgl. Wellenhofer, Familienrecht und IPR: Gewönlicher Aufenthalt eines im Ausland von einer Leihmutter geborenen Kindes, JuS 2019, S. 717. BGH, Gewöhnlicher Aufenthalt eines im Ausland von einer Leihmutter geborenen Kindes, NJW 2019, S. 1605. BGH, Gewöhnlicher Aufenthalt von Leihmutterkindern, NZFam 2019, S. 428. Anatol Dutta, Der gewöhnliche Aufenthalt-Bewährung und Perspektiven eines Anknüpfungsmoments im Lichte der Europäisierung des Kollisionsrechts, IPRax 2017, S. 139. Edyta Figura-Góralczyk, *Remarks about Judgement of Bundesgerichtshof of* 20 *March* 2019 (Ⅻ *ZB* 530/17), in Piotr Mostowik ed., Fundamental Legal Problems of Surrogate Motherhood Global Perspective, Wydawnictwo Instytutu Wymiaru Sprawiedliwości, 2019, p. 587. Sabrina Dücker & Tatjana Hörnle, *German Law on Surrogacy and Egg Donation*: *The Legal Logic of Restrictions*, in Tulsi Patel, Sayani Mitra & Silke Schicktanz eds., Cross-Cultural Comparisons on Surrogacy and Egg Donation, Interdisciplinary Perspectives from India, Germany and Israel, Springer Press, 2018, p. 231 – 253. Gabriele

在决定儿童经常居所地的时候,也会考虑儿童最大利益,选择有利于儿童福祉的地方为儿童的经常居所地。① 学术界的主流观点认为德国法院认可意向父母和代孕儿童的亲子关系的前景并不乐观。即使德国法院适用外国法来认定意向父母与跨国代孕儿童的亲子关系,仍然可能会因违反《德国民法典施行法》第6条规定的公共政策而无法适用。② 部分学者寄希望于国际公约,研究欧洲人权法院的司法经验对德国跨国代孕亲子关系认定的司法实践的影响,以及联合国、欧盟和海牙国际私法会议制定的各种人权保护和儿童保护公约对德国跨国

Werner-Felmayer, *Globalisation and Market Orientation: A Challenge Within Reproductive Medicine*, in Tulsi Patel, Sayani Mitra & Silke Schicktanz eds., Cross-Cultural Comparisons on Surrogacy and Egg Donation, Interdisciplinary Perspectives from India, Germany and Israel, Springer Press, 2018, p. 13 – 34. Judit Sándor, *Transnational Surrogacy: An Overview of Legal and Ethical Issues*, in Tulsi Patel, Sayani Mitra & Silke Schicktanz eds., Cross-Cultural Comparisons on Surrogacy and Egg Donation, Interdisciplinary Perspectives from India, Germany and Israel, Springer Press, 2018, p. 35 – 55. Anika König, *Parents on the Move: German Intended Parents' Experiences with Transnational Surrogacy*, in Tulsi Patel, Sayani Mitra & Silke Schicktanz eds., Cross-Cultural Comparisons on Surrogacy and Egg Donation, Interdisciplinary Perspectives from India, Germany and Israel, Springer Press, 2018, p. 277 – 299. Trimmings, K. & Beaumont, P., *International Surrogacy Arrangements: An Urgent Need for Legal Regulation at the International Level*, 7(3) Journal of Private International Law 631 (2011).

① Vgl. Konrad Duden, Zweifel an der Elternschaft bei internationaler Leihmutterschaft, StAZ 2017, S. 225. Rolf Wagner, Internationales Abstammungsrecht in der Haager Konferenz für Internationales Privatrecht, StAZ 2019, S. 321 ff. Martin Engel, Internationale Leihmutterschaft und Kindeswohl, ZEuP 2014, S. 538 ff. OLG Düsseldorf, Leihmutterschaft steht Kindeswohlentsprechung der Annahme des anderen Wunschelternteiles regelmäßig nicht entgegen, NZFam 2017, S. 404. BGH, Gewöhnlicher Aufenthalt eines im Ausland von einer Leihmutter geborenen Kindes, NJW 2019, S. 1605. Wellenhofer, Familienrecht und IPR: Gewönlicher Aufenthalt eines im Ausland von einer Leihmutter geborenen Kindes JuS 2019, S. 717. Andrea Volpp, Franz Linnartz, Aufenthaltsstatut: Gewöhnlicher Aufenthalt eines in der Ukraine von einer Leihmutter geborenen und von den Wunscheltern nach Deutschland verbrachten Kindes, jurisPR-FamR 2019 S. 15.

② Vgl. Krömer, Eintrag von Kindern in Spalte 9 des Familienbuches bei Leihmutterschaft, StAZ 2000, S. 310 f. OLG Celle: Anerkennungsfähigkeit einer standesamtlichen Eintragung der biologischen Eltern im Falle einer Leihmutterschaft, NZFam 2017, S. 658. Duden, K., Leihmutterschaft im Internationalen Privat-und Verfahrensrecht. Aufl. 2015, S. 97. Wagner, Abstammungsfragen bei Leihmutterschaften in internationalen Sachverhalten, StAZ 2012, S. 294 ff. Tulsi Patel, Sayani Mitra & Silke Schicktanz eds., *Cross-Cultural Comparisons on Surrogacy and Egg Donation, Interdisciplinary Perspectives from India, Germany and Israel*, Springer Press, 2018. Michael W. G., *The Status of Children Arising from Inter-Country Surrogacy Arrangements*, Eleven International Publishing, 2016, p. 70. Mahapatra, *German or Indian? Surrogate Twins in Legal No-man's Land*, *Mahapatra*, 27 The Times of India 5 (2010).

代孕相关立法修订和司法实践的影响。但是从德国立法和司法实践可以预见，制定和加入跨国代孕公约仍需很长的时间，目前也尚无各方妥协和满意的草案，因此短期内仍然需要通过国际私法和国内法的结合来解决跨国代孕的亲子关系认定问题。①

4. 关于儿童国籍和签证问题的研究

代孕目的国不同，儿童获得护照和签证的难度也不同，这也是美国之所以代孕费用昂贵却仍然受意向父母欢迎的原因。② 如果德国驻外大使馆和户口登记处拒绝向代孕儿童颁发护照、签证等身份证件，拒绝为代孕儿童进行事后认证，当事人只能向法院提起申请。③ 德国法院审理是否授予代孕儿童德国国籍、

---

① See The Permanent Bureau of the Hague Conference on Private International Law, *News from the Hague Conference on Private International Law*, 25 Uniform Law Review 618 – 626 (2020). Aiex Finkelsten, Sarah Macdougall, Angela Kintominas & Anya Olsen, *Surrogacy Law and Policy in the U. S. : A National Conversation Informed by Global Lawmaking*, Report of the Columbia Law School Sexuality & Gender Law Clinic, 2016, p. 5. Kees Jan Saarloos, *European Private International Law on Legal Parentage? Thoughts on a European Instrument Implementing the Principle of Mutual Recognition in Legal Parentage*, Maastricht University Press, 2010, p. 13.

② See Gabriele Werner-Felmayer, *Globalization and Market Orientation: A Challenge Within Reproductive Medicine*, in Tulsi Patel, Sayani Mitra & Silke Schicktanz eds., Cross-Cultural Comparisons on Surrogacy and Egg Donation, Interdisciplinary Perspectives from India, Germany and Israel, Springer Press, 2018, p. 13 – 34. Judit Sάndor, *Transnational Surrogacy: An Overview of Legal and Ethical Issues*, in Tulsi Patel, Sayani Mitra & Silke Schicktanz eds., Cross-Cultural Comparisons on Surrogacy and Egg Donation, Interdisciplinary Perspectives from India, Germany and Israel, Springer Press, 2018, p. 35 – 55. Sabrina Dücker & Tatjana Hörnle, *German Law on Surrogacy and Egg Donation: The Legal Logic of Restrictions*, in Tulsi Patel, Sayani Mitra & Silke Schicktanz eds., Cross-Cultural Comparisons on Surrogacy and Egg Donation, Interdisciplinary Perspectives from India, Germany and Israel, Springer Press, 2018, p. 231 – 253. Trimmings, K. & Beaumont, P., *International Surrogacy Arrangements: An Urgent Need for Legal Regulation at the International Level*, 7(3) Journal of Private International Law 631 (2011).

③ See Charles P. Kindregan & Danielle White, *International Fertility Tourism: The Potential for Stateless Children in Cross-Border Commercial Surrogacy Arrangements*, 36 Suffolk Transnational Law Review (2013). High Court of Gujarat at Ahmedabad 11. 11. 2009, Jan Balaz v. Anand Municipality, Special Civil Application No. 3020/2009. High Court of Gujarat at Ahmedabad 17. 11. 2009, file no. LPA 2151/2009. Claire Fenton-Glynn, *International Surrogacy before the European Court of Human Rights*, 13 J Private Int'l L. 546, 548 (2017). Sharmila Rudrappa, *Why is India's Ban on Commercial Surrogacy Bad for Women?*, 43 N. C. J. INT'L L. 70, 71 – 72 (2018). Mahapatra Dhananjay, *German Surrogate Twins to go Home*, Times of India, (27 May 2010), http://articles. timesofindia. indiatimes. com/2010 – 05 – 27/india/28279835_1_stateless-citizens-balaz-surrogate-mother.

德国国民身份、德国签证的问题，大概率也会涉及意向父母是否是代孕儿童的合法父母的问题，即外国亲子关系判决可否被承认、代孕亲子关系如何被认定等。德国法院的态度较为强硬，在意向父母无法被认定为合法父母的情况下，拒绝为代孕儿童颁发德国国籍或进行事后认证（Folgebeurkundung）。① 部分学者认为，意向父母和代孕儿童的亲子关系问题是国籍和事后认证问题的先决问题，根据前面提到的关于亲子关系认定的研究，很难在不存在外国判决的情况下认定意向父母和代孕儿童的亲子关系，因此，法院拒绝为代孕儿童签发签证和进行事后认证，符合现行德国法律的有关规定。②

5. 关于跨国代孕收养的研究

法院对意向父母收养跨国代孕儿童持相对温和的态度。在德国法律规定代孕是一种违法的收养方式的情况下，可否以收养符合儿童最大利益为由，准

---

① Vgl. OLG München, Hinweisbeschluss vom 12. 10. 2017 – 31 Wx 243/16; OVG Berlin-Brandenburg, Beschluss vom 01. 09. 2017 – OVG 5 S 9. 17; OVG Münster, Beschluss vom 14. 07. 2016 – 19 A 2/14; VG Köln, Beschluss vom 20. 02. 2013 – 10 K 6710/11; VG Köln, Beschluss vom 13. 11. 2013 – 10 K 2043/12; OLG Stuttgart, Beschluss vom 07. 02. 2012 – 8 W 46/12; VG Berlin, Beschluss vom 05. 09. 2012 – 23 L 283. 12; BVerfG, Beschluss vom 22. 08. 2012 – 1 BvR 573/12; VG Berlin, Beschluss vom 15. 04. 2011 – 23 L 79/11; OVG Berlin-Brandenburg, Beschluss vom 06. 07. 2011 – S 13. 11; VG Berlin, Beschluss vom 26. 11. 2009 – 11 L 396. 09.

② Vgl. Martin Löhnig, OLG München: Eintragung einer nichtleiblichen Mutter in das ukrainische Geburtenregister keine anerkennungsfähige Entscheidung im Inländischen Nachbeurkundungsverfahren, NZFam 2018, S. 36. OLG Celle, Anerkennungsfähigkeit einer standesamtlichen Eintragung der biologischen Eltern im Falle einer Leihmutterschaft, NZFam 2017, S. 658. Marina Wellenhofer, Familienrecht und IPR: Gewöhnlicher Aufenthalt eines im Ausland von einer Leihmutter geborenen Kindes, NJW 2019, S. 1607. Walther Siede, Abstammung des von einer Leihmutter ausgetragenen Kindes, FamRB 2019, S. 224 ff. Walther Siede, Beurkundung der Geburt eines von einer indischen Leihmutter ausgetragenen Kindes bei mehrfachem Auslandsbezug, FamRB 2018, 101 – 103. Nina Dethloff, Anmerkung, JZ 2016, S. 207. Nina Dethloff, Leihmütter, Wunscheltern und ihre Kinder, JZ 2014, S. 19. Von Claudia Mayer, Passau, Ordre public und Anerkennung der rechtlichen Elternschaft in internationalen Leihmutterschaftsfällen, RabelsZ 78 (2014), S. 551 ff. Vgl. auch Lederer, Nadine, Grenzenloser Kinderwunsch, Leihmutterschaft im nationalen, europäischen und globalen rechtlichen Spannungsfeld, RabelsZ 82 (2016), S. 506 ff. Alexander Diel, Leihmutterschaft im Internationalen Privat-und Verfahrensrecht-Abstammung und ordre public im Spiegel des Verfassungs-, Völker-und Europarechts, ZeuP 2016, S. 1022. Dagmar Coester-Waltjen, Die Mitmutterschaft nach südafrikanischem Recht im deutschen Geburtsregister, IPRax 2016, S. 132 ff. Susanne Lilian Gössl, Ein weiterer Mosaikstein bei der Anerkennung ausländischer Statusänderungen in der EU oder: Wann ist ein Name „rechtmäßig erworben“? IPRax 2018, S. 376 ff.

许意向父母收养代孕儿童,其中主要涉及了儿童最大利益原则如何在具体案件中细化等实操问题,以及儿童最大利益和代孕作为先行行为违法的冲突问题。① 根据德国法律,只有在为保护跨国代孕儿童所必需的情况下,才会同意先前行为违法的意向父母收养代孕儿童。因为德国法律对父亲身份的认定本身较为宽松,所以目前德国法院收到的申请以意向母亲申请收养代孕儿童居多,判定收养是否符合儿童最大利益,就是法院亟须解决的问题。② 大多数学者认为,允许意向父母收养跨国代孕儿童是保护儿童福祉所必需的,意向父母与代孕儿童之间已经共同生活形成了亲子关系,允许意向母亲收养代孕儿童,并非否认该儿童是代孕母所生,而是在这种情况下,将儿童的父母身份赋予可依赖的意向母亲,而非远隔万里重洋无法联络的代孕母,毫无疑问符合儿童的最大利益。③

---

① Vgl. Herbert Grziwotz, Stiefkindadoption und Adoptionshilfe-Insellösung oder Neuorientierung?, ZRP 2020, S. 6. Marc Eckebrecht, Anmerkung zu OLG München: Erforderlichkeit einer Adoption bei Leihmutterschaft, NZFam 2018, S. 286. Valerius, B., Kinderwunschbehandlungen im Ausland, Zeitschrift für Medizinstrafrecht 2017, S. 20 ff. Von Martin Spiewak, Strafsache Kinderwunsch, DIE ZEIT, https://www.zeit.de/2013/34/kinderwunsch-justiz-embryonenschutzgesetz. (abgerufen am 14. August 2013). Kinderwunsch in der Grauzone, Süddeutsche Zeitung, http://www.sueddeutsche.de/muenchen/prozess-in-muenchenkinderwunsch-in-der-grauzone-1.2049308. (abgerufen am 13. Apr. 2015).

② Vgl. OLG Frankfurt, Beschluss vom 28.02.2019 - 1 UF 71/18; AG Frankfurt am Main, Beschluss vom 06.02.2018 - 42 Ⅲ 4/17; OLG Düsseldorf, Beschluss vom 17.03.2017 - Ⅱ - 1 UF 10/16; LG Düsseldorf, Beschluss vom 15.03.2012 - 25 T 758/10; LG Nürnberg-Fürth, Beschluss vom 12.01.2011 - 13 T 5122/10; OLG München, Beschluss vom 05.12.2011 - 31 Wx 83/11; OLG München, Beschluss vom 05.12.2011 - 31 Wx 83/11; VG Berlin, Beschluss vom 15.04.2011, 23 L 79.11; AG Hamm, Beschluss vom 22.02.2011 - XVI 192/08; AG Nürnberg, Beschluss vom 09.06.2010 - XVI 0123/07; AG Düsseldorf, Beschluss vom 19.11.2010 - 96 XVI 21/09; AG Düsseldorf, Beschluss vom 19.11.2010 - 96 XVI 23/09; BVerfG, Beschluss vom 13.10.2008 - 1 BvR 1548/03.

③ Vgl Herbert Grziwotz, Stiefkindadoption und Adoptionshilfe-Insellösung oder Neuorientierung?, ZRP 2020, S. 6. Stüber, Gesetz zur Überarbeitung des Lebenspartnerschaftsrechts, FamRZ 2005, S. 574 ff. Deutscher Ethikrat, Embryospende, Embryoadoption und elterliche Verantwortung, Aufl. 2016, S. 77. Marc Eckebrecht, Anmerkung zu OLG München: Erforderlichkeit einer Adoption bei Leihmutterschaft, NZFam 2018, S. 286. Christoph Grünenwald, Im Ausland durchgeführte Leihmutterschaften: automatische Zuordnung zu den Wunscheltern oder Adoptionserfordernis?, StAZ 2015, S. 217. AG Düsseldorf, Adoption, Leihmutterschaft, Leihmuttervermittlung, Sittenwidrigkeit, Eizellspende, Menschenwürde, Identitätsfindung, BeckRS 2015, S. 118528. Herbert Grziwotz, Kinderwunscherfüllung durch Fortpflanzungsmedizin und Adoption, NZFam 2014, S. 1065. Andreas Botthoff, Alexander Diel, Voraussetzungen für die (Stiefkind-) Adoption eines Kindes nach Inanspruchnahme einer Leihmutter-Zugleich Anmerkung zur Entscheidung des LG Frankfurt am Main Vom 3.8.2012, StAZ 2013, S. 211. LG Frankfurt a. M., Adoption des durch eine Leihmutter ausgetragenen Kindes, BeckRS 2012, S. 17482.

6. 国外研究现状评价

首先,目前德国司法界和学术界可以达成共识的是儿童最大利益在审理跨国代孕亲子关系认定案件中的重要性。从跨国代孕相关的司法实践中可以得出结论,儿童最大利益应当为审理跨国代孕案件首要的考量因素,具有最高优先级,是始终贯穿所有领域的核心原则,是在承认外国判决、认定儿童经常居所地、审理跨国代孕收养案件中首要的考量因素。① 相较而言,公共政策的适用则

OLG Düsseldorf, „Stiefkindadoption“ eines im Wege der Leihmutterschaft geborenes Kindes allein am Maßstab der Kindeswohldienlichkeit zu messen, BeckRS 2017, S. 105401. Diel Botthof, Voraussetzungen für die (Stiefkind-) Adoption eines Kindes nach Inanspruchnahme einer Leihmutter, LSK 2013, S. 310740. Wellenhofer, Familienrecht und IPR: Gewönlicher Aufenthalt eines im Ausland von einer Leihmutter geborenen Kindes, 2019, S. 717. Katharina Boele-Woelki, Ersatzmutterschaft und „ kalter Ausschluss" im Vermögensrecht von Ehegatten und nichtehelichen Partnern in den Niederlanden, FamRZ 2011, S. 1455 ff. Raymond Halaczinsky, Erbschaft-und Schenkungsteuer: Maßgebende Steuerklasse beim Erwerb vom biologischen Vater, jurisPR-SteuerR 2020, S. 4. Benicke, Kollisionsrechtliche Fragen der Leihmutterschaft, LSK 2013, S. 170684. BverfG, Keine Pflicht des Gesetzgebers zur Bereitstellung eines Verfahrens zur isolierten, rechtsfolgenlosen Klärung der Abstammung, NZFam 2016, S. 400. OLG Braunschweig, Kindeswohl gebietet nicht grundsätzlich Anerkennung von im Ausland erworbener Elternschaft aus Leihmutterverhältnis, NZFam 2017, S. 522. OLG Celle, Anerkennungsfähigkeit einer standesamtlichen Eintragung der biologischen Eltern im Falle einer Leihmutterschaft, NZFam 2017, S. 658.

① Vgl. OLG Braunschweig, Kindeswohl gebietet nicht grundsätzlich Anerkennung von im Ausland erworbener Elternschaft aus Leihmutterverhältnis, NZFam 2017, S. 522. Martin Engel, Internationale Leihmutterschaft und Kindeswohl, ZEuP 2014, S. 538 ff. OLG Düsseldorf: Leihmutterschaft steht Kindeswohlentsprechung der Annahme des anderen Wunschelternteiles regelmäßig nicht entgegen, NZFam 2017, S. 404. Wellenhofer, Familienrecht und IPR: Gewöhnlicher Aufenthalt eines im Ausland von einer Leihmutter geborenen Kindes, JuS 2019, S. 717. Walther Siede, Abstammung des von einer Leihmutter ausgetragenen Kindes, FamRB 2019, S. 224 ff. Elisabeth Unger, Quo vadis, Abstammungsrecht? -Ein Blick auf den Abschlussbericht des Arbeitskreises für Abstammungsrecht, FamRZ 2018, S. 663 ff. Alexander Schwonberg, Diskussionsteilentwurf für ein Gesetz zur Reform des Abstammungsrechts, FamRZ 2019, S. 1303 ff. Bertschi, Nora, Leihmutterschaft-Theorie, Praxis und rechtliche Perspektiven in der Schweiz, den USA und Indien, RabelsZ 80(2016), S. 188 ff. Von Claudia Mayer, Passau, Ordre public und Anerkennung der rechtlichen Elternschaft in internationalen Leihmutterschaftsfällen, RabelsZ 78 (2014), S. 551 ff. Nina Dethloff, Leihmütter, Wunscheltern und ihre Kinder, JZ 2014 S. 19. Lederer, Nadine, Grenzenloser Kinderwunsch, Leihmutterschaft im nationalen, europäischen und globalen rechtlichen Spannungsfeld, RabelsZ 82(2016), S. 506 ff. Alexander Diel, Leihmutterschaft im Internationalen Privat-und Verfahrensrecht-Abstammung und ordre public im Spiegel des Verfassungs-, Völker-und Europarechts, ZeuP 2016, S. 1022. Dagmar Coester-Waltjen, Die Mitmutterschaft nach südafrikanischem Recht im deutschen Geburtsregister, IPRax 2016, S. 132 ff.

应该相对审慎和克制,德国的公共政策分为国内公共政策与国际公共政策,在承认外国判决时应适用更为宽松的国际公共政策,对外国法院合法作出的判决应秉持礼让的态度予以承认。①

其次,德国法院有关跨国代孕亲子关系认定问题的判决存在冲突。就现有的跨国代孕相关判决而言,即使就同一问题已有德国联邦最高法院之前的判决,地方法院也并不一定都遵循其例作出一致判决。这种不一致广泛发生在跨国代孕收养、跨国代孕亲子关系认定、男性同性伴侣与女性同性伴侣代孕的区别等领域。立法者遵循自然法则,认定女性同性伴侣无法因孩子出生而获得合法父母的身份,意向母亲也很难被认定为代孕儿童的合法母亲。②

最后,就无外国判决情况下的亲子关系认定而言,学术界普遍持消极态度。不仅因为德国冲突规则大概率会指向将德国法适用于跨国代孕亲子关系的认定,而且即使指向外国法也会因违反德国公共政策而无法适用。此外,就外国身份文书的流通问题而言,学术界主流的观点是外国官方文书无法作为可以被德国法院承认的判决书,仅仅具有登记效力且可更改,因此无法证明亲子关系的存在,在这种情形下当事人只能另行向德国法院起诉申请认定亲子关系。所以,在意向父母未获得国外亲子关系判决的情况下,亲子关系的建立是很困难

① Vgl. Rechtsanwalt Rolf Behrentin und Christoph Grünenwald, Leihmutterschaft im Ausland und die deutsche Rechtsordnung, NJW 2019, S. 15. Konrad Duden, Grenzüberschreitende Leihmutterschaft-Eine Untersuchung des materiellen und internationalen Abstammungsrechts Deutschlands und der USA, ZEuP 2018, S. 716. Birgit Frie, Ausländische standesamtliche Beurkundung der Abstammung eines Leihmutterschaftskindes als „Entscheidung“ iSv § 108 I FamFG?, NZFam 2018, S. 97. Martin Löhnig, OLG München: Eintragung einer nichtleiblichen Mutter in das ukrainische Geburtenregister keine anerkennungsfähige Entscheidung im Inländischen Nachbeurkundungsverfahren, NZFam 2018, S. 36.

② Vgl. OLG Düsseldorf, Beschluss vom 26. 04. 2013 – I – 3 Wx 211/12. KG, Beschluss vom 02. 12. 2014 – 1 W 562/13. BGH, Beschluss vom 20. 04. 2016 – XII ZB 15/15. BGH, Beschluss vom 10. 10. 2018 – XII ZB 231/18. BverG, Beschluss vom 19. 12. 2013 – BvL 1/11. VG Köln, Urteil vom 13. 11. 2013 – 10 K 2043/12. OVG Nordrhein-Westfalen, 14. 07. 2016 – 19 A 2/14. OLG Köln, Beschluss vom 26. 03. 2015 – 14 UF 181/14. Katharina Boele-Woelki & Angelika Fuchs eds., *Legal Recognition of Same-Sex Relationships in Europe*, Intersentia, 2012, p. 56. Dieter Martiny, *Private International Law Aspects of Same-Sex Couples Under German Law*, in Katharina Boele-Woelki & Angelika Fuchs eds., Legal Recognition of Same-Sex Relationships in Europe, Intersentia, 2012, p. 189. Nora Markard, *German Supreme Court Recognises Same-Sex Parents after Californian Surrogacy*, (11 January 2015), http://www. sexualorientationlaw. eu/102 – german-supreme-court-recognizes-same-sex-parents-after-californian-surrogacy-germany.

的，只能寄希望于收养。①

综上所述，德国学术界对德国承认外国法院作出的跨国代孕亲子关系判决基本上持积极态度。无论意向父母为同性、异性还是单身，德国法院普遍认为，应当以儿童最大利益优先，然后根据礼让原则适用更为宽松的国际公共政策，保持国际范围内判决的一致性和流动性，承认认可意向父母与代孕儿童的亲子关系的外国判决。但是，学术界就德国法院另行审理跨国代孕亲子关系认定的问题尚未达成共识，目前主流观点认为通过冲突规则的援引，适用外国法从而认可意向父母与代孕儿童的亲子关系的可能性较小，尤其是女性同性伴侣与代孕儿童建立亲子关系难上加难。随之带来的问题就是跨国代孕儿童申请德国签证和进行事后认证非常困难，必须通过收养先建立起亲子关系。就跨国收养问题而言，尽管德国法律禁止收养形式的代孕，但是实际操作层面基本上以儿童最大利益为最高优先级，法院大概率会允许跨国收养并赋予儿童德国国籍，但仍然存在一些例外情形。本书将对这些原则和例外进行梳理，总结出德国法院面临跨国代孕亲子关系相关问题时，所依据的法律、先例及所侧重的原则。

三、结构安排

本书研究德国跨国代孕亲子关系认定相关的法律问题，首先从贯穿外国亲子关系判决、儿童经常居所地的确定、是否准许意向父母收养跨国代孕儿童三大领域的儿童最大利益原则入手，总结该原则在这三大领域适用的异同点，并提出该原则适用范围的边界，即该原则不适用于未获得外国判决情况下的亲子关系的认定的情形。其次，从德国对代孕及跨国代孕的社会观念和立法态度入手，提出两种分割：一是德国法院在国内法禁止代孕的条件下承认外国亲子关系判决的分割；二是跨国代孕案件中是否存在外国法院判决的分割。然后对这两种看似矛盾的分割进行研究，给出详细的说理和逻辑推导过程，总结德国司法实践中形成的不断完善的经验。最后，在无法认定意向父母与代孕儿童法定

① Vgl. Streitgespräch: Der ethisch angemessene Umgang mit den bestehenden Problemen, http://www.ethikrat.org/dateien/pdf/fb-22-03-2017-simultanmitschrift.pdf. (abgerufen am 22. Mai 2023). Susanne L. Gössl, Ein weiterer Mosaikstein bei der Anerkennung ausländischer Status-Änderungen in der EU oder: Wann ist ein Name rechtmäßig erworben?, IPRax 2018, S. 376. Möller B, Güldenring A, Wiesemann C, Romer G., Geschlechtsdysphorie im Kindes-und Jugendalter: Behandlung und Entwicklungsförderung im Spannungsfeld von gesellschaftlichen Kontroversen, Wertewandel und Kindeswohl, Aufl. 2018, S. 228 ff.

亲子关系的情况下,德国法院通过人为的收养建立拟制血亲,来保护跨国代孕儿童建立家庭和被抚养照顾的权利。本书的最终落脚点是,总结出一套成体系可援引的德国司法实践经验,从而在我国遇到类似的案件时,为我国法院提供一种可能的借鉴方式。

本书力图解决几个问题:第一,儿童最大利益的适用范围如何确定。就现有的跨国代孕相关的判决书而言,即使对同一或相似问题,法院也并未遵循先例作出一致判决。儿童最大利益为何不能成为普适的原则,在个别案件中法院为何放弃儿童最大利益,拒绝承认意向父母与代孕儿童之间的亲子关系。儿童最大利益广泛适用在跨国代孕收养、跨国代孕亲子关系认定、准据法的选择、儿童经常居所地的认定等领域,在不同领域适用儿童最大利益时有何异同。第二,德国公共政策在解决不同法律问题时应如何区分。在法律适用和承认外国判决两个问题上,德国法院分别适用了《德国民法典施行法》第 6 条和《家事事件与非讼事件程序法》第 109 条中规定的不同的公共政策。在承认外国判决时又将其分为国内公共政策与国际公共政策,德国法院适用更为宽松的国际公共政策承认外国判决的理论基础值得分析。第三,跨国代孕案件中的公平问题如何处理。意向父亲和意向母亲身份被承认的难度不同、男性同性伴侣与女性同性伴侣获得的外国判决被承认的可能性不同、国内代孕与跨国代孕的结果不同,德国法院如何在处理这三类问题时作出妥协与平衡。第四,如何在不同类型的跨国代孕案件中建立亲子关系。具体而言,需要厘清德国法院承认外国判决所需要的条件、适用外国法律确定亲子关系的可能性、外国出生证明和公证文书的流动、跨国代孕收养的可能性和可行性等问题。

沿以上思路,本书正文部分分为五章进行论述,分别阐述和分析德国跨国代孕概况、德国法院对外国亲子关系判决的承认、德国法院认定跨国代孕亲子关系的法律适用、德国法院对跨国代孕收养的态度以及德国法院认定跨国代孕亲子关系的经验。

第一章介绍德国跨国代孕概况。本章先介绍德国跨国代孕的现状和特殊性,然后从贯穿外国亲子关系判决、儿童经常居所地的确定、是否准许意向父母收养跨国代孕儿童三大领域的儿童最大利益原则入手,总结该原则在这三大领域适用的异同点,并提出该原则适用范围的边界,即该原则不适用于未获得外国判决情况下的亲子关系的认定的情形。

第二章归纳德国法院对外国亲子关系判决的承认。本章从德国法院从拒绝到承认外国亲子关系判决的发展史入手,由男性同性伴侣到异性已婚伴侣,又到单身意向父亲或母亲，再到女性同性伴侣，梳理德国法院承认外国亲子关系判决所需要满足的条件。最终得出结论，除了女性同性伴侣或单身意向母亲，德国法院倾向于依据儿童最大利益原则，承认其余人的外国亲子关系判决，并不再认为承认的结果违反德国公共政策。

第三章总结德国法院认定跨国代孕儿童亲子关系的案例。本章主要涉及跨国代孕儿童亲子关系认定的法律选择问题，包括替代性连结点的选择、儿童经常居所地的确定、准据法的查明等。本章中儿童最大利益的适用没有第二章所占的比重大，但在连结点的选择和经常居所地的确定两个问题上仍然是法院考量的重要因素。最终得出结论，德国法院倾向于严格适用德国法律，即使适用外国法认定意向父母是代孕儿童的合法父母，仍然根据公共政策原则判定适用无效，认定代孕母是代孕儿童的合法母亲。这也导致了在很多案件中代孕儿童无法获得德国护照、签证，或者无法被德国当局事后认证的不利后果。

第四章分析德国法院对跨国代孕儿童收养的态度。本章从德国有关收养的特殊立法入手进行论述，德国法律规定，在先行行为违法的情况下，只有收养是为保护儿童利益所必需时才可以被准许。德国法院在审理跨国代孕收养案件时经历了从拒绝到准许的历史变迁，但并未形成统一的规则。德国法院并未通过判决明确符合保护儿童利益必要性的条件，法官有权根据具体案情行使自由裁量权，决定是否准许意向父母收养跨国代孕儿童。

第五章归纳德国法院认定跨国代孕儿童亲子关系的经验。经过前文的分析和整理，本章总结了德国法院处理相关案件的一个原则、两种分割、三种模式。首先，德国法院在跨国代孕儿童亲子关系问题的相关案件中，实现了两种分割，即有否外国判决的分割和禁止代孕的前提下承认外国判决的分割。其次，本章归纳了德国法院建立跨国代孕儿童亲子关系的三种模式，分别为承认外国亲子关系判决、认定涉外亲子关系、收养跨国代孕儿童，并总结了儿童最大利益原则在各种模式中的适用情况。

四、研究方法

本书主要采取了以下几种研究方法展开研究：

一是实证分析法。本书着眼于德国立法和司法现实，分析了 1983～2022 年与跨国代孕亲子关系问题相关的判决书，归纳了德国法院就亲子关系的认定、外国判决的承认、同意收养跨国代孕儿童的条件等问题的裁判标准。2023

年以前，德国法院审理了数百件跨国代孕亲子关系认定相关案件，是很好的实证研究和对照分析的样本。本书将跨国代孕法定父母身份确认相关案件分为四类：承认外国亲子关系判决、涉外亲子关系认定、外国官方文书的流动，以及收养跨国代孕儿童。本书厘清上述判决的历史沿革，剖析判例被推翻背后的社会意识的发展与保护儿童共识的形成，并对这些案件中法律的选择与公共政策的适用等理论问题进行分析和探讨。

二是比较研究法。就跨国代孕问题而言，本书运用比较研究的方法，在跨国代孕胚胎所有权和亲子关系认定、外国亲子关系判决的承认条件、同性伴侣代孕亲子关系认定相关个案之间进行比较研究。比较研究是为了学习先进经验，尽可能在遵守我国法律的前提下保护跨国代孕儿童的福祉。通过对德国现有立法规则、司法判决进行分类整合和综合分析，提炼出德国的立法和司法实践中可供我国借鉴的部分。

三是文献研究法。通过阅读国内外关于德国跨国代孕亲子关系认定的文献，重点阅读并翻译多篇外国文献资料，把握相关问题的研究现状，得出结论：第一，德国法院有很大可能性会承认外国法院作出的亲子关系判决，即使认定意向父母是跨国代孕儿童的合法父母与德国民法规定不一致；第二，德国法院倾向于适用德国法律拒绝认定意向父母与跨国代孕儿童之间的亲子关系，这也将导致跨国代孕儿童获得签证和事后认证遇到困难；第三，德国法院很可能为了保护儿童福祉，允许意向父母收养代孕儿童。通过对相关文献的研究，分析德国学术界与司法界就同一概念的交叉影响，二者共同造就了社会舆论和司法机构对跨国代孕亲子关系认定越来越宽容的态度。

四是历史分析法。德国跨国代孕亲子关系相关的判决发展史，是意向父母及其律师与法官斗智斗勇的斗争史，也是社会观念逐渐包容的变迁史，更是法官思想逐渐多元的进步史。借助历史分析法对承认外国亲子关系判决的源头进行追溯非常必要，有利于分析具有里程碑意义的判决形成的历史性原因，包括欧盟法院的判决、社会意识的变迁、专家学者的前沿性研究等。由男性同性伴侣到异性已婚伴侣，又到单身意向父亲或母亲，再到女性同性伴侣，对亲子关系认定相关判决的演变历程进行梳理，有利于了解德国法院如何在审理具体案件中不断完善判决形成的规则，也有利于改变对跨国代孕亲子关系认定问题的僵化认识，以发展的眼光看待儿童最大利益原则和公共政策原则，用联系的、发展的、全面的、辩证的思维理解跨国代孕亲子关系认定问题中所包含的社会利益与法律规范的冲突与妥协。

第一章　德国跨国代孕现状概述

德国法对代孕持消极态度，但大量德国意向父母为了孕育与自己血脉相关的孩子，寻求跨国代孕，因此引发了诸多国际私法问题。本章通过厘清代孕在德国法上的非法性，介绍德国意向父母跨国代孕的现状、特点及其所面临的矛盾，提出德国法院认定跨国代孕儿童亲子关系的三种模式。本章引出了本书的基本框架，即德国法院在德国法禁止代孕的基础上，以外国判决的承认、亲子关系的认定、收养跨国代孕儿童三种方式，建立意向父母和跨国代孕儿童的亲子关系。

第一节　德国意向父母跨国代孕的现状与特点

一、德国意向父母跨国代孕的现状

20 世纪 80 年代以来，随着人类辅助生殖技术的发展，生殖医学在德国成为克服无子症的手段。① 德国同性伴侣、生育疾病患者、已过生育年龄的夫妇等有生育需求但无法亲自生育的意向父母，可以通过代孕实现孕

---

① See Shalev, C., *A Man's Right to be Equal: The Abortion Issue*, 18 Israel Law Review 391 (1984). Konrad Duden, Leihmutterschaft im Internationalen Privat-Und Verfahrensrecht, Abstammung und Ordre Public im Spiegel des Verfassungs-, Völker-und Europarechts, Aufl. 2015, S. 4.

育与自己血脉相连的孩子的愿望。然而德国法律禁止代孕，德国国内代孕中的各方当事人的权利无法获得法律保障，意向父母无法获得父母身份，代孕母和中介根据代孕协议获得报酬或补偿的权利也不受法律保护，甚至会面临罚款、监禁、买卖儿童的指控。①

（一）跨国代孕的目的地

进入21世纪后，随着跨国代孕市场的发展和德国代孕中介业务范围的扩展，德国意向父母逐步放弃可能带来高额罚金和不确定亲子关系的国内代孕，转而寻求跨国代孕。美国、乌克兰、印度、俄罗斯、柬埔寨、白俄罗斯、格鲁吉亚、以色列和危地马拉等国家是德国意向父母寻求跨国代孕的目的地。② 其中，美国因其法律规定和司法实践有利于意向父母而成为德国意向父母代孕首选目的地。第一，儿童在美国出生即拥有美国国籍，可以凭借美国护照无须签证顺利进入德国，为意向父母提供了很大的便利。第二，美国法院的亲子关系判决

---

① Vgl. § 1 Mißbräuchliche Anwendung von Fortpflanzungstechniken, Embryonenschutzgesetz. auch OLG Hamm, Beschluss vom 07. 04. 1983 – 3 Ss OWi 2007/82. BVerfG, Beschluss vom 06. 12. 1983 – 2 BvR 878/83. AG Gütersloh, Beschluss vom 17. 12. 1985 – 5 XVI 7/85. OLG Hamm, Beschluß vom 02. 12. 1985 – 11 W 18/85. Hessischer VGH, Beschluss vom 23. 12. 1987 – 11 TH 3526/87. FG München, Beschluss vom 21. 02. 2000 – 16 V 5568/99. FG Düsseldorf, Urteil vom 09. 05. 2003 – 18 K 7931/00 E.

② Vgl. Paul Lagarde, Die Leihmutterschaft: Probleme des Sach-und des Kollisionsrechts, ZEuP 2015, S. 234 f. Susanne Lilian Gössl, *Report in Germany*, in Katarina Trimminggs & Paul Beaumont eds., International Surrogacy Arrangements: Legal Regulation at the International Level, Hart Publishing, 2013, p. 131 – 134. Claire Fenton-Glynn, *International Surrogacy before the European Court of Human Rights*, 3 Journal of Private International Law 546 – 567 (2017). Sayani Mitra, *Cross-Border Reprofows: Comparing the Cases of India, Germany, and Israel*, in Tulsi Patel, Sayani Mitra & Silke Schicktanz eds., Cross-Cultural Comparisons on Surrogacy and Egg Donation, Interdisciplinary Perspectives from India, Germany and Israel, Springer Press, 2018, p. 83 – 102. Anika König, *Parents on the Move: German Intended Parents' Experiences with Transnational Surrogacy*, in Tulsi Patel, Sayani Mitra & Silke Schicktanz eds., Cross-Cultural Comparisons on Surrogacy and Egg Donation, Interdisciplinary Perspectives from India, Germany and Israel, Springer Press, 2018, p. 277 – 299. Julia Teschlade, *Conceiving before Conception: Gay Couples Searching for an Egg Donor on their Journey to Parenthood*, in Tulsi Patel, Sayani Mitra & Silke Schicktanz eds., Cross-Cultural Comparisons on Surrogacy and Egg Donation, Interdisciplinary Perspectives from India, Germany and Israel, Springer Press, 2018, p. 301 – 323. Ruth Zafran & Daphna Hacker, *Who will Safeguard Transnational Surrogates' Interests? Lessons from the Israeli Case Study*, 44 Law & Social Inquiry Volume 1141 – 1173 (2019).

也有利于意向父母的合法父母身份在德国被承认。① 但美国代孕价格相对高昂，一些州费用可高达 15 万欧元，与之相比，在东欧和亚洲国家代孕仅需 3 万欧元左右。② 乌克兰也因注重规避法律风险成为德国意向父母跨国代孕的第二大国际市场，乌克兰代孕经纪公司深谙德国法律，通常会介绍未婚的代孕母，以避免其丈夫依据德国法被认定为代孕儿童的法定父亲，从而阻碍意向父亲的父亲身份在德国被承认。③ 印度和墨西哥因价格优势，曾经也是德国大多数意向父母的选择。但两国目前已出台了限制向外国人提供代孕服务的规定，德国司法实践中意向父母远赴两国代孕的案例也越来越少。④

---

① See Judit Sándor, *Transnational Surrogacy: An Overview of Legal and Ethical Issues*, in Tulsi Patel, Sayani Mitra & Silke Schicktanz eds., Cross-Cultural Comparisons on Surrogacy and Egg Donation, Interdisciplinary Perspectives from India, Germany and Israel, Springer Press, 2018, p. 35 – 55. Gabriele Werner-Felmayer, *Globalisation and Market Orientation: a Challenge Within Reproductive Medicine*, in Tulsi Patel, Sayani Mitra & Silke Schicktanz eds., Cross-Cultural Comparisons on Surrogacy and Egg Donation, Interdisciplinary Perspectives from India, Germany and Israel, Springer Press, 2018, p. 13 – 34. Sitter, Sophie Catherine, Grenzüberschreitende Leihmutterschaft. Eine Untersuchung des materiellen und internationalen Abstammungsrechts Deutschlands und der USA, Aufl. 2017, S. 328.

② Vgl. Bertschi, Nora, Leihmutterschaft-Theorie, Praxis und rechtliche Perspektiven in der Schweiz, den USA und Indien, Aufl. 2013, S. 319. Gabriele Werner-Felmayer, *Globalisation and Market Orientation: A Challenge Within Reproductive Medicine*, in Tulsi Patel, Sayani Mitra & Silke Schicktanz eds., Cross-Cultural Comparisons on Surrogacy and Egg Donation, Interdisciplinary Perspectives from India, Germany and Israel, Springer Press, 2018, p. 13 – 34. Vasanti Jadva, Natalie Gamble, Helen Prosser & Susan Imrie, *Parents' Relationship with their Surrogate in Cross-border and Domestic Surrogacy Arrangements: Comparisons by Sexual Orientation and Location*, 111 Fertility and Sterility 568 (2019). Teoh, P. J., & Maheshwari, A., *Low-cost in Vitro Fertilization: Current Insights*, 6 International Journal of Women's Health 817 – 827 (2014).

③ See Anatol Dutta, *Surrogacy in Germany*, in Jens M. Scherpe, Claire Fenton-Glynn & Terry Kaan eds., Estern and Western Perspective on Surrogacy, Cambridge University Press, 2019, p. 35 – 48. Svetlana M. Sylkina, Nurlaiym K. Mynbatyrova, Zhuldyz B. Umbetbayeva, Gulmira K. Shulanbekova & Dana U. Baitukayeva, *Surrogacy: An International Comparative Analysis of the Fundamental Legislative Principles of Ukraine*, 60 Medicine, Science and the Law 37 – 44 (2020).

④ See Viji Athreye, *What Are the Surrogacy Laws in India?*, MyIndia (6 March 2017), https://www.mapsofindia.com/my-india/india/surrogacy-laws-in-india-whose-baby-is-it-anyway. Megan Crowley-Matoka, Sherine F. Hamdy, *Gendering the Gift of Life: Family Politics and Kidney Donation in Egypt and Mexico*, 35(1) Medical Anthropology 31 – 44 (2016). Susanne Lilian Gössl, *Mexico*, in Katarina Trimminggs & Paul Beaumont eds., International Surrogacy Arrangements: Legal Regulation at the International Level, Hart Publishing, 2013, p. 267.

(二)跨国代孕的数据

虽然德国意向父母跨国代孕是一个广为人知的现象,但德国意向父母寻求跨国代孕的数量、原因和类型在很大程度上仍然是未知数。记录代孕频率的有效数字普遍稀少,即使是代孕合法的国家,也存在着报告不一致等统计学问题。禁止代孕的国家的代孕数据则更不准确,统计数据的定量和定性可能存在问题,因为违法进行代孕的当事人大都不愿公开其真实行为,因此对代孕当事人的采访也不可尽信。根据目前可以检索到的 2013 年的一项非官方的统计,德国每年有 50 ~ 100 对夫妇实施跨国代孕。① 与之相比,使用辅助生殖技术相关的统计较为丰富,2010 年的一项调查显示,国际上每年有三四千名德国患者进行辅助生殖治疗,包括体外受精、卵胞浆内精子注射或不注射、宫腔内人工授精、胚胎植入前遗传学诊断、配子和胚胎捐赠等。② 此外,2014 年年底德国联邦最高法院承认美国亲子关系判决,事实上会鼓励更多的德国夫妇进行跨国代孕。③ 据此可推断,实际上远赴重洋寻求代孕的德国公民的数量可能远高于前述统计。

(三)跨国代孕所面临的障碍

2014 年之前,德国立法和司法实践对跨国代孕与国内代孕均持消极态度,对跨国代孕主要有以下两种限制措施:首先是驻外大使馆对代孕儿童的旅行限制,如拒绝签发护照、签证等身份证件。④ 其次是法院拒绝认可跨国代孕儿童和

---

① Vgl. Konigorski, M., Der gemietete Bauch, Deutschlandfunk, http://www.deutschlandfunk.de/der-gemietete-bauch.886.de.html? dram:article_id = 246049, (abgerufen am 09 Mai 2013).

② Vgl. Torn, P. & Wischmann, T., Leitlinien des BKiD Psychosoziale Beratung für Frauen und Männer, die eine Kinderwunschbehandlung im Ausland beabsichtigen, Journal für Reproduktionsmedizin und Endokrinologie 5(2010), S. 394 ff.

③ See Sabrina Dücker & Tatjana Hörnle, *German Law on Surrogacy and Egg Donation: The Legal Logic of Restrictions*, in Tulsi Patel, Sayani Mitra & Silke Schicktanz eds., Cross-Cultural Comparisons on Surrogacy and Egg Donation, Interdisciplinary Perspectives from India, Germany and Israel, Springer Press, 2018, p. 231.

④ Vgl. VG Köln, Beschluss vom 20.02.2013 - 10 K 6710/11; VG Köln, Beschluss vom 13.11.2013 - 10 K 2043/12; OLG Stuttgart, Beschluss vom 07.02.2012 - 8 W 46/12; VG Berlin, Beschluss vom 05.09.2012 - 23 L 283.12; BVerfG, Beschluss vom 22.08.2012 - 1 BvR 573/12; VG Berlin, Beschluss vom 15.04.2011 - 23 L 79/11; OVG Berlin-Brandenburg, Beschluss vom 06.07.2011 - S 13.11; VG Berlin, Beschluss vom 26.11.2009 - 11 L 396.09; High Court of Gujarat at Ahmedabad 11.11.2009, Jan Balaz v. Anand Municipality, Special Civil Application No. 3020/2009; High Court of Gujarat at Ahmedabad 17.11.2009, file no. LPA 2151/2009.

意向父母之间的亲子关系，也就是本书对德国进行国别研究的主要样本，又细分为三种：一是德国法院拒绝承认外国法院作出的认定意向父母和代孕儿童亲子关系的身份判决；①二是德国法院通过冲突规则的指引严格适用德国法认定代孕母为合法母亲；②三是德国法院以不符合儿童最大利益原则为由，拒绝意向父母收养跨国代孕儿童。③

2014 年后，随着跨国代孕案件数量逐渐增多，类型不断丰富，德国法院在审理跨国代孕案件时，对代孕亲子关系的认定呈逐步放开的趋势。德国在既有的跨国代孕案件中，就亲子关系的认定问题已经形成了一套成体系可援引的解决方式。以 2014 年一对德国男性同性伴侣申请承认外国亲子关系判决的案件为分水岭，德国法院以儿童最大利益为核心原则，完成了两个重要的分割：一是在国内法禁止代孕的条件下承认外国亲子关系判决的分割，二是跨国代孕案件中

---

① Vgl. KG, Beschluss vom 02.12.2014 – 1 W 562/13; OLG Frankfurt am Main, Beschluss vom 14.07.2014 – 20 W 374/13; OLG Düsseldorf, Beschluss vom 26.04.2013 – I – 3 Wx 211/12; AG Düsseldorf, Beschluss vom 29.11.2013 – 270 F 214/13; AG Friedberg, Beschluss vom 01.03.2013 – 700 F 1204/12 AB; AG Friedberg, Beschluss vom 01.03.2013 – 700 F 1142/12 RI; VG Köln, Beschluss vom 13.11.2013 – 10 K 2043/12; KG, AG Gießen, Beschluss vom 07.11.2013 – 22 Ⅲ 9/13; Beschluss vom 01.08.2013 – 1 W 413/12; BVG, Beschluss vom 19.12.2013 – BvL 1/11; OLG München, Beschluss vom 05.12.2011 – 31 Wx 83/11.

② Vgl. AG Köln, Beschluss vom 30.05.2014 – 378 Ⅲ 35/14; VG Köln, Beschluss vom 20.02.2013 – 10 K 6710/11; AG Düsseldorf, Beschluss vom 29.11.2013 – 270 F 214/13; VG Berlin, Beschluss vom 05.09.2012 – 23 L 283.12; OLG Stuttgart, Beschluss vom 07.02.2012 – 8 W 46/12; BVerfG, Beschluss vom 22.08.2012 – 1 BvR 573/12; LG Frankfurt, Beschluss vom 03.08.2012 – 2/09 T 50/1; VG Berlin, Beschluss vom 15.04.2011 – 23 L 79/11; AG Hamm, Beschluss vom 22.02.2011 – XVI 192/08; AG Nürnberg, Beschluss vom 14.12.2009 – UR Ⅲ 0264/09.

③ Vgl. LG Düsseldorf, Beschluss vom 15.03.2012 – 25 T 758/10; LG Nürnberg-Fürth, Beschluss vom 12.01.2011 – 13 T 5122/10; OLG München, Beschluss vom 05.12.2011 – 31 Wx 83/11; OLG München, Beschluss vom 05.12.2011 – 31 Wx 83/11; VG Berlin, Beschluss vom 15.04.2011, 23 L 79.11; AG Hamm, Beschluss vom 22.02.2011 – XVI 192/08; AG Nürnberg, Beschluss vom 09.06.2010 – XVI 0123/07; AG Düsseldorf, Beschluss vom 19.11.2010 – 96 XVI 21/09; AG Düsseldorf, Beschluss vom 19.11.2010 – 96 XVI 23/09.

是否存在外国法院判决的分割。① 具体在本书第二章和第三章中论述。

二、德国意向父母跨国代孕的特点

(一)与其他国家意向父母跨国代孕的区别

德国法律对跨国代孕收养进行限制。德国以其国内法限制辅助生殖技术而著称,但与此同时,德国人却是跨国代孕的主力军。② 德国仅仅对从事代孕的医疗工作者进行处罚,而并不惩罚意向父母和代孕母。但是,德国对意向父母基于违法的代孕行为而产生的收养需求进行了限制,即规定代孕是一种违法的收养方式,只有在收养是为保护儿童最大利益所必须的时候才准许收养。这也充分体现出德国立法和司法对于代孕的否定态度,不仅在刑法层面禁止代孕,在民法层面阻碍法定亲子关系的建立,还要在收养方面为拟制血亲的建立增加

---

① Vgl. BGH, Beschluss vom 10.12.2014 – XII ZB 463/13. ECtHR, *Mennesson vs. France*, app. no. 65192/11, at no. 100, judgment of June 26, 2014; ECtHR, *Paradiso and Campanelli vs. Italy*, app. no. 25358/12, judgment of January 24, 2017. KG, Beschluss vom 21.1.2020 – 1 W 47/19; KG Berlin, Beschluss vom 17.05.2020 – 1 W 298 + 300/19; BGH, Beschluss vom 20.3.2019 – XII ZB 530/17; BGH, Beschluss vom 20.03.2019 – XII ZB 320/17; AG Köln, Beschluss vom 05.07.2019 – 378 III 41/19; AG Fürth, Beschluss vom 28.06.2019 – 4 F 144/19 AB; OLG Hamm, Beschluss vom 17.12.2019 – 15 W 324/19; OLG Frankfurt, Beschluss vom 28.02.2019 – 1 UF 71/18; AG Frankfurt am Main, Beschluss vom 06.02.2018 – 42 III 4/17; BGH, Beschluss vom 05.09.2018 – XII ZB 224/17; AG Gummersbach, Beschluss vom 04.07.2018, Az. 23 F/18. AG Berlin-Schöneberg, 21.12.2018 – III 122/18; BGH, Beschluss vom 10.10.2018 – XII ZB 231/18; OLG Düsseldorf, Beschluss vom 28.2.2018 – II – 6 UF 175/17; AG Frankfurt, Beschluss vom 09.04.2018 – 470 F 16020/17 AD; OLG Braunschweig, Beschluss vom 12.04.2017 – 1 UF 83/13; BGH, Beschluss vom 29.11.2017 – XII ZB 459/16; OVG Berlin-Brandenburg, Beschluss vom 01.09.2017 – OVG 5 S 9.17; OLG Celle, Beschluss vom 22.05.2017 – 17 W 8/16; KG Beschluss vom 04.07.2017 – 1 W 153/16; AG Heidenheim, Beschluss vom 11.04.2017 – 9 F 191/17; OLG Düsseldorf, Beschluss vom 17.03.2017 – II – 1 UF 10/16; AG Wuppertal, Beschluss vom 03.11.2017 – 67 FH 6/16; OLG München, Hinweisbeschluss vom 12.10.2017 – 31 Wx 243/16; OVG Münster, Beschluss vom 14.07.2016 – 19 A 2/14; AG Berlin-Schöneberg, Beschluss vom 07.03.2016 – 71a III 354/15; BGH, Beschluss vom 20.04.2016 – XII ZB 15/15; BGH, Beschluss vom 20.04.2016 – XII ZB 15/15; OLG Köln, Beschluss vom 26.03.2015 – 14 UF 181/14; OLG Düsseldorf, Beschluss vom 07.04.2015 – II – 1 UF 258/13; AG Regensburg, Beschluss vom 2.5.2014 – 201 F 1955/13; AG Köln, Beschluss vom 30.05.2014 – 378 III 35/14; KG, Beschluss vom 02.12.2014 – 1 W 562/13; OLG Frankfurt am Main, Beschluss vom 14.07.2014 – 20 W 374/13.

② See Shenfeld, F., De Mouzon, J., Pennings, G., Ferraretti, A. P., Nyboe Andersen, A., De Wert, G., et al., *Cross Border Reproductive Care in Six European Countries*, 25(6) Human Reproduction 1361 – 1368 (2010).

额外的阻碍。

德国宽松的签证政策在一定程度上缓解了代孕儿童的国际流动问题。德国实施较为宽松的签证政策,与大量国家相互免签,其中包括意向父母倾向的代孕目的地美国、乌克兰、白俄罗斯等。意向父母在这些国家代孕,如果代孕儿童获得了出生国国籍,则无须签证便可以进入德国。比如,美国采取出生地主义,在美国出生的儿童自然拥有美国国籍,而代孕儿童可以凭借美国国籍顺利通过德国海关入境。这不仅减少了意向父母的负担,而且降低了边境犯罪的概率,在很多跨国代孕案件中,意向父母在无法将代孕儿童带回其母国时,可能通过一些违法的方式欺骗边境官员。当然,如果德国意向父母远赴并未与德国免签的国家代孕,或者代孕儿童未获得出生国国籍,则仍然可能出现上述情况,但是相对而言,德国宽松的签证政策降低了德国意向父母通过违法方式将代孕儿童携带回国的概率。

(二)与德国国内代孕的区别

国内代孕亲子关系本身就极为复杂,一名代孕儿童很可能拥有生产母亲、意向母亲和基因母亲三个母亲,法定父亲、意向父亲、基因父亲三个父亲。而跨国代孕与国内代孕相比更为错综复杂,比如,在国内代孕已存在的问题的基础上,还面临着德国与代孕目的国之间关于亲子关系认定的法律冲突,以及因法律冲突导致的跛脚亲子关系等问题。因此,大量德国意向父母涌入跨国代孕市场的后果便是,德国法院面临着非常棘手的跨国代孕儿童与意向父母的亲子关系认定、代孕儿童的国籍和身份认定、外国亲子关系判决的承认、外国出生证明的认证、德国公民境外出生的事后认证、意向父母申请收养跨国代孕儿童等问题。其中,又以如何保护儿童最大利益为核心,延伸出儿童经常居所地的判定、儿童最大利益与公共政策的平衡、在优先级相同的替代性连结点中做出选择等问题。

跨国代孕的亲子关系被承认的可能性较高,受到德国法律惩罚的可能性较低。立法层面上,德国法律禁止代孕,代孕行为违反德国《胚胎保护法》和《收养中介法》,代孕合同违反《德国民法典》中的公序良俗,代孕合同中约定的亲子关系与德国法对儿童法定父母的规定相悖,代孕行为甚至可能面临《德国刑法典》中规定的买卖儿童的指控。① 司法实践中，德国国内代孕中的各方当事人的权利无法获得法律保障，意向父母无法按照约定获得父母身份，代孕母和中介根据代孕协议获得报酬或补偿的权利也不受法律保护，甚至会面临罚款、监禁、买卖儿童的指控。② 因此，随着跨国代孕逐步进入德国意向父母的视野，国内代孕便不再具有吸引力。德国法律对辅助生殖技术持限制态度，但在限制的同时，并未禁止人们跨国代孕或者寻求卵子捐赠。③ 因此，如果公民进行跨国卵子捐赠或代孕，无论是利他代孕还是商业代孕，根据《胚胎保护法》适用范围的属地性，德国都不会对意向父母进行惩罚，甚至在 2014 年德国联邦最高法院承认美国判决的案件中，法院最终认定了意向父母与代孕儿童之间的亲子关系，这事实上鼓励了意向父母跨国代孕的行为。根据 2005 年的一项研究，德国公众似乎在很大程度上支持捐卵和代孕，即使德国媒体对这两种做法持严厉批

---

① See § 1 Mißbräuchliche Anwendung von Fortpflanzungstechniken, Embryonenschutzgesetz. Anatol Dutta, *Surrogacy in Germany*, in Jens M. Scherpe, Claire Fenton-Glynn & Terry Kaan eds., Estern and Western Perspective on Surrogacy, Cambridge University Press, 2019, p. 46. Viji Athreye, *What Are the Surrogacy Laws in India?*, MyIndia (6 March 2017). https://www.mapsofindia.com/my-india/india/surrogacy-laws-in-india-whose-baby-is-it-anyway. JanL. Backmann, Künstliche Fortpflanzung und Internationales Privatrecht, unterbesonderer Berücksichtigung des Persönlichkeitsschutzes, Band 18, Aufl. 2002, S. 167. Peter R. Brinsden ed, *A Textbook of in Vitro Fertilization and Assisted Reproduction*, Informa Healthcare, 2015, p. 361 – 368. European Centre for Law and Justice, *Surrogate Motherhood: A Violation of Human Rights*, Institut Européen de Bioéthique (30 Aprl 2013), https://www.ieb-eib.org/ancien-site/pdf/surrogacy-motherhood-icjl.pdf. Coester-Waltjen, D., Rechtliche Probleme der für andere übernommenen Mutterschaft, NJW 1982, S. 2528 ff.

② Vgl. OLG Hamm, Beschluss vom 07. 04. 1983 – 3 Ss OWi 2007/82. BVerfG, Beschluss vom 06. 12. 1983 – 2 BvR 878/83. AG Gütersloh, Beschluss vom 17. 12. 1985 – 5 XVI 7/85. OLG Hamm, Beschluß vom 02. 12. 1985 – 11 W 18/85. Hessischer VGH, Beschluss vom 23. 12. 1987 – 11 TH 3526/87. FG München, Beschluss vom 21. 02. 2000 – 16 V 5568/99. FG Düsseldorf, Urteil vom 09. 05. 2003 – 18 K 7931/00 E.

③ See Sabrina Dücker & Tatjana Hörnle, *German Law on Surrogacy and Egg Donation: the Legal Logic of Restrictions*, in Tulsi Patel, Sayani Mitra & Silke Schicktanz eds., Cross-Cultural Comparisons on Surrogacy and Egg Donation, Interdisciplinary Perspectives from India, Germany and Israel, Springer Press, 2018, p. 231.

评的态度。[①] 因此，事实上，德国的异性恋夫妇、同性恋夫妇和单身意向父母在所谓的跨境生殖旅行者中占了很大比例。[②]

第二节　代孕在德国法上的非法性

德国法院的第一种分割即在德国国内禁止代孕的前提下，承认外国法院作出的认定德国意向父母与跨国代孕儿童亲子关系的判决。具体而言，德国对代孕持否定态度，所以无论商业代孕还是利他代孕都在德国寸步难行。[③] 但是德国并未在所有民事、刑事、行政法领域都明确规定禁止代孕，仅仅在个别领域进行立法，如禁止滥用生殖医学和人类遗传学的技术。[④] 在其他领域，禁止代孕的主要依据是当前的社会道德、公序良俗。具体而言，德国法律对代孕的禁止具体体现在四个层面。

一、违反宪法对人性尊严保护的规定

宪法层面上，代孕将女性商业化，违反《德国基本法》(Grundgesetz)第1条对人性尊严保护的规定。[⑤] 在德国，代孕因践踏人性尊严、剥削女性、贩卖儿童，违反了《德国基本法》中对人权的保护的规定。德国法院采用"客体公式"来判

---

① See Stöbel-Richter, Y., Beutel, M. E., Finck, C., & Brähler, E., *The 'Wish to have a Child', Childlessness and Infertility in Germany*, 20(10) Human Reproduction 2850 – 2857 (2005). Katharina Beier, *Ethical Objections About Surrogacy in German Debates: A Critical Analysis*, in Tulsi Patel, Sayani Mitra & Silke Schicktanz eds., Cross-Cultural Comparisons on Surrogacy and Egg Donation, Interdisciplinary Perspectives from India, Germany and Israel, Springer Press, 2018, p. 255 – 276. Anika König, *Parents on the Move: German Intended Parents' Experiences with Transnational Surrogacy*, in Tulsi Patel, Sayani Mitra & Silke Schicktanz eds., Cross-Cultural Comparisons on Surrogacy and Egg Donation, Interdisciplinary Perspectives from India, Germany and Israel, Springer Press, 2018, p. 277 – 299.

② See Klotz, M., *Genetic Knowledge and Family Identity: Managing Gamete Donation in Britain and Germany*, 47(5) Sociology 939 – 956 (2013).

③ See Frank Klinkhammer, *Surrogate Motherhood under German National and International Private Law: A Judicial Perspective*, in Jens M. Scherpe, Claire Fenton-Glynn & Terry Kaan eds., Estern and Western Perspective on Surrogacy, Cambridge University Press, 2019, p. 49 – 58.

④ Vgl. Günther, H.-L./Taupitz, J./Kaiser, P., Embryonenschutzgesetz-Juristischer Kommentar mit medizinisch-naturwissenschaftlichen Grundlagen, vor § 1 EschG, Aufl. 2019, S. 45, Rn. 8f.

⑤ Art. 1, Schutz der Menschenwürde, Menschenrechte, Grundrechtsbindung, Grundgesetz (GG).

断对人性尊严的损害,即将人贬损为客体、纯粹的手段或是可任意替代的物。①具体而言,代孕侵犯人性尊严主要包括四个方面。

第一,立法者担心代孕产生所谓的设计婴儿,包括但不限于意向父母挑选儿童的国别,甚至对性别等事项进行基因筛选。② 代孕对人类配子和胚胎的操纵和改良超出了人类对生命可以干预的范围。③ 德国人普遍对新的医疗技术持怀疑态度,这可能与德国的大屠杀经历和纳粹医生对儿童和成人进行的可怕的医学实验有关,也违反了基督教中"人类不可扮演上帝"的宗教观念。④

第二,代孕很可能会造成对妇女的剥削。德国女权主义者分为两大阵营,一类主张妇女有权对自己的身体做出选择,包括将其身体作为商品使用;⑤另一类认为生殖服务是对妇女的商品化和剥削。后者是德国的主流观点。⑥ 首先,代孕母若非自愿同意代孕或转交儿童,怀孕期间或生产后反悔但被意向父母无视,则侵犯了其一般人格权。⑦ 事实上,《德国民法典》并没有明确而全面地规定一般人格权,只保护了部分领域,如权利能力、姓名权,以及生命、身体、健康

---

① 参见王洪根:《论跨国代孕法定父母身份承认中的公共秩序》,载《西部法学评论》2018 年第 1 期。

② See Sayani Mitra, *Cross-Border Reproflows: Comparing the Cases of India, Germany, and Israel*, in Tulsi Patel, Sayani Mitra & Silke Schicktanz eds., Cross-Cultural Comparisons on Surrogacy and Egg Donation, Interdisciplinary Perspectives from India, Germany and Israel, Springer Press, 2018, p. 83 – 102.

③ Vgl. CDU, CSU/SPD, Deutschlands Zukunft gestalten, Koalitionsvertrag zwischen CDU, CSU und SPD, Aufl. 2013, S. 77. Legislaturperiode/Berlin/Hüppe, H., Bezahlte Leihmutterschaft ist Menschenhandel, http://www. huberthueppe. de/cdu-politiker-hubert-hueppe-sieht-den-fall-einer-thailaendischen-leihmutter-die-fuer-ein-australischespaar-gegen-geld-kinder-austrug-als-warnsignal-und-fordert-gesetzliche-regelungen/ (abgerufen am 13. Mai 2014).

④ See Aviad E. Raz & Silke Schicktanz, *Making Responsible Life Plans: Cultural Differences in Lay Attitudes in Germany and Israel Towards Predictive Genetic Testing for Late-Onset Diseases*, in Raz, A. E. & Schicktanz, S. eds., Comparative empirical bioethics: Dilemmas of genetic testing and euthanasia in Israel and Germany, Springer, 2016, p. 55 – 66.

⑤ Vgl. Diehl, S., Schlachtfeld Frauenkörper, Periodical Schlachtfeld Frauenkörper, http://jungle-world. com/artikel/2014/35/50491. html (abgerufen am 13. April 2014).

⑥ Vgl. Schwarzer, A., Editorial: Leihmutter? Geht gar nicht!, Aufl. 2015, S. 4, 6 – 7. Gunda Werner Institut in Berlin, Das Recht auf das eigene Kind, Aufl. 2015, S. 7. Sigrid Graumann, *Reproductive Medicine in Germany in Berlin*, Ethics Council's annual conference, 2014, p. 17.

⑦ Vgl. Anm. Coester-Waltjen, §§ 1591 BGB, 108 f. FamFG: Geburtenregistereintragung bei „Leihmutter-Kind" und mehrfachem Auslandsbezug, FamRZ 2017, S. 1693.

和自由。[①] 自由发展人格权包括最宽泛意义上的"一般行为自由"(allgemeine Handlungsfreiheit)和宪法意义上的"一般人格权"(allgemeine Persoenlichkeitsrecht),禁止代孕和代孕母的一般行为自由之间尚无明确的界限。[②] 其次,若代孕母在怀孕期间的医疗和生活无法得到保障,或无法获得合同约定的报酬及补偿,则侵犯了其合同中所约定的权利。最后,即使代孕母声称自愿选择代孕,这种选择背后的真正原因也是经济或心理上的困扰。大多数代孕案例是次发达地区经济条件较差的代孕母为发达地区富裕的意向父母代孕,代孕费用往往还要经过代孕中介的高额提成,代孕母只能获得意向父母支付费用的很少一部分,因此代孕是对代孕母经济上的剥削。

第三,代孕的非自然性破坏了母亲和孩子之间的联系。"生产者为母"这一规则强调通过怀孕和生产自然建立的亲子纽带,代孕母作为孕育者和生产者,已经不可避免地和孩子建立起亲密的联系。但意向母亲很可能仅仅是卵子提供者,或者与代孕儿童完全没有基因关系,甚至男性同性伴侣作为意向父母时,都很难定义"母亲"这一身份。早在1989年关于《收养中介法》修正案草案的讨论中有人便持这种观点,认为代孕是对母性的分割,禁止将怀孕作为一种服务。[③]

第四,代孕涉嫌贩卖儿童,侵犯儿童权利。德语语境中对胎儿使用了"未出生的生命"(ungeborenes Leben)一词,即胎儿已经被视为一个生命体,意向父母和代孕母通过合同方式约定父母侵犯了胎儿的权利。[④] 代孕的实质是代孕母按照意向父母希望的方式怀孕并生产,意向父母通过支付对价获得孩子的抚养权

① 参见[德]本德·吕特斯、阿斯特丽德·施塔德勒:《德国民法总论》,于馨淼、张姝译,法律出版社2017年版,第55页。

② 参见周云涛:《论宪法人格权与民法人格权——以德国法为中心的考察》,中国人民大学出版社2010年版,第45页。

③ Vgl. Bernard, A Kinder machen, Neue Reproduktionstechnologien und die Ordnung der Familie, Aufl. 2014, S. 26.

④ See Anika König, *Parents on the Move: German Intended Parents' Experiences with Transnational Surrogacy*, in Tulsi Patel, Sayani Mitra & Silke Schicktanz eds., Cross-Cultural Comparisons on Surrogacy and Egg Donation, Interdisciplinary Perspectives from India, Germany and Israel, Springer Press, 2018, p. 281.

和父母身份。[①] 这种金钱的介入侵犯了儿童的尊严，意向父母可以通过支付对价的方式获得对儿童的抚养权和父母身份，就可以通过支付赔偿金的方式放弃孩子。如果儿童未满足意向父母的期待，甚至有可能导致遗弃、贩卖儿童、非法收养等情形。[②]

二、违反刑法对代孕的禁止性规定

刑法层面上，代孕的医疗工作者、协助者、广告发布者将会面临监禁、罚款等刑罚。对代孕的禁止性规定主要载于《胚胎保护法》(Embryonenschutzgesetz)和《收养中介法》(Adoptionsvermittlungsgesetz)。

第一，《收养中介法》明确规定禁止代孕安排(Ersatzmuttervermittlung)，并规定了相应的刑罚。该法第 13 条第 1 款明确了代孕母的定义，即代孕母是指根据协议，愿意接受人工或自然受孕，或孕育非来自其自身的胚胎并在婴儿出生后将其交给意向父母作为子女收养或以其他方式长期抚养的女性。[③] 第 13 条第 2 款明确了代孕安排的概念，即将意向父母与代孕母联系在一起签订合同，约定收养或以其他方式抚养代孕母所孕育的子女。[④] 第 13 条第 3 款明确禁止代孕安排。第 13 条第 4 款禁止通过公开声明，特别是通过报纸广告或报纸报道的方式寻找或提供代孕母或意向父母。[⑤] 第 14 条第 2 款规定了相应的惩罚，对违法进行代孕安排的行为，可处以不超过 1 年的监禁或罚款，如果违法行为属于商业代孕，则处以不超过 3 年的监禁或罚款，但同时明确规定意向父母和代孕母不受惩罚。[⑥]

---

① Vgl. Bubrowski, H., Käufiches Elternglück, in: Frankfurter Allgemeine Zeitung v. 30. 5. 2013. Jovanovic, L., Israeli erfüllt Kinderwünsche: Babys übers Internet bestellen, Aufl. 2010, S. 22. Berend, Z., *Misconceptions about Altruism and Choice in US Surrogacy*, Rheinische Post Online Open Democracy, 2015, p. 17 – 26.

② See Katharina Beier, *Ethical Objections about Surrogacy in German Debates: A Critical Analysis*, in Tulsi Patel, Sayani Mitra & Silke Schicktanz eds., Cross-Cultural Comparisons on Surrogacy and Egg Donation, Interdisciplinary Perspectives from India, Germany and Israel, Springer Press, 2018, p. 279.

③ Vgl. § 13a Ersatzmutter, Gesetz über die Vermittlung der Annahme als Kind und über das Verbot der Vermittlung von Ersatzmüttern (Adoptionsvermittlungsgesetz-AdVermiG).

④ Vgl. § 13b Ersatzmuttervermittlung, AdVermiG.

⑤ Vgl. § 13d Anzeigenverbot, AdVermiG.

⑥ Vgl. § 13c Verbot der Ersatzmuttervermittlung, § 14b Strafvorschriften gegen Ersatzmuttervermittlung, AdVermiG.

第二,《收养中介法》明确规定了对辅助代孕行为实施的刑罚,如教唆遗弃。该法第 14 条第 1 款第 2 句第 3 目禁止寻找或提供意向父母和代孕母,违者最高可处以 5000 欧元的罚款;第 2 款第 2 句禁止劝说或协助孕妇放弃其子女,违者最高可处以 3 万欧元的罚款。①

第三,《胚胎保护法》禁止医疗工作者实施代孕行为,并明确规定了相应的刑罚。该法第 1 条第 1 款第 2 句禁止承诺为使卵子来源的妇女怀孕以外的目的进行人工授精,第 1 条第 1 款第 7 句禁止进行人工授精或将人类胚胎移植给愿意在孩子出生后将其永久留给意向父母的代孕母。② 在代孕母愿意在孩子出生后将孩子永久留给意向父母的情况下,为代孕母进行人工授精或胚胎移植的医生将面临 3 年以下监禁或罚款。

上述立法并非直接禁止代孕,而是通过禁止对代孕母实施人工授精手术、禁止代孕广告、禁止教唆孕妇弃养、禁止中介进行代孕安排等,给代孕行为设置了难以克服的障碍,从而以间接的方式达到禁止代孕的目的。第一,立法者通过限制辅助生殖技术的实施来禁止代孕。立法者将以代孕为目的的各种形式的体外和体内受精行为都规定为犯罪,对医疗工作者进行惩罚,从而推翻了代孕的基础。因此,《胚胎保护法》第 1 条构成了禁止代孕的基石。禁止代孕保护的其实是儿童的福利。代孕会造成母亲身份的分裂,血缘母亲、生理母亲和社会母亲各不一致,这可能会大大增加孩子找到自己身份的难度,并可能导致心理冲突。③ 但《胚胎保护法》并未对精子的来源作出任何规定,立法者默认遗传父亲和社会父亲之间的差异对孩子并不造成伤害。第二,《收养中介法》也试图通过禁止代孕广告、禁止代孕安排,使潜在的代孕母和意向父母更难见面,从而防止出现可能的代孕行为。因此,在德国法律中,是以各种方式防止代孕的,但

---

① Vgl. § 14 Bußgeldvorschriften, AdVermiG.

② Vgl. § 1 Abs. 1, Mißbräuchliche Anwendung von Fortpflanzungstechniken (Embryonenschutzgesetz-EschG).

③ Vgl. Deutscher Bundestag, Bundestags-Drucksache, BT-Drs. 11/5460, 1989, S. 7. Deutscher Bundestag, BT-Drs. 11/4154, 1989, S. 6 f. Vgl. auch Hilko Fuhrmann, Künstliche Fortpflanzung und Internationales Privatrecht, Aufl. 2016, S. 15. Günther, Taupitz, J. & Kaiser, P., Embryonenschutzgesetz. Juristischer Kommentar mit medizinisch-naturwissenschaftlichen Grundlagen. Stuttgart: Kohlhammer, Aufl. 2014, § 1 Abs. 1 Nr. 1 ESchG Rn. 6; § 1 Abs. 1 Nr. 2 ESchG Rn. 5; § 1 Abs. 1 Nr. 1 ESchG Rn. 2 f.

并不是直接和普遍禁止代孕的。①

但是，刑法并未直接规定对代孕母和捐卵者的处罚。德国法律认为代孕行为在民法上是有过错的（schuldig），但不是刑法上的犯罪（Verbrechen）。② 免除惩罚的理由是，妇女可能出于利他动机进行捐卵和代孕，而且对其进行处罚很可能违背儿童最大利益。③《收养中介法》明确规定不会因为代孕安排对意向父母和代孕母进行惩罚，但其仍可能面临买卖儿童的指控。如果代孕母严重忽视照顾和教育代孕儿童的义务，在孩子出生后最需要保护的时刻，放弃母亲权利立即离开并将其交给素不相识的意向父母，不照顾、抚养和教育，也不关注儿童的福利，可能构成对照顾和抚养义务（Fürsorge-und Erziehungspflicht）的严重忽视。④ 但是根据《德国刑法典》（StGB）第 3 条规定的属地原则，不存在第 5 条、第 6 条、第 7 条规定的例外情形时，《收养中介法》中对代孕母的惩罚性规定只适用于在德国境内实施的行为。⑤ 所以，跨国代孕问题是否适用《胚胎保护法》的有关规定仍需要进一步分析论证。

三、违反民法中的公序良俗

在合同层面上，代孕合同违法无效。根据《德国民法典》（Bürgerliches Gesetzbuch）第 138 条的规定，代孕合同内容导致剥削女性、贩卖儿童，故而违反

---

① Vgl. Hilko Fuhrmann, Künstliche Fortpflanzung und Internationales Privatrecht, Aufl, 2016, S. 18. Coester-Waltjen, D., Rechtliche Probleme der für andere übernommenen Mutterschaft, NJW 1982, S. 2528 f.

② Vgl. Paul Lagarde, Die Leihmutterschaft: Probleme des Sach-und des Kollisionsrechts, ZEuP 2015, S. 234 f.

③ Vgl. Günther, H.-L./Taupitz, J./Kaiser, P., Embryonenschutzgesetz-Juristischer Kommentar mit medizinisch-naturwissenschaftlichen Grundlagen. Stuttgart: Kohlhammer, Aufl. 2014, § 1 Abs. 3 ESchG Rn. 1 ff. Deutscher Bundestag, BT-Drs. 11/5460, 1989, S. 9.

④ Vgl. LG Arnsberg, Beschluss vom 26.08.2019 – 2 Qs – 362 Js 118/16 – 78/18.

⑤ Vgl. Hilko Fuhrmann, Künstliche Fortpflanzung und Internationales Privatrecht, Aufl. 2016, S. 18. Claudia Mayer, Ordre public and the recognition of legal parenthood in international surrogacy cases, RabelsZ 78 (2014), S. 551, 564 f. Coester-Waltjen, D., Rechtliche Probleme der für andere übernommenen Mutterschaft, NJW 35 (1982), S. 2528 ff. § 3 Geltung für Inlandstaten, Strafgesetzbuch-StGB.

公序良俗(guten Sitten)当属无效。[①] 所谓不道德,具体是指一项交易违反了所有以公平和公正的方式思考的人的道德感。[②] 具体而言,良好道德的概念由现行法律和社会道德所决定,也必须考虑到《德国基本法》所体现的价值体系,道德观念通过《德国民法典》对私法当事人产生影响。[③] 根据文献和已有判决的主流观点,代孕合同是否符合法律和道德秩序的基本评价,并不取决于合同当事人是否意识到其行为的不道德性,而是取决于公众是否在原则上拒绝代孕。例如,德国第八十八届医学委员会关于体外受精和胚胎移植的医学、伦理和法律问题的决议指出,必须禁止代孕,因为这可能对孩子不利,而且体外受精和胚胎移植有商业化的危险。[④] 同样,联邦研究部长和联邦司法部长在工作报告中,公开反对任何形式的代孕,认为代孕侵犯了儿童的人格尊严,并呼吁立法机关禁止医疗机构在除少数特殊情况外的所有情况下使用这种方法。[⑤] 甚至有更保守的学者认为,任何人工异体授精都是对人类尊严的侵犯。[⑥] 也有学者反驳这一观点,认为代孕并不一定侵犯人格尊严和公序良俗,而且法院在个案中可以自由裁量决定适用哪一种学说。[⑦]

司法实践中,代孕母和中介根据无效代孕合同获得的代孕费用被判定为不当得利予以返还。[⑧] 第一,代孕合同违法首先是因为代孕儿童已成为交易的对

---

① Vgl. § 138 Sittenwidriges Rechtsgeschäft, Bürgerliches Gesetzbuch-BGB. Peter R. Brinsden ed., *A Textbook of in Vitro Fertilization and Assisted Reproduction*, Informa Healthcare, 2015, p. 361 – 368.

② Vgl. Alandt-Heinrichs, BGB, 44th ed., § 138 note 1 b m. w. Nachw.

③ Vgl. Larenz, BGB AT, 6. Aufl., § 22 IIIa. BverfG, Grundrecht der freien Meinungsäußerung, Kollision mit Zivilrecht, NJW 1958, S. 257. BGH, Wirksamkeit einer Ehegattenstiftung durch Erbvertrag, NJW 1978, S. 943.

④ Vgl. Von Kurt Becker, Kind im Brunnen? Die deutsch-französische Zusammenarbeit braucht neue Anstöße, DIE ZEIT, https://www.zeit.de/1985/22/kind-im-brunnen. (abgerufen am 24. Mai. 1985).

⑤ Vgl. Süddeutsche Zeitung Nr. 272 vom 26. 11. 1985.

⑥ Vgl. § 812 Herausgabeanspruch, Bürgerliches Gesetzbuch-BGB. Lieb, in: MünchKomm, § 812 Rdnr. 167. Vgl. auch Erman H. P. Westermann. § 812 Rdnr. 52. OLG Hamm, Sittenwidrigkeit eines sogenannten Leihmutter-Vertrages, NJW 1986, S. 781. BGH, Anfechtungsrecht des Ehemannes bei heterologer Insemination, JZ 1983, S. 552.

⑦ Vgl. KG, Keine Sorgerechtsentziehung nur wegen Mietmutterschaft, NJW 1985, S. 2201. 罗满景:《中国代孕制度之立法重构——以无偿的完全代孕为对象》,载《时代法学》2009 年第 4 期。

⑧ Vgl. OLG Hamm, Beschluß vom 02. 12. 1985 – 11 W 18/85. Hessischer VGH, Beschluss vom 23. 12. 1987 – 11 TH 3526/87; Hessischer VGH, Beschluss vom 23. 12. 1987 – 11 TH 3526/87.

象,沦为商品,在很大程度上危害了孩子的福利。当事人约定的代孕费用,不仅是补偿代孕母在怀孕期间产生的额外费用,而且当事人约定只有在孩子交接后才支付这笔款项,也表明这笔费用是一种合同对价。这种合同被类比为"中产阶级以汽车交易生命"并无不妥。① 第二,合同还包含着一种紧迫的危险,即在孩子被移交之后,即使当事人无意于此,孩子本身仍然会保留商品的性质。对于代孕母而言,必须小心翼翼地尽量避免与孩子建立深厚的情感纽带,以便能够迅速而无痛地与他分离。对于意向父母而言,他们也很难立刻像接受遗传上是自己的孩子一样接受代孕儿童。诚然,在很多代孕合同中,原则上排除了意向父母拒绝接纳孩子,但仍然存在这样的担心——如果孩子不符合或不完全符合意向父母的期待,那么孩子的发展机会从一开始就会受到威胁,因为一个付出了相当大的经济代价获得的孩子,应该满足意向父母的诸多期待。第三,接受孩子也会给意向父母的婚姻或伴侣的生活带来麻烦,例如,无法预知其婚姻状况和感情状态是否能长期稳定,他们能否无障碍地接受家庭中孩子的存在,一方意识到代孕儿童和另一方与代孕母有生理上的亲密关系会对他们的婚姻态度产生什么影响,都是潜藏的问题。②

此外,即使不认定代孕合同违反公序良俗,当事人之间基于代孕支付的对价仍被认定为不当得利。《德国民法典》第977条第1款规定了"不当得利请求权"(Bereicherungsanspruch)的情形,具体而言,给付受领人承担着给付型不当得利的义务,其合同相对人在任何情况下都可以向其行使不当得利请求权。③在代孕合同中,意向父母的给付义务和代孕母的代孕、生育、放弃子女、同意收养的义务相对应,但该给付义务所对应的代孕母的义务在事实上和法律上都无法执行,若约定的目的没有实现,法院仍会判令代孕母归还意向父母所支付的代孕款项。④

---

① Vgl. LG Freiburg, Kein Schmerzensgeldanspruch bei Täuschung durch Leihmutter, NJW 1987, S. 1486.

② Vgl. BGH, Anfechtungsrecht des Ehemannes bei heterologer Insemination, NJW 1983, S. 2073. Dagmar Coester-Waltjen, Die Vaterschaft für ein durch künstliche Insemination gezeugtes Kind, NJW 1983, S. 2059.

③ Vgl. § 977 Bereicherungsanspruch, BGB.

④ Vgl. OLG Hamm, Beschluß vom 02. 12. 1985 – 11 W 18/85.

四、违反民法对亲子关系的约束

"生产者为母"在德国法中似乎是永恒的真理。现代生殖医学实现了基因和生育的分离,体外受精和卵子捐献以及代孕的出现,开始让学界讨论这一规定的科学性,因为女性可以通过辅助生殖技术生下一个与自己基因无关的孩子。① 1997 年《儿童权利改革法》(Kindeschafs rechtreformgesetz)中,考虑到现代生殖医学的可能性,立法者反对两个母亲,或将母亲身份分离,在基因母亲和生产母亲中支持后者,力图避免分割生育。在关于《胚胎保护法》的辩论中,着重强调了儿童福祉的保护,人们普遍认为,代孕母在怀孕期间与胎儿形成了社会心理关系,如果放弃养育孩子,会对其发展产生负面影响。② 尽管德国不允许代孕,但如果代孕已经发生,仍需为孩子确立合法、清晰的亲子关系,使其享受稳定、和谐的家庭生活。

《德国民法典》第 1591 条规定,生产者为母,即代孕母为代孕儿童的法定母亲,阻碍了意向父母与代孕儿童亲子关系的认定。③ 第一,生产者为母的规定是为了防止"母亲身份的分裂",即遗传母亲和妊娠母亲不同。德国立法者认为,生母和孩子之间的联系是早于出生的时刻的,在怀孕与分娩时,分娩者与孩子之间已具有"生理的、心理的和社会意义上的联系",这种联系对于成为合格的母亲来说至关重要,代孕母作为合法母亲的权利应当被保护。第二,立法者之

---

① Vgl. Andreas Bernard, Neue Reproduktionstechnologien und die Ordnung der Familie Samenspender, Leihmütter Künstliche Befruchtung, Aufl. 2014, S. 257 ff. Andreas Bernard, Samenspender, Leihmütter, Retorenbabies: Neue Reproduktionstechnologien und die Ordnung der Familie, StAZ 2013, S. 136 ff. Kreß, H., Samenspende und Leihmutterschaft: Problemstand, Rechtsunsicherheiten, Regelungsansätze. Familie, Partnerschaft, Recht, Aufl. 2013, S. 240 ff. Diel, A., Leihmutterschaft und Reproduktionstourismus. Schriften zum deutschen und ausländischen Familien-und Erbrecht, Aufl. 2014, S. 28. Anderas Bernard, Kinder machen, Neue Reproduktionstechnologien und die Ordnung der Familie; Samenspender, Leihmütter, künstliche Befruchtung, 2014. S. 257.

② Vgl. auch Schliesser, C., Körperlichkeit und Kommerzialisierung: Zur theologisch-ethischen Problematik der Leihmutterschaft, Zeitschrift für medizinische Ethik 62(2016), S. 107 ff. Dietrich, S., Mutterschaft für Dritte, Aufl. 1989, S. 7. Hass, G., Grossmann, W. & Kallert, H. Leihmutterschaft Psychische und psycho-soziale Folgen, Aufl. 1989, S. 8. Nishtha LambaVasanti Jadva, *Indian Surrogates: Their Psychological well-being and Experiences*, in Tulsi Patel, Sayani Mitra & Silke Schicktanz eds., Cross-Cultural Comparisons on Surrogacy and Egg Donation, Interdisciplinary Perspectives from India, Germany and Israel, Springer Press, 2018, p. 181.

③ Vgl. § 1591 Bürgerliches Gesetzbuch, Mutterschaft, BGB.

所以对母亲身份进行唯一的、不可替代的规定，主要是想尽可能给孩子一个没有疑问、容易确定、永久稳定、不可争辩的身份，同时这也可以防止代孕和卵子、胚胎捐献。第三，规定生产者为母有利于保护作为生产者的代孕母的合法权利。立法者考虑到怀孕对妇女身体产生的影响，而且孕育和生产使生育者与孩子形成一种心理关系，导致通常情况下生育者愿意在产后照顾孩子并对孩子负责，而卵子捐赠者则不会对孩子产生这种依恋关系。

因此，根据德国现行亲子关系认定的法律规定，意向母亲的母亲身份无法被认可，甚至在代孕母已婚的情况下意向父亲的身份也得不到保障。根据《德国民法典》第1592条第1款的规定，分娩妇女的丈夫被视为孩子的父亲，①但是代孕母的丈夫和与孩子有基因关系的意向父亲可以根据《德国民法典》第1599条、第1600条第1款和第2款对该婚生子的身份提出挑战，请求法院认定代孕儿童和代孕母的丈夫之间不存在法定的父子关系，从而消除孩子身份的错误分配。② 意向父母与代孕母及其丈夫签订代孕协议并且进行人工授精或者胚胎移植，不属于《德国民法典》第1560条第4款规定的例外情形，即在夫妻双方的同意下通过人工授精怀孕，应当排除对父子关系的质疑。因此，德国法律对父亲身份的确定相对宽松，但该规定无法适用于确定母亲身份，生下孩子的妇女就是法律意义上的母亲，即使孩子不是她血缘上的后代。在代孕案件中，要想让有基因关系的意向母亲成为法律意义上的母亲，唯一的办法就是收养。

然而，意向父母通过收养代孕儿童来建立亲子关系也困难重重。第一，代孕是一种违法的收养方式。《收养中介法》(AdVermiG)第1条第3句和第2条规定代孕是一种违法的收养方式，司法实践中也存在意向父母收养代孕儿童的请求被法院驳回的情形。③ 第二，德国禁止本国妇女以营利为目的将自己的孩子送养。《收养中介法》第5条第3款规定，禁止指定或帮助在本法适用区域内有住所或惯常居所的孕妇以营利为目的，在本法适用区域外生育并将其子女送人收养。④ 第三，德国法律明确规定发布收养广告属于行政违法行为

---

① Vgl. BGH, Bürgerliches Recht. Internationales Privatrecht, JZ 2016, S. 202.

② Vgl. § 1599 Nichtbestehen der Vaterschaft, § 1600 Anfechtungsberechtigte, BGB.

③ Vgl. § 1 Satz 3, Adoptionsvermittlung, § 2, Adoptionsvermittlungsstellen, AdVermiG. AG Gütersloh, Beschluss vom 17. 12. 1985 – 5 XVI 7/85, FamRZ 1986, S. 718.

④ Vgl. § 5 Vermittlungsverbote, AdVermiG.

(Ordnungswidrig)。[①]《收养中介法》第6条第1款禁止通过公开声明,特别是通过报纸广告或报纸报道,寻找或提供儿童供收养。即使当事人在代孕协议中明确约定意向父母不可放弃地收养代孕儿童,但是根据《德国民法典》第138条第1款的规定,该约定因违反了德国法律的强制性规定而无效。因为根据《德国民法典》第1747条第1款的规定,只有在孩子超过8周才能进行收养,而且只有当收养有利于儿童的福利,并且预计收养人与儿童之间会产生亲子关系时,才可批准收养。[②] 司法实践中很可能认定代孕行为不仅违反了公共安全(öffentliche Sicherheit),而且严重违反了公共政策(öffentliche Ordnung),但收养并非保护儿童最大利益所必需,因此拒绝意向父母收养代孕儿童。[③]

五、非法性的弱化趋势

德国学术界和立法界也有人对代孕持包容的态度。在德国,大约有1/10的夫妻是非自愿无子的,原因之一,是越来越多的夫妻在相对较晚的时候才想生孩子,然而生育能力随着年龄的增长而明显下降。非自愿无子的夫妻深受其害,生活往往围绕治疗不孕不育展开,以实现生儿育女的愿望,给患者造成相当大的心理困扰和创伤。尤其是非自愿无子的女性,经常出现抑郁情绪以及无助感、内疚感和不足感,同时会因自己的身体和伴侣产生疏离感,而代孕是实现她们拥有与自己血脉相连的孩子的最后一根稻草。[④] 德国立法界也在试图做出一些改革,但是目前在立法层面上尚未松动。[⑤] 2019年3月,德国联邦司法部计划对亲子关系认定的相关法律进行改革,并发布了立法草案,但该草案仅仅以较少篇幅简单涉及了与代孕相关的亲子关系问题,远未涉及核心问题。联邦司

---

① Vgl. OLG Hamm, Beschluss vom 07.04.1983 – 3 Ss OWi 2007/82. BVerfG, Beschluss vom 06.12.1983 – 2 BvR 878/83.

② Vgl. § 1741 Abs. 1, Zulässigkeit der Annahme, BGB.

③ Vgl. Hessischer VGH, Beschluss vom 23.12.1987 – 11 TH 3526/87.

④ Vgl. OVG Berlin-Brandenburg, Beschluss vom 30.9.2009 – 5 S 17.09.

⑤ See Claudia Mayer, *Surrogacy-Legal Comparison in Europe and the Decision of the Federal Court* 22 *October* 2015, Conference of the cantonal surveillance authority in civil status matters, 22 to 23 October 2015, Brunnen (Switzerland). Claudia Mayer, *Surrogacy in Europe and the Consequences of the Decisions of the European Court of Human Rights*, 11 May 2015, 15th Congress of the European Association of Registrars, 11 to 12 May 2015, Kassel (Germany). Claudia Mayer, *Supreme Court Update with Regard to Surrogacy—The decision of the German Federal Court of Justice*, Conference of the Federal Association of Registrars, 15 November 2014, Bad Salzschlirft (Germany).

法部认为,必须坚持“双亲原则”,即在亲子关系法中,不能给孩子指定两个以上的父母。即使在代孕案件中,儿童可能会有基因父母、法定父母、社会父母3对父母,但是“双亲原则”不能被违背。因为若将父母身份分配给两个以上同时希望获得合法父母身份的人,如果父母之间的权利产生冲突,可能产生更为复杂的问题,不利于儿童最大利益的保护,也不利于家庭关系的和谐稳定。①

有学者认为,德国立法机关不应坚持纸面上法律的纯洁性,对现实情况视而不见,而应以保护弱势群体为目的制定人类辅助医疗技术规则。② 第一,欧洲人权法院强调,立法机关有责任监测生殖医学的发展,并考虑修改法律。③ 对德国立法机构来说,现在是时候全面修订《胚胎保护法》,减少对卵子捐赠和代孕的限制。因为仅仅禁止代孕的实际效果有限,人们已经发现通过跨国代孕可以规避国内立法。这种观点也有其漏洞,因为大多数刑法都无法完全消灭现实中的违法行为,但是如果没有法律的禁止,就会发生更多的有害行为,代孕也不例外。第二,如果国内法禁止代孕,将会造成事实上的不公平。跨国代孕更有利于受过良好教育的富人,因为他们可以承担更高的成本来实现自己的愿望。这种情况下必然存在不系统、不平等的执法和司法。第三,有学者认为,坚决禁止代孕从来就没有充分的理由,应当将其合法化并进行规范和监督。代孕并不一定侵犯人的尊严,以这个理由禁止代孕从一开始就没有说服力。这种论点往往会美化潜在的反现代主义情绪,正当化对篡改自然赋予的生理结构和亲子关系的反对态度。德国联邦最高法院指出,代孕本身与代孕母的人格尊严并不冲突,这并不构成绝对禁止代孕的理由。④ 第四,更值得关注的是孩子的福祉。德国立法机关在母亲身份的分裂对儿童成长的危害方面夸大了风险,没有证据证实代孕会对孩子的健康造成伤害,相反,意向父母对孩子的照顾高于平均水平,与孩子的互动水平高于自然受孕的母亲,代孕组建的家庭在孩子学龄初期仍然

---

① Vgl. Bundesministerium der Justiz und für Verbraucherschutz, Diskussionsteilentwurf des Bundesministeriums der Justiz und für Verbraucherschutz, Entwurf eines Gesetzes zur Reform des Abstammungsrechts, https://www.bmj.de/SharedDocs/Downloads/DE/Gesetzgebung/DiskE/DiskE_Reform_Abstammungsrecht.pdf?__blob=publicationFile&v=3. (abgerufen am13. März 2019).

② Vgl. Duden, K., International surrogate motherhood: Shifting the focus to the child, Zeitschrift für Europäisches Privatrecht 23(2015), S. 660. Resnik, D. B., *Regulating the Market for Human Eggs*, 15 Bioethics 25 (2001).

③ See ECtHR (Grand Chamber), app. no. 57813/00, at no. 117 – 118.

④ Vgl. BGH, Beschluss vom 20. 12. 2014 – XII ZB 463/13.

运作良好。[①] 第五,代孕母的自主权也应受到关注。坚持绝对禁止代孕的做法迫使意向父母寻求跨国代孕。[②] 如果代孕发生在监管不力的国家,很可能无法发现导致代孕母的人格尊严受到侵犯的行为,如被迫怀孕,或者她拒绝放弃孩子的行为被无视等。这不仅意味着医疗条件无法得到保障,也意味着无法获悉代孕母的身份信息,更无法确认其是否自主做出代孕和放弃母亲权利的决定。[③]

代孕合法化的路径和条件多种多样。有学者呼吁废除《胚胎保护法》,制定影响力更为深远的现代生殖医学法律。[④] 也有学者建议简化德国法律,根据孩子出生地国家的法律给予合法的亲子关系。[⑤] 短期来看,能对当前代孕现象进行审查和监管,而非绝对禁止,已经是一种进步。[⑥] 对代孕的监管需要注意的事项如下:第一,在审查合同及其执行时,应考虑到代孕母的自愿性和健康问题,以及所有相关人员的长期福祉。第二,如果代孕母希望终止妊娠或拒绝移交儿童,或者意向父母后悔代孕拒绝接受代孕儿童,则应考虑到如何决定孩子的抚养权归属。第三,程序上的细节也值得关注,如代孕儿童希望知晓其亲生母亲身份时,应提供的文件、咨询、探视权等。当然,在德国允许代孕也并不能杜绝跨国代孕,因为一些代孕目的国代孕成本相对较低。此外,医疗保险公司的规则也需要进行修改,否则意向父母们仍然可能继续在国外寻求辅助生殖医疗,

---

① Vgl. Dethlof, N., Anmerkung, Juristenzeitung 71(2016), 209.

② Vgl. Hörnle, T., Menschenwürde und Ersatzmutterschaft, in J. Joerden, E. Hilgendorf/F. Tiele, Menschenwürde und Medizin Aufl, 2013, S. 478 ff. Duncker & Humblot. Birnbacher, D., *Ambiguities in the Concept of Menschenwürde*, in K. Bayertz ed., Sanctity of life and human dignity, Springer Press 1996, p. 107 – 121.

③ Vgl. Duden, K., Leihmutterschaft im Internationalen Privat-und Verfahrensrecht, Aufl. 2015, S. 201 ff.

④ Vgl. Kreß, H., Samenspende und Leihmutterschaft: Problemstand, Rechtsunsicherheiten, Regelungsansätze, Familie, Partnerschaft, Recht, Aufl. 2013, S. 240 ff. Müller-Terpitz, R., "ESchG 2.0": Plädoyer für eine partielle Reform des Embryonen-schutzgesetzes, Zeitschrift für Rechtspolitik 49 (2016), S. 53 ff. Gassner, U. et al., Fortpfanzungsmedizingesetz, Aufl. 2013, S. 77 ff. Valerius, B., Kinderwunschbehandlungen im Ausland, Zeitschrift für Medizinstrafrecht 3(2017), S. 26 ff.

⑤ Vgl. Helms, T. Rechtliche, biologische und soziale Elternschaft: Herausforderungen durch neue Familienformen, DJM 2016, S. 101. Beck. Dethlof, N., *Changing Family Forms: Challenges for German Law*, 46 Victoria University of Wellington Law Review 681 (2015).

⑥ See Sabrina Dücker & Tatjana Hörnle, *German Law on Surrogacy and Egg Donation: the Legal Logic of Restrictions*, in Tulsi Patel, Sayani Mitra & Silke Schicktanz eds., Cross-Cultural Comparisons on Surrogacy and Egg Donation, Interdisciplinary Perspectives from India, Germany and Israel, Springer Press, 2018, p. 247.

以规避国内高昂的费用。①

综上所述,德国目前有关代孕的立法是复杂的、可能无效的、结果不可预测的以及不公正的。《胚胎保护法》和《收养中介法》中对代孕的禁止性规定并没有成功阻止不孕不育夫妇和个人寻求跨国代孕。德国生殖医学中心的医务人员如果提供代孕服务,或为代孕提供咨询和准备,理论上可能被认定为刑事犯罪行为,然而,实际刑事定罪的风险很小。对于医务人员来说,在患者希望得到医生支持的愿望和法律禁止性规定之间徘徊是一种不幸的情况。从意向父母的角度来看,很难理解他们的德国医生甚至不被允许告知他们在其他国家被允许的医疗技术的益处和风险。这种情况是不公正的,尽管德国立法对代孕有禁止性规定,但是这项规定有漏洞,当事人可以寻求跨国代孕,而且司法实践中也存在承认外国判决认定意向父母合法身份的案例。然而,并不是所有的不孕不育者和同性伴侣都有机会和能力抓住这种漏洞。第一,跨国代孕需要良好的法律建议,目的国的筛选,与国外登记部门和法院沟通的能力、时间、精力,以及最重要的资金。毕竟,在国外进行德国法律禁止的代孕或卵子捐献的费用,很难获得医疗保险的偿付。② 第二,欧洲人权法院对生父和遗传血统的强烈关注使女性同性伴侣处于不利地位。男性同性伴侣在代孕后获得合法父母身份的机会更大,因为精子捐赠并不十分复杂。第三,意向父母无法准确预测其可否取得合法父母身份。意向父母不能确定德国所有的登记处和法院都愿意效仿德国联邦最高法院和欧洲人权法院的做法,即以务实的态度接受代孕的事实,一旦孩子出生,则认为保护孩子福祉比防止规避德国法律有更高的优先级,简而言之,如下一章所述,将儿童最大利益置于公共政策之上。

第三节 德国法院认定跨国代孕儿童亲子关系的模式

目前,德国司法界和学术界可以达成共识的是儿童最大利益在审理跨国代孕亲子关系认定案件中的重要性。从跨国代孕相关的司法实践中可以得出结

---

① See Engel, M. *Cross-border Surrogacy*: *Time for a Convention*, in K. Boele-Woelki, N. Dethlof & W. Gephart eds., Family law and culture in Europe: Developments, challenges and opportunities Cambridge University Press 2014, p. 205.

② Vgl. München Beschluss vom 24. 11. 2015 – I – Az. 23 O 14874/14; OLG München, Endurteil v. 13. 05. 2016 – 25 U 4688/15; BGH, Beschluss vom 14. 07. 2017 – Ⅳ ZR 141/16.

论：儿童最大利益应当成为审理跨国代孕案件的首要考量因素，具有最高优先级，是始终贯穿所有领域的核心原则，普遍但有区别地适用于承认外国判决、认定儿童经常居所地、选择准据法，以及审理跨国代孕收养等情形。①

一、外国判决的承认

意向父母在代孕儿童出生前或出生后，可以向代孕目的国法院申请亲子关系判决。因为代孕目的国通常情况下已将代孕合法化，并认定意向父母为代孕儿童的合法父母。在取得外国亲子关系判决后，意向父母即可返回德国向其居住地法院申请承认该外国判决。承认外国判决主要涉及外国法院的管辖权、公共政策、儿童最大利益这三大问题。② 就承认外国判决问题而言，儿童最大利益在很大程度上处于最高优先级，具体体现在以下几点：

第一，德国法院在一般的禁止性规定和儿童最大利益之间作出了平衡。③ 儿童最大利益应当作为审理跨国代孕案件的首要考量因素，具有最高优先级，在申请承认外国亲子关系判决的案件中，如果公共政策与儿童最大利益产生碰

① Vgl. OLG Braunschweig, Kindeswohl gebietet nicht grundsätzlich Anerkennung von im Ausland erworbener Elternschaft aus Leihmutterverhältnis, NZFam 2017, S. 522. Martin Engel, Internationale Leihmutterschaft und Kindeswohl, ZEuP 2014, S. 538 ff. OLG Düsseldorf: Leihmutterschaft steht Kindeswohlentsprechung der Annahme des anderen Wunschelternteiles regelmäßig nicht entgegen, NZFam 2017, S. 404. Wellenhofer, Familienrecht und IPR: Gewöhnlicher Aufenthalt eines im Ausland von einer Leihmutter geborenen Kindes, JuS 2019, S. 717. Claudia Mayer, Passau, Ordre public und Anerkennung der rechtlichen Elternschaft in internationalen Leihmutterschaftsfällen, RabelsZ 78(2014), S. 551 ff. Nina Dethloff, Leihmütter, Wunscheltern und ihre Kinder, JZ 2014, S. 19. Lederer, Nadine, Grenzenloser Kinderwunsch. Leihmutterschaft im nationalen, europäischen und globalen rechtlichen Spannungsfeld, RabelsZ 82(2016), S. 506 ff.

② Vgl. Bertschi, Nora, Leihmutterschaft-Theorie, Praxis und rechtliche Perspektiven in der Schweiz, den USA und Indien, RabelsZ 80(2016), S. 188 ff. Alexander Diel, Leihmutterschaft im Internationalen Privat-und Verfahrensrecht-Abstammung und ordre public im Spiegel des Verfassungs-, Völker-und Europarechts, ZeuP 2016, S. 1022. Dagmar Coester-Waltjen, Die Mitmutterschaft nach südafrikanischem Recht im deutschen Geburtsregister, IPRax 2016, S. 132 ff.

③ Vgl. Walther Siede, Abstammung des von einer Leihmutter ausgetragenen Kindes, FamRB 2019, S. 224 ff. Elisabeth Unger, Quo vadis, Abstammungsrecht? -Ein Blick auf den Abschlussbericht des Arbeitskreises für Abstammungsrecht, FamRZ 2018, S. 663 ff. Alexander Schwonberg, Diskussionsteilentwurf für ein Gesetz zur Reform des Abstammungsrechts, FamRZ 2019, S. 1303 ff.

撞,则应以后者为主。① 第二,相对而言,在跨国代孕案件中,应审慎适用公共政策拒绝承认外国亲子关系判决。德国的公共政策分为国内公共政策与国际公共政策,在承认外国判决时应适用更为宽松的国际公共政策,对外国法院合法作出的判决应秉持礼让的态度予以承认。② 第三,目前认定女性同性伴侣与代孕儿童的亲子关系的外国判决难以被德国法院承认。德国法律规定生产者为母,且未赋予女性同性伴侣类似异性夫妇中丈夫对婚生子女身份的挑战权,因为生理上两名女子无法孕育一个孩子。③ 因此,2014 年后,在大多数案件中,德国法院依据儿童最大利益原则,承认了认定意向父母与代孕儿童亲子关系的外国判决,但是仍然存在一些例外。

二、亲子关系的认定

若意向父母未取得亲子关系判决,则需要向德国法院申请另行认定其与代

---

① Vgl. Rolf Wagner, Internationales Abstammungsrecht in der Haager Konferenz für Internationales Privatrecht, StAZ 2019, S. 321 ff. OLG Düsseldorf, Leihmutterschaft steht Kindeswohlentsprechung der Annahme des anderen Wunschelternteiles regelmäßig nicht entgegen, NZFam 2017, S. 404. Adeline A. Allen, *Surrogacy and Limitations to Freedom of Contract: Toward being More Fully Human*, 41 Harv. J. L. & Pub. Pol'y 776 (2018). ECtHR, Mennesson vs. France, app. no. 65192/11, judgment of June 26, 2014; ECtHR, Labassee vs. France, app no. 65941/11, judgment of June 26, 2014. Susanne Lilian Gössl, *The Recognition of a "Judgment of Paternity" in a Case of Cross-border Surrogacy under German Law-Comentary to BGH*, 10 *December* 2014, *AZ.* Ⅻ *ZB* 463/13, 7 Cuadernos de Derecho Transnacional 448 – 465 (2015).

② Vgl. Rolf Behrentin und Christoph Grünenwald, Leihmutterschaft im Ausland und die deutsche Rechtsordnung, NJW 2019, S. 15. Konrad Duden, Grenzüberschreitende Leihmutterschaft-Eine Untersuchung des materiellen und internationalen Abstammungsrechts Deutschlands und der USA, ZEuP 2018, S. 716. Birgit Frie, Ausländische standesamtliche Beurkundung der Abstammung eines Leihmutterschaftskindes als „Entscheidung" iSv § 108 I FamFG? NZFam 2018, S. 97. Martin Löhnig, OLG München: Eintragung einer nichtleiblichen Mutter in das ukrainische Geburtenregister keine anerkennungsfähige Entscheidung im Inländischen Nachbeurkundungsverfahren, NZFam 2018, S. 36.

③ Vgl. Rolf Wagner, Abstammungsfragen bei Leihmutterschaften in internationalen Sachverhalten, StAZ 2012, S. 294. Konrad Duden, European Court of Human Rights: International Surrogate Motherhood-Shifting the Focus to the Child, ZEuP 2015, S. 637. Alexander Diel, Leihmutterschaft im Internationalen Privat-und Verfahrensrecht-Abstammung und ordre public im Spiegel des Verfassungs-, Völker-und Europarechts, ZEuP 2016, S. 1022. Anika König, *Parents on the Move: German Intended Parents' Experiences with Transnational Surrogacy*, in Tulsi Patel, Sayani Mitra & Silke Schicktanz eds., Cross-Cultural Comparisons on Surrogacy and Egg Donation, Interdisciplinary Perspectives from India, Germany and Israel, Springer Press, 2018, p. 281.

孕儿童的亲子关系。与承认外国亲子关系判决不同，儿童最大利益原则仅有限地适用于亲子关系认定的相关问题，比如连结点的选择和儿童经常居所地的认定。换言之，在不存在外国判决的情况下，德国法院需要对德国意向父母和跨国代孕儿童的亲子关系进行独立的审理，这种情况下儿童最大利益原则并不具有最高优先级。第二种模式与第一种模式相比，除去意向父母未取得外国亲子关系判决，其余事实基本相同，在此情况下德国法院却给出了近乎相反的判决结果。在两种模式中，儿童最大利益都在与公共政策博弈，儿童最大利益优先于第一种模式中承认外国亲子关系判决的公共政策，但并不优先于第二种模式中外国法适用的公共政策。儿童最大利益原则适用的有限性体现在以下两点：

第一，就涉外亲子关系认定问题的连结点选择而言，《德国民法典施行法》(Einführungsgesetz zum Bürgerlichen Gesetzbuch)第19条第1款规定了三个替代性连结点，这三个连结点的优先级相同，但是德国在司法实践中经常会适用法院认为更符合儿童最大利益的那一个。第二，儿童经常居所地作为三个替代性连结点之一，法院在确认儿童经常居所地时，也会考虑到儿童最大利益的因素。德国司法实践中，法院倾向于以儿童最大利益原则为标准，在儿童出生地、合法母亲的经常居所地、实际主要照顾者的经常居所地、代孕计划中儿童出生后的经常居所地中选择一个为儿童的经常居所地。① 但是，即使最终选择了符合儿童最大利益的经常居所地和连结点，并指向外国亲子关系法律，也无法保证该地法律能够顺利适用，因为《德国民法典施行法》第6条规定了外国法律适用的安全阀，即以公共政策排除外国法律的适用。因此，在亲子关系认定问题上，儿童最大利益原则的适用相对有限。

三、收养跨国代孕儿童

儿童最大利益原则适用于意向父母收养跨国代孕儿童。德国对意向父母基于违法的代孕行为而产生的收养需求进行了限制，即《德国民法典》第1741条规定代孕是一种违法的收养方式，只有在收养是为保护儿童最大利益所必需

---

① Vgl. Konrad Duden, Zweifel an der Elternschaft bei internationaler Leihmutterschaft, StAZ 2017, S. 225. Martin Engel, Internationale Leihmutterschaft und Kindeswohl, ZEuP 2014, S. 538 ff.

时才准许收养。[①] 这也充分体现出德国立法和司法界对于代孕的否定态度，不仅在刑法层面禁止代孕，在民法层面阻碍法定亲子关系的建立，还要在收养方面为拟制血亲的建立增加额外的阻碍。[②] 在司法实践中，应审慎适用该条第1款第2句规定的"加强的儿童最大利益"标准，在适用第1款第1句"儿童最大利益"标准时，应考虑意向父母是否已经和代孕儿童建立起亲子关系，代孕母是否有可能履行母亲责任等情形。相比之下，法院在意向父母申请收养跨国代孕儿童的案件中，倾向于优先遵循儿童最大利益原则，同意其收养，但目前尚未形成统一的司法规则。[③]

综上所述，确定儿童最大利益原则的适用范围是本书研究的重中之重。本书提出的两种分割的核心矛盾点就是儿童最大利益原则的适用。[④] 一是德国法院在国内法禁止代孕的条件下承认外国亲子关系判决的分割。这意味着德国法院在一般的禁止性规定和儿童最大利益之间做出了平衡，不再认为承认该外国判决将违反公共政策和德国法律的基本原则，赋予了保护跨国代孕儿童以更高的优先级。[⑤] 二是跨国代孕案件有否外国法院判决的分割。如果不存在外国判决，德国法院在审理跨国代孕亲子关系认定的案件时，儿童最大利益原则的适用将相当有限。即使选择了符合儿童最大利益的经常居所地和连结点，也可能因为违反了德国公共政策而导致无法顺利适用该地法律，最终仍然严格适用

---

① See Voskoboynik, Katherine, *Clipping the Stork's Wings: Commercial Surrogacy Regulation and Its Impact on Fertility Tourism*, 26 Indiana International and Comparative Law Review 336 - 82 (2016). Vgl. Wellenhofer, Familienrecht und IPR: Eintragung eines im Ausland geborenen Kindes gleichgeschlechtlicher Eltern im Geburtenregister, JuS 2016, S. 942.

② Vgl. Herbert Grziwotz, Stiefkindadoption und Adoptionshilfe-Insellösung oder Neuorientierung?, ZRP 2020, S. 6. Marc Eckebrecht, Anmerkung zu OLG München: Erforderlichkeit einer Adoption bei Leihmutterschaft, NZFam 2018, S. 286.

③ Vgl. OLG Düsseldorf, „Stiefkindadoption" eines im Wege der Leihmutterschaft geborenes Kindes allein am Maßstab der Kindeswohldienlichkeit zu messen, BeckRS 2017, S. 105401.

④ BGH, Beschluss von 10. 12. 2014, Ⅻ ZB 463/13; OLG Düsseldorf, Beschluss vom 7. 4. 2015 - Ⅱ - 1 UF 258/13; BGH, Beschluss vom 20. 4. 2016 - Ⅻ ZB 15/15; AG Heidenheim, Beschluss vom 11. 04. 2017 - 9 F 191/17; BGH, Beschluss vom 5. 9. 2018 - Ⅻ ZB 224/17; KG, Beschluss vom 21. 1. 2020 - 1 W 47/19.

⑤ See Anne E. H. Sanders, *When, if not Now? An Update on Civil Partnership in Germany*, 17 German Law Journal 487 - 508 (2016). Jens M. Scherpe, *The Present and Future of European Family Law*, Edward Elgar Publishing Limited, 2016, p. 96. Guillaume Kessler, *The Parentage Disruption: A Comparative Approach*, *International Journal of Law*, 33 Policy and The Family 322 (2019).

德国法认定代孕母为合法母亲,而拒绝承认意向母亲的合法母亲身份。如果根据前述两种方式均无法认定意向父母与代孕儿童的亲子关系,最后则只能通过收养建立亲子关系。德国法院倾向于根据儿童最大利益原则同意意向父母的收养。总之,儿童最大利益原则较为普遍地适用于外国亲子关系判决承认和跨国代孕收养领域,但在亲子关系认定问题上适用较为有限。

本章小结

德国以其国内法限制辅助生殖技术而著称。代孕被认为违反宪法对人类尊严保护的规定,违反刑法对代孕的禁止性规定,违反民法中的公序良俗和民法对亲子关系的约束。但德国并未明确禁止意向父母寻求代孕,而是通过限制医护人员滥用生殖医学和人类遗传学的技术,限制代孕广告投放和教唆收养等,增加意向父母和代孕中介、医疗诊所之间达成协议的难度和成本,从而达到禁止代孕的效果。对代孕持宽容态度的学者认为,德国立法机关不应坚持纸面上法律的纯洁性,对现实情况视而不见,而应以保护弱势群体为目的制定人类辅助医疗技术规则,但目前尚未形成新的立法规则。

德国意向父母是国际代孕市场的重要客户,主要的代孕目的地是美国、乌克兰等地。德国意向父母跨国代孕具有特殊性:一方面,与德国国内代孕相比,跨国代孕所面临的亲子关系更为复杂,跨国代孕的亲子关系被承认的可能性相对较高,受到德国法律惩罚的可能性更低。另一方面,与其他国家相比,德国宽松的签证规则一定程度上减轻了代孕儿童的国际流动问题,但德国法律对跨国代孕收养进行限制,规定只有在收养是为保护儿童最大利益所必需时才准许收养。

儿童最大利益原则在审理跨国代孕亲子关系相关案件时是首要原则。在承认外国判决、认定儿童经常居所地、审理跨国代孕收养案件中,儿童最大利益原则都扮演着非常重要的角色,但是在认定意向父母与代孕儿童亲子关系的三种模式中其具体适用并不完全相同。第一,德国法院倾向于认为儿童最大利益优先于德国公共政策和法律的一般性禁止性规定,承认外国亲子关系判决。第二,德国法院在审理跨国代孕亲子关系认定案件时,倾向于依据儿童最大利益原则来认定儿童经常居所地并选择连结点,但并不会依据儿童最大利益原则选择适用外国法并认定意向父母与跨国代孕儿童的亲子关系。第三,德国法院倾向于认定意向父母收养跨国代孕儿童是保护儿童最大利益所必需,从而同意意向父母收养代孕儿童。

第二章　外国亲子关系判决在德国法院的承认

上一章介绍了德国法关于跨国代孕的基本立场,提出了德国法院认定跨国代孕儿童亲子关系的三种模式,本章重点分析第一种模式,即外国亲子关系判决在德国法院的承认。该模式是德国法院在跨国代孕亲子关系问题相关领域做出的第一种分割,即德国法院在国内法禁止代孕的情况下承认外国亲子关系判决。该分割看似矛盾,但德国法院给出了详细的说理和逻辑推导过程,从而在司法实践中形成了一套不断完善的经验。德国司法判决实质上是国内法中禁止代孕和生产者为母的规定在为儿童最大利益让步。

第一节　否定实践

20世纪90年代末,德国意向父母开始寻求跨国代孕,但是在2013年之前,德国意向父母向德国法院申请承认外国亲子关系判决均被拒绝。德国立法和司法实践对跨国代孕持消极态度,主要有两种限制措施:一是驻外大使馆对代孕儿童的旅行限制,如拒绝颁发护照、签证等身份证件；[①]二是德国法院拒绝承认认定跨国代孕儿童和意向父母之间亲子关系的外国判决。本节将重点分析后者。

一、德国法院对跨国代孕的否定态度

第一章第二节已经从四个层面论证了德国对于国内代孕的禁止态度。将视野转移至跨国代孕，会发现德国对跨国代孕同样持否定态度。2013 年前，无论同性伴侣还是异性夫妇，都难以通过承认外国亲子关系判决获得代孕儿童的合法父母身份。德国法院依据《家事事件与非讼事件程序法》(Familienverfahrensgesetz)第 108 条与第 109 条有关承认外国判决的规定，以违反德国公共政策为由，拒绝承认认定意向父母与代孕儿童亲子关系的外国判决。[②] 本节将分析 2013 年前德国法院拒绝承认同性伴侣、异性伴侣、单身意向父母取得的外国亲子关系判决的案例，并总结德国法院拒绝的理由。德国意向父母不仅在认定与代孕儿童的亲子关系方面面临着许多困难，在经济方面也面临着诸多窘境，具体如下：

第一，跨国代孕费用无法被视为医疗费用作为特别负担抵扣当事人的个人所得税。一对德国夫妇婚后发现妻子不孕，妻子多次治疗无果后罹患抑郁症。1997 年，该夫妇赴美代孕成功，支出共计约 70,000 德国马克，私人健康保险报销了 17,900 德国马克。当事人申请将未报销部分视为医疗费用，作为特别负担(außergewöhnliche Belastungen)抵扣当事人应付的个人所得税。税务机构和法院不承认在国外的代孕费用是特别负担，并拒绝了当事人抵扣个人所得税的申请，理由是纳税人不能期望公众会补贴故意违反法律的行为。[③]

---

① Vgl. VG Köln, Beschluss vom 20. 02. 2013 – 10 K 6710/11; VG Köln, Beschluss vom 13. 11. 2013 – 10 K 2043/12; OLG Stuttgart, Beschluss vom 07. 02. 2012 – 8 W 46/12; VG Berlin, Beschluss vom 05. 09. 2012 – 23 L 283. 12; BVerfG, Beschluss vom 22. 08. 2012 – 1 BvR 573/12; VG Berlin, Beschluss vom 15. 04. 2011 – 23 L 79/11; OVG Berlin-Brandenburg, Beschluss vom 06. 07. 2011 – S 13. 11; VG Berlin, Beschluss vom 26. 11. 2009 – 11 L 396. 09. High Court of Gujarat at Ahmedabad 11. 11. 2009, Jan Balaz v. Anand Municipality, Special Civil Application No. 3020/2009. See also High Court of Gujarat at Ahmedabad 17. 11. 2009, file no. LPA 2151/2009.

② Vgl. VG Berlin, Beschluss vom 26. 11. 2009 – 11 L 396. 09; VG Berlin, Beschluss vom 5. 9. 2012 – 23 L 283. 12; KG Berlin, Beschluss vom 1. 8. 2013 – 1 W 413/12; AG Friedberg, Beschluss vom 1. 3. 2013 – 700 F 1142/12; AG Nürnberg, Beschluss vom 14. 12. 2009 – UR Ⅲ 0264/09; AG Neuss, Beschluss vom 13. 5. 2013 – 45 F 74/13.

③ Vgl. München, Beschluss vom 21. 02. 2000 – 16 V 5568/99. FG Düsseldorf, Urteil vom 09. 05. 2003 – 18 K 7931/00 E. FG Berlin-Brandenburg, Urteil vom 11. 02. 2015 – 2 K 2323/12.

第二，跨国代孕与国内代孕相比，在保险理赔方面有优势。德国国内代孕案件中，德国法院驳回了意向父母要求保险公司赔付其代孕费用的诉讼请求。法院认为，虽然当事人患不孕症，但根据德国法律，代孕是违法行为，代孕也不是医学上必需的治疗方法，因此不属于保险报销范围。① 但在跨国代孕案件中，一些私人保险公司会为意向父母报销25%左右的代孕相关费用，②德国法院认为《胚胎保护法》没有域外效力，认定境外卵子捐献、人工授精费用属于治疗费用，并判决保险公司予以赔付。③

第三，意向父母通过代孕生育儿童后，无法享受欧盟规定的产假。1992年10月19日颁布的92/85/EEC号理事会指令第2条强调，应改善刚分娩或正在哺乳的妇女的工作安全与健康，并明确“最近分娩的父母”、“怀孕的工人”或“需要母乳喂养的工人”依法享有产假和哺乳假期。德国法律明确规定生产者为母，因此，意向母亲在生理意义上无法被归类为上述刚分娩或正在哺乳的妇女，因此无法享受法律规定的产假。④

二、拒绝承认同性伴侣取得的外国判决

德国承认同性伴侣的合法性，赋予其组建家庭和收养儿童的权利。⑤ 因此，德国法院面临依法登记的同性伴侣跨国代孕生子后，申请承认外国亲子关系判决的问题。本部分具体分析了德国法院曾经拒绝承认的外国判决，包括只判定生物学亲子关系和判定了法律上的亲子关系两种类型。

(一)外国判决只判定了生物学亲子关系

案例一：甲为德国公民，乙为以色列公民，2010年甲乙在德国登记为同性伴侣。甲乙自2008年以来一直住在以色列。2009年2月17

① Vgl. LG Köln, Beschluss vom 04.07.2007 - 23 O 347/06, 6, BeckRS 2007, 12973. Vgl. auch LG Köln, Kein Anspruch auf Ersatz der Kosten einer heterologen In-vitroFertilisation, FD-VersR 2007, 238985.

② Vgl. München, Beschl. v. 21.02.2000 - 16 V 5568/99. FG Düsseldorf, Urteil vom 09.05.2003 - 18 K 7931/00 E.

③ Vgl. München Beschl. v. 24.11.2015 - I - Az. 23 O 14874/14. OLG München, Endurteil v. 13.05.2016 - 25 U 4688/15.

④ Vgl. EuGH, Urteil vom 18.03.2014 - C - 363/12.

⑤ See Dieter Martiny, *Private International Law Aspects of Same-Sex Couples under German Law*, in Katharina Boele-Woelki & Angelika Fuchs eds., Legal Recognition of Same-Sex Relationships in Europe, Intersentia, 2012, p. 189 - 191.

日，甲与已婚印度代孕母丙及其丈夫签订代孕合同，使用甲的精子和匿名捐赠的卵子进行人工授精。2010 年 6 月，丁出生。2010 年 7 月 7 日，孟买市政当局签发了一份出生证明，将甲丙登记为丁的父母。2010 年 7 月 8 日，丙在领事馆宣誓，宣布完全和不可撤销地放弃所有父母权利。2010 年 1 月 10 日，以色列某医疗中心的亲子鉴定报告显示，甲是丁的生父。2010 年 8 月 1 日，特拉维夫市家庭法院判决甲是丁的亲生父亲，但是甲必须证明德国承认丁为其子女并拥有德国国籍。2010 年 8 月 24 日，以色列驻孟买领事馆为丁签发了为期 3 个月的以色列入境签证，并注明国籍未定。2010 年 8 月 26 日，丁来到以色列。2010 年 4 月 27 日，另一位印度代孕母生下了一对双胞胎男孩，他们的生父是乙。2014 年 2 月 13 日，甲收养了该双胞胎，乙收养了丁。①2014 年 6 月 16 日，德国驻特拉维夫大使馆向该双胞胎签发德国护照。2010 年 9 月 13 日，甲向联邦行政办公室申请为丁签发德国护照，声称丁是由不知姓名的代孕母所生。2011 年 10 月 24 日，联邦行政办公室驳回了甲的申请，认为代孕协议违反德国公共政策，代孕母及其丈夫是合法父母。在印度代孕母未知的情况下，甲的父亲身份也值得怀疑。2012 年 3 月 16 日，甲丁提起诉讼，申请在出生证明上登记甲为丁的父亲。2013 年，一审和二审都驳回了当事人的申请，法院认为以色列法院 2010 年 8 月 1 日的判决并未建立甲丁的亲子关系，甲无权获得父亲身份，德国大使馆拒绝为丁签发德国护照的做法也没有问题。②

一审和二审法院认为，是否承认该外国判决不是争论的核心要点。根据《家事事件与非讼事件程序法》第 108 条的规定，除了婚姻事项的判决外，外国判决不需要任何特别程序即可得到承认，前提是不存在该法第 109 条规定的承认外国判决的障碍，诸如对方国家的法院根据德国法律没有管辖权、一方当事人未被适当告知起诉文件而无法行使权利、该判决与德国法院先前作出的判决或承认的外国判决不可调和、承认判决导致的结果明显不符合德国法律的基本

---

① Vgl. Margalith/Assan, Länderbericht Israel, in Bergmann/Ferid/Henrich eds., Internationales Ehe-und Kindschaftsrecht, Aufl. 2016, S. 60.

② Vgl. VG Köln, Beschluss vom 20. 02. 2013 – 10 K 6710/11. VG Köln, Beschluss vom 13. 11. 2013 – 10 K 2043/12. OVG Nordrhein-Westfalen, 14. 07. 2016 – 19 A 2/14.

原则与基本权利等。① 本案中,特拉维夫市家庭法院 2010 年 8 月 1 日的判决并不涉及甲丁的法定父子关系问题,而仅仅提到甲是丁的亲生父亲,这显然只是指生物学上的父子关系。因此,该外国判决并不涉及严格意义上的原告亲子关系的确定,而是涉及丁在以色列的身份、国籍和进入以色列的条件。而根据德国法律,父亲身份与生物学上的基因关系无关,即使承认了外国判决,认可了甲丁的基因关系,也无法导致其亲子关系的建立。

需要注意的是,本案中一审和二审判决并非终审判决,2015 年 6 月 18 日,以色列法院重新作出了一份符合德国法院要求的认定甲丁之间亲子关系的判决。2016 年 7 月 14 日,北莱茵—威斯特法伦州高等行政法院批准了甲的申请,承认了以色列法院 2015 年 6 月 18 日的判决,认可了甲的父亲身份,并同意为丁签发德国护照。详见案例十一。

(二)外国判决判定了法律上的亲子关系

案例二:2010 年 8 月,德国同性注册伴侣甲乙与美国加利福尼亚州代孕母丙签订了代孕合同,使用甲的精子和匿名捐献者的卵子进行代孕。孩子出生之前,丙在旧金山的德国总领事馆声明,甲为尚未出生的孩子的父亲。2011 年 4 月,加利福尼亚州法院判决,甲乙是丙所生孩子的父母,而丙没有母亲身份。2011 年 5 月,丁出生,于同年 6 月随甲乙一起回到柏林的住所。当事人向柏林登记处申请外国出生登记,并要求将甲乙作为父母登记在丁的出生证明上,登记处拒绝了该申请。甲乙诉至法院,请求法院承认加利福尼亚州法院的判决。2013 年,一审法院以违反公共政策为由驳回了当事人的申请,拒绝承认加利福尼亚州法院的判决和认定甲乙为丁的合法父母并准予登记。②

案例三:同性注册伴侣甲乙与美国宾夕法尼亚州代孕母丙签订代孕合同,使用甲的精子和匿名捐献者的卵子进行代孕。2012 年 12 月 17 日,丁出生,此后便与甲乙共同生活。2013 年 1 月 9 日,丙作了公证声明,承认丁的合法父母为甲乙,并宣布放弃对该孩子的监护权。2013 年 1 月 22 日,美国宾夕法尼亚州雄鹿县普通法院判决,甲乙是丁

---

① Vgl. § 108 Anerkennung anderer ausländischer Entscheidungen; § 109 Anerkennungshindernisse, Gesetz über das Verfahren in Familiensachen und in den Angelegenheiten der freiwilligen Gerichtsbarkeit (FamFG).

② Vgl. KG, Beschluss vom 01.08.2013 – 1 W 413/12.

的合法父母。2013 年 4 月 23 日，亲子鉴定结果显示，甲是丁遗传学上的父亲。后甲乙要求德国法院承认美国法院判决，认定他们是丁的父母并对其行使监护权。2013 年 11 月 29 日，杜塞尔多夫地方法院以违反公共政策为由拒绝承认该判决。①

案例二与案例三有极高的相似性，均为男性同性伴侣寻求跨国代孕，只有一方与代孕儿童有亲子关系，取得美国亲子关系判决，但一审法院均以违反公共政策为由拒绝承认该外国判决。

案例二中，一审法院认为，承认美国判决的结果是，作为意向父母的甲乙是丁的合法父母，而生母丙的母亲身份被排除，这违反了德国法律关于亲子关系认定的规定，按照国内的观念来看是不能容忍的。根据美国法院判决，丁不仅与生父建立合法的亲子关系，而且仅凭代孕母的同意就能与生父的生活伴侣建立合法的亲子关系，同时，孕育和生产孩子的妇女仅凭自己的同意就会失去母亲的地位，这与德国法律中的基本理念和其中所包含的正义观念相矛盾。根据《德国民法典》第 1591 条的规定，生产者为母，丙毫无疑问为代孕儿童丁的合法母亲。根据《德国民法典》第 1592 条第 1 款第 2 句和第 3 项的规定，在孩子出生时未与母亲结婚的生父，经母亲同意或司法裁决，可以被认定为法定父亲。甲是丁的生父，而且经过了代孕母的同意和美国法院的判决，即使依据德国法律也可以合法取得父亲的身份。而乙与丁无基因关系，且未在丁出生时与代孕母结婚，依据德国法律并非丁的合法父亲。因此，法院拒绝承认美国判决，并认为乙只能通过适当的收养程序才能获得父亲身份，②但是代孕母不仅不适合，甚至被明令禁止促成这种收养关系。③《德国民法典》关于父亲和母亲身份的规定是德国法律的基本价值规则和核心内容，不能像本案那样简单地通过制造事实来规避。

案例三中，虽然根据《家事事件与非讼事件程序法》第 108 条第 1 款的规定，原则上承认外国判决不需要额外的特别程序。但是德国法院认为，承认宾夕法尼亚州巴克县普通法院的判决违反了《家事事件与非讼事件程序法》第 109 条第 1 款第 4 句中关于公共政策的规定。

法院认为，不承认外国判决不会损害儿童最大利益。甲乙以同性注册伴侣

---

① Vgl. AG Düsseldorf, Beschluss vom 29. 11. 2013 – 270 F 214/13, BeckRS 2015, 14226.

② Vgl. § § 1591 ff. Abstammung; § § 1741 ff. Annahme als Kind, BGB.

③ Vgl. § § 13a ff. AdVermG sowie § 1 Abs. 1 Nr. 7 ESchG.

关系在德国共同生活,在此期间甲乙充分履行了监护人的义务,将丁照顾得很好,甲乙和丁之间会产生或已经产生事实上的亲子关系。即使不承认美国亲子关系判决,孩子的处境也并不会因此变得不利。当事人主张的承认外国判决才能保护儿童的财产权利的观点不成立,当事人可以通过协议约定或者继子女收养等方式达成同样的目的。此外,申请人引用的杜塞尔多夫高等法院的裁决与此并不矛盾,①申请人跨国代孕的行为是对德国法律规定的蓄意规避,这一点不应被忽视。案例二和案例三中当事人刻意制造连结点,在与德国相关法律大相径庭的美国进行代孕,导致案件事实与国内的联系如此薄弱,因此获得的外国判决是不可被承认的。

三、拒绝承认异性伴侣取得的外国判决

异性伴侣与同性伴侣相比,跨国代孕涉及的问题更多,外国判决更难被承认。承认男性同性伴侣为代孕儿童的合法父母,并不会直接造成对代孕母的母亲身份的冲击,因为孩子实质上拥有了两个父亲,没有基因关系的另一位意向父亲很难被认定为德国法律中的"母亲"。而认定异性夫妇合法父母身份的外国判决如果被承认,将直接导致代孕母丧失母亲身份,这和《德国民法典》关于母亲身份确定的规定相悖。因此,在 2018 年之前,仍有法院以违反公共政策为由拒绝承认认定意向父母与跨国代孕儿童亲子关系的外国判决。

案例四:2010 年德国意向父母甲乙与美国代孕母丙签订代孕合同,使用甲的精子与匿名捐卵者的卵子代孕。2011 年 9 月 15 日,科罗拉多州博尔德地区法院作出了一项判决,判定在孩子出生之后,甲乙为儿童的合法父母,对该婚生子(ehelich geborene kinder)享有完全的权利并承担所有的义务。2011 年 10 月,双胞胎丁和戊出生。2011 年 11 月以来,甲乙丁戊便一起居住在德国。甲乙申请法院承认美国判决,但一审和二审均被拒绝。②

案例五:德国意向父母甲乙与美国伊利诺伊州代孕母丙签订代孕

---

① Vgl. OLG Düsseldorf, Beschluss vom 26.04.2013 – I – 3 Wx 211/12.

② Vgl. OLG Braunschweig, Beschluss vom 12.4.2017 – 1 UF 83/13. Redaktion beck-aktuell, OLG Braunschweig erkennt rechtliche Elternschaft für Leihmutterkind aus USA nicht an, becklink 2006410. OLG Braunschweig, Kindeswohl gebietet nicht grundsätzlich Anerkennung von im Ausland erworbener Elternschaft aus Leihmutterverhältnis, NZFam 2017, S.522.

合同,使用甲的精子和匿名捐卵者的卵子代孕。丁出生后即被带回德国,甲乙和丁一直住在德国的家中。2016 年 3 月,丙向公证人承认甲与尚未出生的丁的父子关系,并向德国驻芝加哥总领事馆确认了甲乙对丁的共同监护权。2016 年 8 月 4 日,库克县巡回法院判决甲乙是丁的合法父母。后甲乙请求德国法院承认美国判决,认可其父母身份,但一审、二审均未被法院支持。①

案例四与案例五非常相似,均为异性伴侣赴美代孕,意向父亲与代孕儿童有基因关系,意向母亲和代孕母与代孕儿童均无基因关系,故在此统一总结。因为德国法律对父亲身份的认定本身就相对宽松,所以在跨国代孕案件中,父亲身份相对于母亲身份更容易被德国法院认可。首先,根据《德国民法典》第 1595 条第 1 款的规定,经分娩妇女同意的男性是孩子的合法父亲,如果代孕母未婚,意向父亲只要经过代孕母的同意,即使与代孕儿童没有基因关系,也可以依法获得父亲身份。其次,若代孕母已婚,法律推定代孕儿童是代孕母夫妇的婚生子,这种情况下需要代孕母丈夫或有基因关系的意向父亲或代孕母对代孕儿童与代孕母丈夫的亲子关系进行挑战,这种情况执行起来比较复杂,但并非不可能。意向父亲获得父亲身份后,如果他已婚或登记为同性伴侣,根据《德国民法典》第 1741 条第 2 款第 3 句的规定,他的配偶或伴侣可以通过收养孩子成为共同父母。如果意向父亲未取得父亲身份,已婚意向父母可以根据《德国民法典》第 1741 条第 2 款共同收养代孕儿童,但收养必须在代孕儿童出生 8 周后才能进行。因此,即使法院拒绝承认外国亲子关系判决,经过代孕母承认的有基因关系的意向父亲的合法父亲身份也相对容易被认可。

但是,德国联邦最高法院 2014 年已经作出承认外国亲子关系判决的里程碑式的判决,经过了 3 年的发展,在 2017 年仍然有法院拒绝承认外国判决。可以发现,承认外国亲子关系判决的条件并非完全统一的、可预测的。意向父母并不能根据德国联邦最高法院的判决书,确认自己获得的同样或类似的判决书会被德国法院承认。在 2017 年之后的部分案件中,尽管事实上当事人获得的外国判决符合德国联邦最高法院之前判决中对承认外国判决的要求,德国法院也不一定会承认外国亲子关系判决。有些法官批评跨国代孕为“生殖旅游”,是对德国法律的规避,认为德国联邦最高法院和欧洲人权法院为组织富裕公民跨

① Vgl. AG Wuppertal (67), Beschluss vom 03. 11. 2017 – 67 FH 6/16.

国代孕、规避德国对代孕的禁止性规定打开了大门,因此拒绝承认外国亲子关系判决并给予意向父母合法的父母身份。仍有部分法院以违反公共政策为由拒绝承认外国判决。尽管这可能不是案件最终的结果,有可能经过当事人的上诉之后,高等法院或德国联邦最高法院最终会承认外国亲子关系判决,但也揭示了司法机关内部的紧张关系,即使在德国联邦最高法院有先例的情况下,也并非所有的德国法官都愿意承认外国法院作出的与德国法律立场相矛盾的判决。①

四、拒绝承认单身意向父亲取得的外国判决

德国司法实践中不仅有同性和异性伴侣寻求跨国代孕,也存在单身意向父亲跨国代孕的情形。单身意向父亲所面临的亲子关系认定问题的特殊之处在于,他们不仅要求德国法院承认外国法院亲子关系判决,认定其与代孕儿童的亲子关系,还要求德国法院判定代孕母并非合法母亲,不在代孕儿童的出生证明中体现代孕母的身份。德国法院在历史上曾经拒绝认定意向父亲为代孕儿童唯一的合法父母,认为代孕母必须在出生证明上以母亲身份登记。

案例六:甲具有德国和以色列双国籍,2012 年 10 月 10 日,甲与印度代孕母丙签订代孕合同。2013 年 7 月 7 日,丁在孟买出生。丙及其丈夫在印度公证人面前承认甲为丁的合法父亲,并宣布放弃所有父母权利。2013 年 7 月 16 日,孟买市为丁签发出生证明,登记父亲为甲,母亲未知。几天后,甲丁来到以色列。2013 年 8 月 5 日,以色列法院根据亲子鉴定结果和公证文书判决甲为丁合法父亲。随后甲带丁回到德国,甲向德国户籍管理处申请在丁的出生证明上登记其为唯一的父母,户籍管理处拒绝了该申请。2016 年,甲诉至舍恩博姆法院,法院认定代孕母是合法母亲而驳回了其申请。② 2017 年,甲上诉至柏林高

---

① See Sabrina Dücker & Tatjana Hörnle, *German Law on Surrogacy and Egg Donation: The Legal Logic of Restrictions*, in Tulsi Patel, Sayani Mitra & Silke Schicktanz eds., Cross-Cultural Comparisons on Surrogacy and Egg Donation, Interdisciplinary Perspectives from India, Germany and Israel, Springer Press, 2018, p. 231.

② Vgl. AG Berlin-Schöneberg, Beschluss vom 07.03.2016 – 71a Ⅲ 354/15. Bastian Biermann, Anmerkung zu KG, Beschluss v. 4. 7. 2017 – Ⅲ 354/15, NZFam 2017, S. 923. KG, Anerkennungsfähigkeit einer ausländischen Gerichtsentscheidung über die Feststellung der Vaterschaft eines einzelnen Wunschelternteils, NZFam 2017, S. 919.

等法院,高等法院维持了一审判决。①

案例七:申请人甲与美国代孕母丙签订代孕合同,使用甲的精子和匿名捐卵者的卵子孕育了一对双胞胎。2017 年 7 月 14 日,甲在公证处承认了父亲身份。2017 年 9 月 12 日,丙承认甲和双胞胎的亲子关系。2017 年 12 月 8 日,双胞胎出生。2017 年 12 月 13 日,加利福尼亚州河滨县高等法院判决甲是双胞胎唯一的父母和监护人,丙对双胞胎没有亲权和义务。甲向德国登记处申请对国外出生的双胞胎进行事后认证,要求出生证明上登记甲为唯一的父母。登记处拒绝了甲的申请,认为在出生证明上必须登记父亲为甲,母亲为丙。2018 年7 月4 日,格姆斯巴赫地方法院在判决中决定承认美国法院判决,认定甲是双胞胎唯一的父母。② 登记处认为,如果不把生孩子的妇女列为母亲,就不能进行事后认证。甲向法院申请,命令登记处将其登记为双胞胎的唯一父母。2019 年,科恩地方法院驳回甲的申请,认为代孕母丙应当在出生证明上登记为双胞胎的母亲。③

案例六和案例七非常类似,均为德国单身意向父亲单独寻求跨国代孕,判决中未提及意向父亲与代孕儿童有否基因关系,代孕母都认可了意向父亲的父亲身份,外国法院均判决意向父亲为合法父亲,故而一起总结。根据《民事身份登记法》第 35 条第 2 款的规定,只有出生后认证生效前的公民身份变化才会被列入出生证明。直到孩子出生后美国法院才判决意向父亲为合法父亲,因此意向父亲不能作为代孕儿童唯一的父母登记在德国出生证明上。在民事身份关系中,适用民事身份的真实性原则,不仅要与事实相符,而且不能使人对实际法律情况产生误解。民事身份登记应始终是证明民事身份关系存在或不存在的可靠手段,这样可以保护对登记的正确性和完整性的信任。④ 但是,不予登记母

① Vgl. KG, Beschluss vom 4. 7. 2017 – 1 W 153/16. KG, Anerkennungsfähigkeit einer ausländischen Gerichtsentscheidung über die Feststellung der Vaterschaft eines einzelnen Wunschelternteils, NZFam 2017, S. 919. Anm. Coester-Waltjen, §§ 1591 BGB, 108 f. FamFG: Geburtenregistereintragung bei „Leihmutter-Kind“ und mehrfachem Auslandsbezug, FamRZ 2017, S. 1693.

② Vgl. AG Gummersbach, Beschluss vom 04. 07 2018 – 23 F/18.

③ Vgl. AG Köln, Beschluss vom 05. 07. 2019 – 378 Ⅲ 41/19.

④ Vgl. KG, Beschl. v. 01. 08. 2013 – 1 W 413/12. See Dina Reis, *German Federal Court of Justice on Surrogacy and German Public Policy*, Conflict of Laws (4 March 2015), https://conflictoflaws.net/2015/german-federal-court-of-justice-on-surrogacy-and-german-public-policy/.

亲身份无法反映出孩子出生的实际情况，是不正确、不完整的登记。因为很明显，根据现在的生殖医学状况和技术水平，可以默认孩子是由一名妇女所生的。因此，简单地录入申请人的父亲身份，忽略母亲身份，不符合登记要求的真实原则。[①] 只有在对母亲身份有不可克服的疑虑的情况下，才可以省略对母亲的登记。比如，在匿名出生等特殊情况下，因为登记部门对登记有关的事实缺乏了解，登记处不可能对母亲或父亲进行登记。因此，该两案中登记处首先要将代孕儿童出生时的父母，即意向父亲和代孕母登记为父母，意向父亲随后可以通过后续认证(Folgebeurkundung)的途径，向登记处申请登记为代孕儿童的唯一父母。但是案例六和案例七已被德国法院新的判决覆盖，详见案例十九和案例二十。[②]

五、拒绝承认外国亲子关系判决的理由

通过对上述案例的分析，可以归纳出，德国法院拒绝承认外国判决主要出于以下四个理由。

第一，承认外国判决违反了《家事事件与非讼事件程序法》第 109 条第 1 款第 4 句规定的公共政策。承认外国亲子关系判决，事实上是认可意向父母与代孕儿童之间存在合法的亲子关系，这在某种程度上是将跨国代孕合法化。这一结果不可容忍地与德国法律的基本原则和其中所承载的正义思想相矛盾，德国法院认为不应纵容当事人通过跨国代孕来规避德国法律规定的行为，因此不应承认该外国判决。

第二，德国法律中的对代孕的禁止性规定，不能通过去外国代孕后获得亲子关系判决，再向德国法院申请承认的方式规避。在实践中，德国已经向外界传达了德国对代孕的威慑和不友好的态度，比如拒绝为德国意向父母在国外代

---

① See Adeline A. Allen, *Surrogacy and Limitations to Freedom of Contract: Toward being More Fully Human*, 41 Harv. J. L. & Pub. Pol'y 776 (2018). Kees Jan Saarloos, *European Private International Law on Legal Parentage? Thoughts on A European Instrument Implementing the Principle of Mutual Recognition in Legal Parentage*, Maastricht University Press, 2010, p. 13. Tamar Lewin, *Coming to U. S. for Baby, and Womb to Carry it*, Center for Genetics and Society (7 May 2014), https://www.geneticsandsociety.org/article/coming-us-baby-and-womb-carry-it.

② Vgl. OLG Hamm, Beschluss vom 17.12.2019 – 15 W 324/19. KG (1. Zivilsenat), Beschluss vom 21.1.2020 – 1 W 47/19. KG, Geburtseintrag nach Leihmutterschaft und Geburt in Kalifornien, BeckRS 2020, S. 635. Marc Eckebrecht, Anerkennung einer kalifornischen Wunschelternschaft unabhängig von genetischer Abstammung, NZFam 2020, S. 227.

孕出生的孩子颁发护照、签证等。德国意向父母故意规避德国法律规范而在国外寻求代孕,并通过与该国的互惠的免签政策将代孕儿童带回德国,很明显是为了规避德国的禁令,这种行为是不被允许的。

第三,承认该外国判决违背了德国关于亲子关系的立法。德国法律规定生产者为母,代孕母的法定母亲身份不可通过一纸代孕协议被让渡。生母和孩子之间的联系是早于出生的时刻的,在怀孕与分娩时,分娩者与儿童之间已具有"生理的、心理的和社会意义上的联系",这种联系对于成为合格的母亲来说至关重要,代孕母作为合法母亲的权利应当被保护。此外,德国法院认为母亲身份不可以被割裂为基因母亲和生育母亲,这不仅侵犯代孕母的人权,也不利于儿童的自我身份认知和健康成长。

第四,生物学意义上的亲子关系判决没有被承认的意义。如果当事人获得的外国判决只是认定意向父母和代孕儿童生物学上的亲子关系,即使该外国判决在德国获得承认,对意向父母也没有意义,因为依据德国法律亲子关系和血缘没有必然联系。母子关系是通过"出生"建立的,而父子关系要么通过婚姻关系建立,要么通过孩子合法母亲的"承认"建立,或者通过对婚生子的质疑和挑战由法院判决,上述这几种亲子关系建立的模式,都与基因无关。所以,德国法院没有必要承认外国法院根据亲子鉴定证明作出的生物学意义上的亲子关系判决。

第二节　肯定实践

随着儿童最大利益原则的发展,德国法院在 2013 年后对跨国代孕亲子关系的态度逐步放宽。2013 年,德国弗里德贝格地方法院承认了第一份认定意向父母合法身份的外国亲子关系判决。2014 年 12 月 10 日,德国联邦最高法院作出了一份具有里程碑意义的判决,在判决中强调,公共秩序条款并不妨碍外国认定意向父母和代孕儿童的亲子关系的判决被承认。[①] 但是德国法院对外国判决范围的界定和判决的类型有诸多限制。[②] 本节以意向同性伴侣、意向已婚夫妇、单身意向父亲为标准分类,探讨不同类型的意向父母申请德国法院承认外

① Vgl. BGH, Beschluss vom 20.12.2014 - XII ZB 463/13.

② Vgl. OVG Nordrhein-Westfalen, 14.07.2016 - 19 A 2/14. VG Köln, Beschluss vom 13.11.2013 - 10 K 2043/12.

国判决的结果是否一致。

一、承认同性伴侣取得的外国判决

（一）赴美代孕

德国联邦最高法院决定承认外国亲子关系判决受到欧洲人权法院的影响。2014年，欧洲人权法院在蒙森案和拉巴塞案中认定，完全禁止意向父母与代孕儿童建立亲子关系，尤其是在意向父亲与代孕儿童有基因关系的情况下，拒绝承认外国亲子关系判决，违反了《欧洲人权公约》（European Convention on Human Rights）第8条保护儿童最大利益的规定。[①] 而且依据国内法也可以确定意向父亲和代孕儿童的亲子关系，没有基因关系的意向父亲的伴侣，事实上也可以通过继子女收养成为代孕儿童的合法父亲，因此承认外国判决的结果与依据国内法作出判决的结果一致，并不会违反公共政策。最终欧洲人权法院承认了跨国代孕意向父母和代孕儿童的亲子关系。[②] 德国联邦最高法院与欧洲人权法院的判决保持了一致，由原先的以违反公共政策为由拒绝承认，变为现在的以保护儿童最大利益为由逐步放开对外国法院判决的承认。

> **案例八**：在案例二中，一审判决并非终审判决。2010年8月，德国同性注册伴侣甲乙与美国加利福尼亚州代孕母丙签订了代孕合同，使用甲的精子和匿名捐献者的卵子进行代孕。2011年4月，加利福尼亚州法院判决，甲乙是丙所生孩子丁的父母，而丙没有母亲身份。2011年6月，甲乙请求德国法院承认加利福尼亚州法院的判决。2013年，一审法院以违反公共政策为由驳回了当事人的申请。[③] 当事人不服，上诉至德国联邦最高法院，德国联邦最高法院予以改判，承认了加利

① See ECtHR, Mennesson vs. France, app. No. 65192/11, at no. 100, judgment of June 26, 2014; EctHR, Labassee vs. France, app no. 65941/11, judgment of June 26, 2014.

② See ECtHR, *Mennesson vs. France*, app. no. 65192/11, judgment of June 26, 2014; ECtHR, *Labassee vs. France*, app no. 65941/11, judgment of June 26, 2014. Voskoboynik, Katherine, *Clipping the Stork's Wings: Commercial Surrogacy Regulation and Its Impact on Fertility Tourism*, 26 Indiana International and Comparative Law Review 336 – 82 (2016). European Court of Human Rights, *Totally Prohibiting the Establishment of a Relationship between a Father and his Biological Children Born Following Surrogacy Arrangements Abroad was in Breach of the Convention*, ECHR (26 September 2019), https://hudoc. echr. coe. int/app/conversion/pdf/? library = ECHR&id = 003 – 4804617 – 5854908&filename = 003 – 4804617 – 5854908. pdf.

③ KG, Beschluss vom 01. 08. 2013 – 1 W 413/12.

福尼亚州法院的判决，认定甲乙为丁的合法父母并准予登记。[①]

案例九：在案例三中，男性同性伴侣甲乙赴美代孕，与美国宾夕法尼亚州代孕母丙签订代孕合同，使用甲的精子和匿名捐献者的卵子进行代孕。2013年1月22日，美国宾夕法尼亚州雄鹿县普通法院判决，甲乙是丙所生孩子丁的合法父母。2013年4月23日，亲子鉴定结果显示，甲是丁遗传学上的父亲。后甲乙要求德国法院承认美国法院判决，认定他们是丁的父母并对其行使监护权。2013年11月29日，杜塞尔多夫地方法院以违反公共政策为由拒绝承认该判决。[②] 后甲乙上诉至杜塞尔多夫高等法院，2015年，杜塞尔多夫高等法院予以改判，承认了美国判决，认定乙为丁的合法父亲。[③]

案例十：2018年2月25日，德国男性同性伴侣甲乙与美国代孕母丙签订代孕协议，使用甲的精子和匿名捐赠的卵子进行代孕。2019年1月5日，丁出生在美国俄亥俄州某医疗中心，出生时的出生证明上载明父亲是甲、母亲是丙。2019年1月22日，美国俄亥俄州加利亚县普通法院认定，丙丁之间不存在亲子关系，并宣布丙可能对丁享有的所有权利均被终止，法院还确定了乙与丁的亲子关系，甲乙双方对丁共同享有父亲身份，共同履行所有的权利并承担所有的义务。2019年1月28日，俄亥俄州公民身份登记处为丁签发了一份更正后的出生证明，将丙的名字从母亲栏中去除，而将甲和乙一起登记为父亲。[④] 丁由甲乙共同照顾并一直生活在德国。甲乙向德国拜恩州菲尔特地方法院申请承认美国俄亥俄州加利亚县普通法院的裁决，法院同意了当事人的申请。[⑤]

案例八是德国同性伴侣跨国代孕回归德国后申请承认外国亲子关系判决

---

① BGH, Beschluss vom 10.12.2014 – XII ZB 463/13.

② Vgl. AG Düsseldorf, Beschluss vom 29.11.2013 – 270 F 214/13.

③ Vgl. OLG Düsseldorf, Beschluss vom 07.04.2015 – II – 1 UF 258/13.

④ 自2017年以来，美国已婚的同性父母有权在孩子的出生证明上输入他们的名字，同性配偶应享有与异性恋已婚夫妇相同的权利。在某些情况下，同性父母即使未婚，也可以在孩子的出生证明上登记父母双方的姓名。这可以通过改变出生证明格式来实现，这些表格用性别中立的替代方案取代了传统的“母亲”和“父亲”的身份：同性恋夫妇在完成出生登记时，从“父亲”（father）、“母亲”（mother）、“父母”（parent）这三个头衔中进行选择。这意味着一个孩子可以有两个母亲、两个父亲、两个父母，或者两者兼而有之。

⑤ Vgl. AG Fürth, Beschluss vom 28.06.2019 – 4 F 144/19 AB.

的分水岭。[①] 在此之前德国主流观点认为,代孕践踏人性尊严、剥削女性、贩卖儿童,违背德国法律中生产者为母的规定,违反了《德国基本法》《胚胎保护法》《德国民法典》,[②]因此承认外国亲子关系判决违反德国公共政策。就本案中父亲身份而言,依据《德国民法典》关于父亲身份的规定,丙未婚且承认甲为丁的父亲,甲也认可了与丁的亲子关系,甲即在法律上成为丁的合法父亲。而乙作为甲的伴侣,只能通过继子女收养而成为合法父母。该案之后,意向父母如果能够提交赋予其合法父母身份的外国法院判决,就有机会绕过德国家庭法。自 2014 年年底以来,外国法院的亲子关系判决被承认的可能性增大。就判决内容而言,上述三个案件并无本质差别,但存在发展和继承的关系。德国联邦最高法院的判决是对欧洲人权法院判决的延续,杜塞尔多夫高等法院的判决是与德国联邦最高法院判决保持一致的体现,作为一审法院的菲尔特地方法院承认外国判决标志着承认外国亲子关系判决越来越简单,故而三个案例在此进行统一总结。上述三个案例中,法院均按照承认外国判决的标准,评判承认外国判决是否违背德国公共政策,据此承认跨国代孕的意向父母拥有合法身份的可行性。[③]

德国法院具有管辖权。根据《家事事件与非讼事件程序法》第 108 条第 2 款第 1 句的规定,有法律上利害关系的当事人可以申请德国法院对外国非金钱判决作出承认或不承认的决定,意向父母作为美国判决中代孕儿童的合法父母,其申请是可以受理的。根据该条第 3 款第 1 句的规定,上述三个案例中法院都拥有管辖权,因为甲乙丁的经常居所地都在其辖区。有的案例中美国法院仅仅是认定意向父母为代孕儿童的合法父母,而有的案例中美国法院还明示排

---

① See Limited Win for Surrogacy, *Gay Parenthood in Germany*, Bioethics. com (22 December 2014), https://bioethics. com/archives/24986.

② Vgl. Art. 1 GG, Schutz der Menschenwürde, Menschenrechte, Grundrechtsbindung. § 1591 BGB, Mutterschaft. Vgl. auch § 1592 BGB, Vaterschaft. European Centre for Law and Justice, *Surrogate Motherhood: a Violation of Human Rights*, Institut Européen de Bioéthique (30 Aprl 2013), https://www. ieb-eib. org/ancien-site/pdf/surrogacy-motherhood-icjl. pdf. Peter R. Brinsden ed., *A Textbook of in Vitro Fertilization and Assisted Reproduction*, Informa Healthcare, 2015, p. 361 – 368. Wellenhofer, Familienrecht und IPR: Eintragung eines im Ausland geborenen Kindes gleichgeschlechtlicher Eltern im Geburtenregister, JuS 2016, S. 942.

③ Vgl. BGH, Beschluss vom 10. 12. 2014 – XII ZB 463/13. BGH, Anerkennung eines kalifornischen Urteils zur Elternstellung bei Leihmutterschaft, FamRZ 2015, S. 240. BGH: Anerkennung ausländischer Gerichtsentscheidung zur rechtlichen Verwandtsschaft, DNotZ 2015, S. 296.

除了代孕母的母亲身份。根据《家事事件与非讼事件程序法》第7条第2款第1句的规定,权利直接受诉讼影响的人应当被传唤为当事方,如果承认美国判决,尤其是代孕母的权利被明确排除的情况下,这一程序必须在代孕母在场并知情的情况下进行。德国联邦最高法院在2014年12月10日的裁决中,只是承认认定同性伴侣是代孕儿童的合法父母的外国判决,并未涉及排除代孕母的母亲身份,但事实上,代孕母的权利受到了德国法院承认外国判决的影响。[①] 简言之,根据《德国民法典》,代孕母是代孕儿童的母亲,而承认外国判决会导致她在德国丧失合法母亲的地位。虽然她对有关代孕儿童没有任何兴趣也不住在德国,失去母亲身份并不会影响她的实际生活,但是确实造成了她失去了十月怀胎一朝分娩的孩子的合法母亲身份的法律后果。案例八和案例九中法院未指出这个问题,是因为美国判决并未明示排除代孕母的合法母亲身份,而案例十中法院强调了代孕母参与承认美国判决程序的问题。

1. 公共政策的限缩

承认相关判决并不违反德国的公共政策。德国联邦最高法院和通说均认为,在承认外国判决时,应对公共政策进行限缩解释和审慎适用。在涉及跨国代孕亲子关系认定的案件中,不宜以违反德国公共政策为由完全拒绝承认外国判决。

第一,《胚胎保护法》和《收养中介法》中禁止医务工作者从事代孕工作的条款并不构成实质性公共政策(materiellrechtlicher ordre public)。德国法院不会实质性审查外国判决,尤其是不会审查外国法院的法律选择和法律适用是否恰当,而是只进行程序性审查。只有当承认外国判决明显不符合德国家庭法和儿童法的基本原则时,如外国判决是违反德国程序法中的基本原则和法治程序作出的,才属于实质性地违反公共政策的情形。孩子和意向父母之一基因相关,和代孕母不相关的情况下,承认该外国判决、认可意向父母的合法身份并非无法容忍、违背德国法律的,不存在《家事事件与非讼事件程序法》第109条规定的拒绝承认外国判决的特殊情形,尤其是不违反该条第1款第4句规定的公共政策。因此,承认外国亲子关系判决并不一定会违反公共政策,因为这既不与国际法中保护人权原则相悖,也不会导致国内法禁止和预防代孕的立法目的

---

① Vgl. BGH, Anerkennung eines kalifornischen Urteils zur Elternstellung bei Leihmutterschaft, NJW 15, S. 479 = FamRZ 15, S. 240. BGH, Anerkennung einer US-Gerichtsentscheidung über Eltern bei Leihmutterschaft, NJW-RR 2018, S. 1473. BGH, Leihmutterschaft und Elternstellung, FamRZ 2018, S. 1846.

无法实现。①

第二,为达到国际判决一致性,公共政策应限缩解释。在与民事身份相关的问题上,承认外国判决的首要目标是保证国际判决的一致性,故《家事事件与非讼事件程序法》第109条第1款第4句确立了公共政策限缩解释原则,避免跛脚法律关系。② 换言之,承认外国亲子关系判决时,应当适用更为宽松的国际公共政策,只要承认该外国判决的结果并未不可接受地与德国法律的基本思想和司法观念强烈冲突即可。③ 法院认为,孩子和意向父母之一基因相关、和代孕母不相关的情况下,承认该外国判决并认可意向父母的合法身份并非无法容忍的。

第三,跨国代孕行为并非不可接受地与德国法律的基本思想和司法观念强烈矛盾。一则,代孕不一定等同于贩卖儿童和侵犯人性尊严。德国联邦最高法院要求意向父母提供有关代孕协议内容和代孕母身份的文件,以确认代孕母代孕和移交婴儿的自愿性,从而排除代孕母被迫将孩子移交给意向父母的可能性。④ 二则,代孕儿童已经出生,即使不承认外国判决,也难以实现《胚胎保护法》和《收养中介法》中对代孕的一般性禁止性规定的普遍预防的目的。⑤ 三则,在跨国代孕案件中,儿童不应当为自己的出生承担责任,上述一般性禁止性规定应当让步于儿童最大利益。

第四,从实体法层面上看,承认外国判决也不违反德国法律。依据《德国民法典》关于父亲身份的规定,意向父亲经过单身代孕母的承认即可成为合法父亲,其伴侣可以通过继子女收养(Stiefkindadoption)与代孕儿童建立亲子关系。《根据外国法收养儿童效力法》第4条鼓励跨国收养无人陪伴的儿童,司法实践

① Vgl. Konrad Duden, European Court of Human Rights: International Surrogate Motherhood-Shifting the Focus to the Child, ZEuP 2015, S. 637. Alexander Diel, Leihmutterschaft im Internationalen Privat-und Verfahrensrecht-Abstammung und ordre public im Spiegel des Verfassungs-, Völker-und Europarechts, ZEuP 2016, S. 1022.

② Vgl. Claudia Mayer, Procedural recognition of a foreign decision on legal parentage in favor of registered partners in surrogacy cases, Annotation of Federal Court of Justice (Bundesgerichtshof), 10. 12. 2014 - XII ZB 463/13 (civil status proceedings), StAZ 2015, S. 33 ff.

③ Vgl. Rolf Wagner, Abstammungsfragen bei Leihmutterschaften in internationalen Sachverhalten, StAZ 2012, S. 294 ff.

④ BGH, Beschluss vom 10. 12. 2014 - XII ZB 463/13.

⑤ See Susanne Lilian Gössl, *The Recognition of a "Judgment of Paternity" in a Case of Cross-border Surrogacy under German Law: Comentary to BGH, 10 December* 2014, *AZ.* XII *ZB* 463/13, 7 Cuadernos de Derecho Transnacional 448 - 465 (2015).

中，只要收养有利于儿童的利益，法院往往会同意收养代孕儿童，这事实上有利于意向父亲的配偶或同性伴侣取得合法父母身份。所以，承认外国判决直接认定亲子关系和允许当事人收养代孕儿童，往往事实上能达到同样的效果。

第五，以违反公共政策为由拒绝承认外国判决反而会违反公共政策。儿童最大利益原则也是公共政策的一部分，阻碍为代孕儿童建立"理想的家庭"(Wunschfamilien)反而会违反公共政策。① 依据德国法律，代孕母作为合法母亲远在国外，而且其已根据外国法律放弃母亲身份，法院如果拒绝承认外国判决，拒绝为代孕儿童与意向父母建立亲子关系，将事实上导致儿童处于没有母亲甚至无人照拂的状态。德国立法和司法机关都重视儿童权益保护，若拒绝承认外国判决导致幼无所养、幼无所依，自然也违反了德国公共政策。

2. 儿童最大利益的扩张

上一阶段，德国法院以并非保护儿童最大利益所必须为由拒绝承认相关外国判决。这一阶段，德国法院的态度有所改变，从国内和国际、理论和现实等多角度出发，认为承认相关外国判决有利于保护儿童最大利益。

第一，承认相关外国判决符合欧洲人权法院保护儿童权益的先例。2014年，欧洲人权法院在蒙森案和拉巴塞案中，承认了跨国代孕意向父母和代孕儿童的亲子关系。欧洲人权法院认为，在意向父母与代孕儿童有基因关系的情况下，依据公共政策拒绝承认外国判决，禁止意向父母与代孕儿童建立亲子关系，违反了《欧洲人权公约》第8条规定的保护儿童最大利益的义务。

第二，承认相关外国判决符合德国的国际条约义务。德国法院在承认外国判决时，应考虑其国际条约义务，尤其是已经转化为国内法的人权规范，这是善意履行国际义务(Völkerrechtsfreundlichkeit)的具体体现。承认意向父母与代孕儿童之间的亲子关系符合德国签署的《公民权利和政治权利国际公约》(International Covenant on Civil and Political Rights)、《经济、社会及文化权利国际公约》(International Covenant on economic, social and cultural rights)、《欧洲人权公约》，也符合联邦宪法法院和欧洲人权法院确立的保护儿童利益的准则，即无论亲子关系是由哪个国家确立的，儿童被照顾和保护的权利、建立合法亲子关系的权利都应得到保障。

第三，承认外国判决事实上是保护儿童最大利益所必须。除非法院承认外

---

① Vgl. Konrad Duden, Leihmutterschaft Im Internationalen Privat-Und Verfahrensrecht-Abstammung Und Ordre Public Im Spiegel Des Verfassungs-, Völker-Und Europarechts, Aufl. 2015, S. 655.

国判决，否则意向父母很难与代孕儿童建立亲子关系。根据德国法律，代孕母被禁止促成建立在代孕行为上的收养关系，故而意向父亲的妻子或同性伴侣很难通过收养取得合法父母身份。而且，如果赋予意向父母收养代孕儿童的选择权，若其后悔代孕乃至弃养，势必损害儿童利益，将其置于无父无母无人照拂的境地。此外，德国法院提出的替代性解决方法不能有效保护代孕儿童的合法权利。涉及儿童人身和财产权利的事项数不胜数，无法通过协议约定的方式列举穷尽，故替代性解决方法不利于保护儿童利益。

第四，承认外国判决是国家履行保护义务的体现。国家有保护义务（Schutzpflichten），应通过积极的行动保护基本权利所有者的基本权利不受侵犯。在跨国代孕案件中，法院在确定保护义务时，最先要考虑儿童的基本权利。如果以违反德国公共政策为由拒绝承认外国判决，反而忽略了儿童的基本权利和实际存在的社会家庭关系。① 通常情况下，符合代孕儿童最大利益的做法是尽快承认其与意向父母的亲子关系，以保证孩子拥有稳定的社会家庭结构，不被置于无国籍和无父母的境地，不处于根据德国法合法父母身在外国，而根据外国法合法父母身在德国的跛脚亲子关系之中。②

第五，认可与儿童没有基因关系的意向父亲的父亲身份并不违反德国法律。根据德国法律规定，同性伴侣并不会像异性伴侣一样，被默认为伴侣所生孩子的父母，而是需要通过继子女收养建立亲子关系。③《根据外国法收养儿童效力法》第 4 条鼓励跨国收养无人陪伴的儿童。④ 司法实践中，即使德国禁止代孕，但在跨国代孕收养案件中，只要收养有利于儿童的利益，法院往往会同意收养。⑤ 上述案例中法院直接承认了美国判决中意向同性伴侣的父母身份，并

---

① Vgl. Engel, Internationale Leihmutterschaft und Kindeswohl, ZEuP 2014, 538. BGH: Anerkennung ausländischer Gerichtsentscheidung zur rechtlichen Verwandtsschaft, DNotZ 2015, S. 296.

② See Aiex Finkelsten, Sarah Macdougall, Angela Kintominas & Anya Olsen, *Surrogacy Law and Policy in the U. S.: A National Conversation Informed by Global Lawmaking*, Report of the Columbia Law School Sexuality & Gender Law Clinic, 2016, p. 5.

③ Vgl. Herbert Grziwotz, Stiefkindadoption und Adoptionshilfe-Insellösung oder Neuorientierung?, ZRP 2020, S. 6.

④ Vgl. § 4 Antragstellung; Reichweite der Entscheidungswirkungen, Gesetz über Wirkungen der Annahme als Kind nach ausländischem Recht (Adoptionswirkungsgesetz-AdWirkG).

⑤ Vgl. BGH, Beschluss vom 10. 10. 2018 – XII ZB 231/18. BGH, Anerkennung eines kalifornischen Urteils zur Elternstellung bei Leihmutterschaft, NJW 2015, S. 479. BGH, Anerkennung einer US-Gerichtsentscheidung über Eltern bei Leihmutterschaft, NJW-RR 2018, S. 1473.

准予其名字登入出生登记簿,这可能是出于意向父母为男性同性伴侣的特殊性的考虑。毕竟从严格的字面意义上理解,难以将男性同性伴侣的任何一方定义为“母亲”,所以并未对“生产者为母”的规定产生直接的冲击。但这也导致日后法院在审理已婚夫妇申请承认外国判决的案件时,并未据此判例承认之,而是以申请人并非同性伴侣,承认该判决会导致代孕母作为《德国民法典》第1592条所规定的合法母亲将丧失其母亲身份为由拒绝承认,详见案例五。不再将基因关系认定为承认外国判决的标准之一,是德国法院对欧洲人权法院司法判决的发展。欧洲人权法院认为,确认有基因关系的意向父亲的合法父亲身份才符合儿童最大权益。[①] 比如,在欧洲人权法院审理的另外一个案件中,意向父亲与代孕儿童没有基因关系,最终法院并未认定这一亲子关系。总之,承认认定意向父母和代孕儿童亲子关系的加利福尼亚州判决,导致了一个在德国家庭法下无法获得的结果,即男性同性伴侣未经过收养程序而被登记为共同父母,这有利于男性同性伴侣中与孩子没有基因关系的一方。[②]

(二)赴印度代孕

德国与美国互相免签,意向父母赴美代孕可以持德国护照进入美国,代孕儿童出生在美国即取得美国护照,凭美国护照代孕儿童即可进入德国。但德国与印度并不免签,因此德国意向父母如果在印度代孕,代孕儿童出生后依据印度法律并不能获得印度护照,即使获得印度护照也需要德国大使馆的签证才能进入德国。因此,意向父母在印度代孕会额外遇到护照和签证的问题,导致代孕儿童无法回到德国,再加上印度目前禁止为外国意向父母提供代孕服务,导致德国意向父母去印度代孕的数量越来越少,于是乌克兰和美国成为更受欢迎的代孕目的地。

案例十一:案例一中,一审和二审判决并非终审判决。甲为德国公民,乙为以色列公民,2010年甲乙在德国登记为同性伴侣。甲乙自2008年以来一直住在以色列。2009年2月17日,甲与已婚印度代孕母丙及其丈夫签订代孕合同,使用甲的精子和匿名捐赠的卵子进行人

---

① See ECtHR, Mennesson vs. France, app. no. 65192/11, at no. 100, judgment of June 26, 2014.

② Vgl. BVerG, Beschluss vom 19.12.2013 - BvL 1/11, 1 BvR 3247/09, at no. 80 - 81. BGH, Beschluss vom 10.12.2014 - Ⅻ ZB 463/13, at no. 44. BverfG, Sukzessivadoption durch eingetragene Lebenspartner, NJW 2013, S. 847.

工授精。2010年8月1日，以色列特拉维夫市家庭法院判决甲是丙所生孩子丁的亲生父亲，但是甲必须证明德国承认丁为其子女并拥有德国国籍。2014年2月13日，乙收养了丁。① 2012年3月16日，甲丁向德国法院提起诉讼，申请在出生证明上登记甲为丁的父亲。2013年，一审和二审都驳回了当事人的申请，法院认为，以色列法院2010年8月1日的判决并未建立甲丁的亲子关系，甲无权获得父亲身份。②2015年6月18日，以色列特拉维夫市家庭法院判决甲丁之间存在父母与子女之间的所有权利和义务。2016年7月14日，北莱茵—威斯特法伦州高等行政法院批准了甲的申请，承认了以色列法院2015年6月18日的判决，认可了甲的父亲身份，并同意为丁签发德国护照。③

案例十一除了代孕目的国、代孕母婚姻状态不同，意向父母将代孕儿童带回德国遇到的障碍更多，其余案情与案例八、案例九和案例十非常类似。本案中，印度代孕母是已婚的，目前为止德国法院还未承认过这样的外国判决。本案主要涉及为丁签发德国护照的问题，但是在决定是否为丁签发护照之前，要先解决甲丁的亲子关系这一先决问题。本案中存在两份外国判决，2010年8月1日特拉维夫市家庭法院的判决中，仅仅说明甲是丁的亲生父亲，并未对法律意义上的亲子关系作出裁判。2015年6月18日，特拉维夫市家庭法院判决甲丁之间存在父母与子女之间的所有权利和义务，补充了2010年8月1日判决的漏洞，因此，后者能否得到承认的争议可以暂时被搁置。本案中主要讨论四大问题：一是甲是否有权代表乙向法院提起承认外国判决的诉讼；二是以色列特拉维夫法院是否具有间接管辖权；三是在代孕母已婚的情况下，承认外国亲子关系判决是否违反德国公共政策；四是乙收养丁是否导致丁丧失德国国籍。

1. 意向父亲的法定代理权

甲有权代表乙提起诉讼。根据《德国民法典施行法》第21条的规定，确定子女与其父母之间的法律关系适用子女经常居所地所在国的法律。2015年6月18日，特拉维夫市家庭法院适用《以色列法律行为能力和监护法》第15条，

---

① Vgl. Margalith/Assan, Länderbericht Israel, in Bergmann/Ferid/Henrich eds., Internationales Ehe-und Kindschaftsrecht, Aufl. 2016, S. 60.

② Vgl. VG Köln, Beschluss vom 20.02.2013 – 10 K 6710/11. VG Köln, Beschluss vom 13.11.2013 – 10 K 2043/12.

③ Vgl. OVG Nordrhein-Westfalen, Beschluss vom 14.07.2016 – 19 A 2/14.

判决甲丁之间存在父母与子女之间的所有权利和义务。这些权利包括作为未成年人父母的法定监护权,也包括诉讼中的法定代理权利。[①] 甲应当与乙共同代表丁,因为后者于2014 年2 月13 日收养了丁,成为丁的另一位父亲。收养人对被收养人拥有与父母对其子女相同的权利,但《以色列儿童收养法》第16 条规定,法院可在收养令中限制其权利。特拉维夫市家庭法院在2014 年2 月13日的裁决中,并未对乙的权利作出这样的限制。根据《以色列法律行为能力和监护法》第18 条第1 款的规定,父母在所有受法律监护的事项上应相互同意,可以在事前或事后明示或默示,可以是对某一具体事项的同意,也可以是对一般事项的同意,除非有相反的证明,否则应推定父母一方同意另一方的行动。因此,在本案中,乙被推定为同意甲提出的诉讼。即使《德国民法典施行法》第21 条不适用,根据德国法律对意向父亲的代表权进行评估,得出的结论也是一样的,甲的起诉对乙具有同等效力。[②] 此外,诉讼的效力不取决于代孕母是否参与,即使特拉维夫市家庭法院2010 年8 月1 日的判决书并未证明代孕母放弃了作为婴儿母亲所享有的权利,甲提交的代孕合同和代孕母夫妇于2010 年7 月8日作出的不可撤销的弃权宣誓书也足以证明代孕母放弃了母亲权利。所以,甲依法享有对丁的法定代理权。

2. 以色列法院的间接管辖权

根据镜像原则(Spiegelbildprinzip),特拉维夫市家庭法院具有间接管辖权。本案中并不存在《家事事件与非讼事件程序法》第109 条规定的排除承认外国判决的情形。首先,特拉维夫市家庭法院具有国际管辖权。德国法院以镜像原则确定外国法院是否具有间接管辖权。因此,如果在比照适用德国规定的情况下,外国法院也具有国际管辖权,那么依据镜像原则就可以认为外国法院具有国际管辖权,承认该外国判决不违反德国对外国法院管辖权的要求。[③] 具体而言,根据《家事事件与非讼事件程序法》第99 条第1 款第1 句的规定,如果孩子

---

① Vgl. Margalith/Assan, Länderbericht Israel, in Bergmann/Ferid/Henrich ed., Internationales Ehe-und Kindschaftsrecht, Aufl. 2016, S. 60.

② Vgl. OVG Nordrhein-Westfalen, Beschluss vom 20. 11. 2015 – 19 A 1585/13. VG Düsseldorf, Beschluss vom 22. 04. 2009 – 18 K 489/09. OVG Nordrhein-Westfalen, Beschluss vom 18. 08. 2010 – 19 A 1211/09. OVG Nordrhein-Westfalen, Beschluss vom 30. 06. 2009 – 19 B 801/09.

③ Vgl. KG, Beschluss vom 10. 06. 2010 – 1 VA 8/10. BGH, Beschluss vom 30. 03. 2011 – XII ZB 300/10. BGH, Anerkennung eines ausländischen Scheidungsurteils bei diplomatischer Immunität des Antragstellers, NJW-RR 2011, S. 721.

是德国人,德国法院在亲子关系问题上的国际管辖权是确定的。2014 年2 月13 日,以色列公民乙收养了丁,丁因收养而成为以色列公民,而且丁的经常居所地为以色列。因此,根据镜像原则,丁在起诉时具有以色列国籍且经常居所地也为以色列,以色列家庭法院在当时具有国际管辖权。

3. 国际公共政策

本案适用更为宽松的国际公共政策。根据《家事事件与非讼事件程序法》第 109 条第 4 款的规定,如果承认外国判决的结果明显不符合德国法律的基本原则,特别是承认外国判决侵犯基本权利,法院可以拒绝承认该外国判决。第一,本案中应当适用更宽松的国际公共政策。承认以色列判决并不违反德国公共政策,因为意向父亲是代孕儿童的生父。如果以德国禁止代孕为由,认为承认外国判决违反德国公共政策,则会造成对自然父子关系、儿童福利和实际存在的社会家庭关系等的忽略。判决是否违反国际公共政策的决定性因素是,在具体案件中承认外国判决的结果是否与德国法律的基本思想和其中所包含的司法概念强烈矛盾,以至于按照德国的概念看来是不可接受的。这里的审查标准首先是基本权利。不应参照外国法律的标准来审查该外国判决是否合法(Verbot der révision au fond)。第二,儿童最大利益是法院衡量的重点,只有当承认外国判决明显不符合德国家庭和儿童法的基本原则时,如外国判决是违反德国程序法中的基本原则作出的,以至于在德国法律制度下不能认为该判决是根据法治程序作出的,才属于实质性地违反公共政策的情形。①

承认以色列判决并未违反国际公共政策。无论从代孕母的角度还是从同性伴侣关系的角度来看,承认外国判决都不违反德国公共政策和法律的基本程序原则。第一,德国对代孕的一般性禁止性规定并不会妨碍以色列判决获得承认。《胚胎保护法》和《收养中介法》中对从事代孕的医务工作者的惩罚并不构成实质性公共政策。根据德国联邦最高法院的判决,外国法院认定意向父母为代孕儿童的合法父母,因意向父母之一与代孕儿童有血缘关系,在代孕母与代孕儿童没有血缘关系的情况下,承认外国判决并不构成违反实质性公共政策。②第二,儿童最大利益优先于国际公共政策。法院认为《德国基本法》第 2 条第 1

---

① Vgl. BVerwG, Urteil vom 29.11.2012 – 10 C 4.12. BGH, Beschluss vom 17.06.2015 – XII ZB 730/12. OLG Düsseldorf, Beschluss vom 7.04.2015 – II –1 UF 258/13.

② Vgl. BGH, Beschluss vom 10.12.2014 – XII ZB 463/13. OLG Düsseldorf, Anerkennung einer US-Entscheidung über Elternschaft bei Geburt durch Leihmutter, NJW 2015, 3382.

款和第6条第2款第1句以及《欧洲人权公约》第8条第1款规定的儿童权利优先于其他基本权利,特别是代孕母的权利。法院有义务保护儿童福祉,将儿童的父母身份分配给可靠的父母,使儿童可以受到持续的照顾和抚养。儿童最大利益还包括将儿童的法律地位可靠地分配给父母,因为他们是持续承担儿童福利和福祉的责任人。① 本案中甲乙事实上履行了父母的义务,丙虽然生育了丁,但并非丁遗传学上的母亲,而且从未履行抚养义务和承担母亲责任,所以甲与丙相比,是更称职的父母。第三,本案也没有侵犯代孕母的权利从而违反公共政策。如果代孕是在代孕母非自愿的情况下进行的,或代孕母并未同意将孩子转交给意向父亲,则可能侵犯代孕母的基本权利。② 本案中,代孕母分娩后在以色列驻孟买领事馆作出了完全和不可撤销地放弃所有父母权利的宣誓,可以说明代孕母按照代孕协议自愿将孩子交给甲乙,而且也不希望在分娩后承担任何父母责任。第四,代孕母丈夫的基本权利也没有受到侵犯。代孕母丈夫也是代孕合同的一方当事人,和代孕母一样,他与丁既没有血缘关系,也未与其共同生活,同意将丁交给甲抚养并放弃所有父亲权利。代孕母丈夫的父亲身份根据《德国民法典》第1592条第1款建立,又根据第1600条第1款、第2款和第4款被质疑,已经丧失父亲身份。③ 第五,承认该判决并不违反程序性公共政策。为了保护儿童最大利益,承认外国判决时需要满足一些程序性条件。在儿童监护程序中,原则上应保证听证程序,使法院得以充分考虑有关儿童的基本权利状

① Vgl. AG Hamburg, Beschluss vom 16.06.2008 –60 XVI 80/05. AG Münster, Beschluss vom 30.09.2008 –105 XVI 5/08. LG Hamburg, Beschluss vom 16.02.2009 –301 T 527/08. LG Münster, Beschluss vom 16.03.2009 –5 T 775/08. OLG Hamm, Beschluss vom 01.12.2009 –15 Wx 236/09. OLG Hamburg, Beschluss vom 22.12.2010 –2 Wx 23/09. BVerfG, Urteil vom 19.02.2013 –1 BvL 1/11, 1 BvR 3247/09. AG Köln, Beschluss vom 25.01.1994 –52 X 138/93. LG Köln, Beschluss vom 05.09.1995 –1 T 657/94. OLG Köln, Beschluss vom 14.06.1996 –16 Wx 105/96. AG Leverkusen, Beschluss vom 28.02.2001 –30 (33) F 223/00. OLG Köln, Beschluss vom 30.08.2001 –14 UF 119/01. EGMR, Beschluss vom 13.06.2002 –58364/00. BVerfG, Beschluss vom 09.04.2003 –1 BvR 1493/96, 1 BvR 1724/01. BVerfG, Beschluss vom 30.09.2003 –1 BvR 1493/96. EGMR, Beschluss vom 15.05.2008 –58364/00. BVerfG, Beschluss vom 09.04.2003 –1 BvR 1493/96, 1 BvR 1724/01. AG Berlin-Tempelhof/Kreuzberg, Beschluss vom 25.01.2013 –140 F 4500/11. KG, Beschluss vom 30.07.2013 –19 UF 17/13. BGH, Beschluss vom 18.02.2015 – XII ZB 473/13. BGH, Beschluss vom 10.12.2014 – XII ZB 463/13.

② Vgl. BGH, Beschluss vom 10.12.2014 – XII ZB 463/13. BVerfG, Beschluss vom 22.08.2012 –1 BvR 573/12.

③ Vgl. AG Konstanz, Beschluss vom 23.04.2015 – UR III 4/14.

况,如儿童的年龄、发展阶段和精神状态等。①以色列法院在作出亲子关系判决时,组织了听证程序,最终得出“丁应当生活在甲乙为其组建的温暖、充满爱和温暖的家庭环境中”的结论。总之,以色列法院的判决可以被承认,甲是丁的合法父亲,丁出生即获得德国国籍。

4. 收养对国籍的影响

乙收养丁也并未导致丁丧失德国国籍。2014 年 2 月 13 日,意向父亲甲的以色列伴侣乙收养了丁。根据《德国国籍法》(Staatsangehörigkeitsgesetz)第 17 条第 1 款和第 2 款第 1 句的规定,未成年德国人在被外国人收养后,如果取得了收养方的国籍,则丧失德国国籍。但本案适用《德国国籍法》第 17 条第 2 款第 2 句第 2 目的特殊规定,如果被收养人与德国父母仍有亲子关系,则不会丧失德国国籍。特拉维夫市家庭法院在 2014 年 2 月 13 日的收养判决中表明,乙对丁的收养并没有改变甲丁之间的自然和法定父子关系。

综上所述,2015 年以色列特拉维夫法院作出新的亲子关系判决后,符合了德国法院关于外国亲子关系判决的要求。德国法院在决定是否承认外国判决时适用了更为宽松的国际公共政策。德国法院在权衡特拉维夫法院的间接管辖权、代孕儿童的最大利益、代孕母及其丈夫的合法权利之后,认定并不存在《家事事件与非讼事件程序法》第 109 条中阻碍外国判决承认的情形,最终决定承认以色列判决,认定甲丁的亲子关系,并为丁签发德国护照。

二、承认异性伴侣取得的外国判决

如第一部分所述,德国法院承认了认定男性同性伴侣为代孕儿童合法父母的外国判决,但对异性夫妇获得的外国亲子关系判决仍持消极态度。第一部分的案例中德国法院直接承认了认定意向父母合法身份的美国判决,并准予其名字登入出生登记簿,可能是出于意向父母为男性同性伴侣的特殊性。毕竟严格从字面意义上理解,难以将男性同性伴侣的任何一方定义为“母亲”,所以并未对“生产者为母”的规定产生直接的冲击。经过一段时间的司法实践的积累,德国法院对承认外国判决态度逐步开放,最终也承认了异性夫妇获得的外国亲子关系判决。

(一)标志性第一案

案例十二是 2013 年德国法院承认外国亲子关系判决的第一案,但因其审

① Vgl. BVerwG, Urteil vom 29. 11. 2012 – 10 C 4. 12.

级不高,所以影响力没有上文德国联邦最高法院在2014年年底承认男性同性伴侣跨国代孕后建立亲子关系的外国判决的案件大。但该案法院在德国联邦最高法院作出示范判决之前,力排众议决定承认外国亲子关系判决,值得作为标志性的案件被分析。即使意向父母获得了外国亲子关系判决,德国法院也承认了该判决,但这并不意味着意向父母可以非常顺利地为代孕儿童申请事后认证,并登记为孩子的合法父母。德国有管辖权的登记处及登记处的监管部门可能以德国法院错误地承认外国判决为由拒绝为代孕儿童进行事后认证和登记。

案例十二:甲乙为德国夫妇,于1997年结婚,但婚后一直没有孩子。2011年5月18日,甲乙在乌克兰哈尔科夫与乌克兰公民丙签订了一份代孕合同,使用甲乙的精子和卵子进行体外受精,代孕母丙及其丈夫均书面同意甲乙为未出生的孩子的亲生父母,录入孩子的出生证明。2012年3月20日,丙在乌克兰生下一名男孩丁,出生后立即交给甲乙照顾至今。2012年4月25日,乌克兰哈尔科夫市捷尔任斯基区法院判决甲乙是丁的父母,该判决于2013年5月7日生效。2012年5月10日哈尔科夫市捷尔任斯基区司法行政部门登记处出具的出生证明上载明甲乙是丁的父母。2012年7月,丙的丈夫发表声明放弃父亲权利,丙发表声明确认乙是丁的父亲,乙对此表示了承认。2012年8月14日,丙的丈夫向弗里德贝格法院家事法庭申请确认他不是丁的父亲但被驳回,理由是他无权提出申请,因为根据乌克兰相关法律,他不是孩子的父亲。① 2012年10月29日,甲乙向弗里德贝格法院申请承认乌克兰法院的判决,并对丁的出生进行事后认证。2013年3月1日,弗里德贝格法院认为,乌克兰法院的判决有效地确定了亲子关系,可以被德国法院承认。② 然而,登记处认为法院判决有误,承认乌克兰法院判决的结果违反德国公共政策,拒绝为丁的出生进行事后认证并向法兰克福高等法院起诉,法兰克福高等法院维持了原审判决。

本案中,登记处拒绝为丁进行事后认证的理由是,丁的出生没有满足德国法律的登记条件。根据《民事身份登记法》第9条的规定,登记员只有在证据确

① Vgl. AG Friedberg, Beschluss vom 01.03.2013 – 700 F 1204/12 AB.

② Vgl. AG Friedberg, Beschluss vom 01.03.2013 – 700 F 1142/12 RI.

凿、所输入的信息已被证实的情况下,才能进行事后认证。① 因为本案中涉及意向父母跨国代孕的复杂案情,登记员认为自己有义务附带审查外国亲子关系判决可否在德国得到承认。② 本案中即使在德国法院已经承认乌克兰亲子关系判决的前提下,登记员仍认为法院承认该外国判决违反了德国公共政策,并以此为由拒绝事后认证和登记,并向上级法院起诉。在上级法院维持了原审判决,认定弗里德贝格法院承认乌克兰判决无误后,登记处仍然拒绝登记,是行政部门拒绝遵守法院判决的行为。因此 2013 年 4 月 10 日,甲乙再次起诉,要求吉森法院命令登记处依据弗里德贝格法院的判决,对丁的出生进行事后认证。③

吉森法院最终选择支持当事人的申请,命令登记处按照弗里德贝格法院的判决进行事后认证和登记。第一,登记处受弗里德贝格法院具有法律约束力的判决的约束,无权独立地附带审查申请人的合法亲子关系问题,也无权将其撤销。弗里德贝格法院已经承认了乌克兰法院判决,根据该判决,甲乙被确定为丁的父母。根据《家事事件与非讼事件程序法》第 108 条第 2 款第 2 句与第 107 条第 9 款的规定,2013 年 3 月 1 日弗里德贝格法院的最终判决对登记处具有约束力。因此,登记处受法院判决的约束,应当承认甲乙和丁的亲子关系,即使其他法院对外国亲子关系判决的可承认性有不同意见,也不影响本案最终判决的效力。无论是登记机关还是其上级监督部门,都无权纠正或更改德国法院具有法律约束力的判决,也无权在公民身份登记中拒绝、执行这些判决。

第二,承认该乌克兰判决并不违背德国公共政策。2013 年 11 月 18 日,登记处对吉森法院的判决提起上诉,认为乌克兰法院的判决中关于亲子关系的认定不符合德国法律,因此承认该判决明显违反了《家事事件与非讼事件程序法》第 109 条第 1 款第 4 句意义上的公共秩序,该承认无效,并认为意向父亲和代孕儿童的父子关系只能通过生母的承认来实现,意向母亲和代孕儿童的母子关系只有通过收养才能实现。吉森法院驳回了上诉,认为根据《家事事件与非讼事件程序法》第 108 条第 2 款的规定,德国法院在承认程序中作出的最终判决,即承认外国法院关于代孕母所生子女的亲子关系的判决,对登记处、公民身份监

---

① Vgl. § 9 Beurkundungsgrundlagen, Personenstandsgesetz (PStG).

② Vgl. OLG Stuttgart, Nachbeurkundung einer Auslandsgeburt bei Leihmutterschaft, FamRZ 2012, S. 1740. = StAZ 2012, S. 209. Benicke, Kollisionsrechtliche Fragen der Leihmutterschaft, StAZ 2013, S. 101.

③ Vgl. AG Gießen, Beschluss vom 07. 11. 2013 - 22 Ⅲ 9/13.

督机构和被要求就公民身份问题作出决定的其他法院具有约束力。① 本案中，弗里德贝格法院在对代孕具体案件的内容进行适当的审查和讨论后，认为不存在违反公共政策这一拒绝承认判决的情形，即使与德国判例法和文献中的主流观点不一致，也仍然对当事人有约束力。②

第三，其他法院审理类似案件的判决如果与弗里德贝格法院的判决有出入，与本案无关，本案中弗里德贝格法院承认乌克兰亲子关系判决是正确的。③ 而且事实证明，一年后德国联邦最高法院便推翻了有出入的判决，并与本案保持一致，承认了认定男性同性伴侣与代孕儿童亲子关系的美国法院判决。④ 因此，吉森法院根据《民事身份登记法》第36条第1款的规定，认定丁作为德国父母在国外出生的子女，拥有德国国籍，丁所在地的登记处有义务负责公证，且事后认证的申请不受时间限制。因此，在丁出生一年后，甲乙向登记处提出事后认证是可以接受的。因此，登记处应当同意当事人的申请，根据弗里德贝格法院的判决，认定甲乙是丁的父母并进行事后认证。

（二）规则初立

案例十三：德国已婚夫妇甲乙与美国代孕母丙签订代孕合同，使用甲的精子和匿名捐卵者的卵子代孕。2016年7月，丙先后在公证人面前和洛杉矶领事馆确认甲为孩子的父亲。2016年9月，美国加利福尼亚州高等法院判决甲乙是孩子的父母。自2017年1月起，甲乙与其代孕所生的女儿丁共同居住在德国海登海姆市。当事人向市地方法院申请承认美国加利福尼亚州法院的判决，2017年4月，法院根据2014年德国联邦最高法院的判例，对该美国加利福尼亚州判决予以承认，认定意向父母是代孕儿童的合法父母。⑤

案例十四：在案例五中，二审判决并非终审判决。德国意向父母甲乙与美国伊利诺伊州代孕母丙签订代孕合同，使用甲的精子和匿名捐卵者的卵子代孕。丁出生后即被带回德国，甲乙和丁一直住在德国

---

① Vgl. Anm. Coester-Waltjen, § 1591 BGB, 108 f. FamFG: Geburtenregistereintragung bei „Leihmutter-Kind“ und mehrfachem Auslandsbezug, FamRZ 2017, S. 1693.

② Vgl. OLG Frankfurt am Main, Beschluss vom 14.07.2014 – 20 W 374/13.

③ Vgl. KG, Beschluss vom 01.08.2013 – 1 W 413/12.

④ Vgl. BGH, Beschluss vom 10.12.2014 – Ⅻ ZB 463/13.

⑤ Vgl. AG Heidenheim, Beschluss vom 11.04.2017 – 9 F 191/17. AG Heidenheim, Anerkennung einer ausländischen Entscheidung bei Leihmutterschaft, BeckRS 2017, 110021.

的家中。2016年3月，丙向公证人承认甲与尚未出生的丁的父子关系，并向德国驻芝加哥总领事馆确认了甲乙对丁的共同监护权。2016年8月4日，库克县巡回法院判决甲乙是丁的合法父母。后甲乙请求承认美国判决，认可其父母身份，但一审、二审均未被法院支持。① 2018年，杜塞尔多夫高等法院承认了该美国判决。②

案例十五：甲乙为德国夫妇，2015年4月1日，甲乙与美国单身代孕母丙签订代孕协议，使用甲的精子和匿名捐卵者的卵子进行代孕。2016年6月1日，丁在佛罗里达州医院出生。根据2016年6月8日美国佛罗里达州棕榈滩县第15区地方法院的终审判决，甲乙为丁的父母，丙对丁可能享有的一切权利随该判决失效，卫生部登记处为丁重新签发出生证明，删除丙的名字，将甲乙录入为父母。甲乙带丁回到德国后，向法兰克福登记处申请为丁进行事后认证，并将甲乙登记为丁的父母，登记处拒绝了该申请。甲乙诉至法兰克福地方法院，法院承认了美国判决，认定甲乙是丁的合法父母，并要求登记处予以登记。③

案例十六：在案例四中，二审判决并非终审判决。2010年德国意向父母甲乙与美国代孕母丙签订代孕合同，使用甲的精子与匿名捐卵者的卵子代孕。2011年9月15日，科罗拉多州博尔德地区法院判决，在孩子出生之后，甲乙为儿童的合法父母，对该婚生子享有完全的权利并承担所有的义务。2011年10月，双胞胎丁和戊出生。2011年11月以来，甲乙丁戊便一起居住在德国。甲乙申请法院承认美国判决，但一审和二审均被拒绝。④ 2018年德国联邦最高法院最终改判，承认了美国科罗拉多州博尔德地区法院的判决，认定甲乙是丁戊的合法

---

① Vgl. AG Wuppertal (67), Beschluss vom 03.11.2017 – 67 FH 6/16.

② Vgl. OLG Düsseldorf, Beschluss vom 28.2.2018 – II – 6 UF 175/17.

③ Vgl. AG Frankfurt am Main, Beschluss vom 06.02.2018 – 42 III 4/17.

④ Vgl. OLG Braunschweig, Beschluss vom 12.4.2017 – 1 UF 83/13. OLG Braunschweig erkennt rechtliche Elternschaft für Leihmutterkind aus USA nicht an, https://rsw.beck.de/aktuell/daily/meldung/detail/olg-braunschweig-keine-anerkennung-der-rechtlichen-elternschaft-fuer-leihmutterkind-aus-den-usa. (abgerufen am 12. April 2017). OLG Braunschweig, Kindeswohl gebietet nicht grundsätzlich Anerkennung von im Ausland erworbener Elternschaft aus Leihmutterverhältnis, NZFam 2017, S.522.

父母。①

在上述四个案例中，外国判决最终均获得了德国法院的承认，主要理由如下：首先，儿童最大利益原则以相同的方式适用于同性和异性意向父母。② 该原则是法院决定是否承认外国判决的首要考量因素，具有最高的优先级。③ 特别是依据《欧洲人权公约》，在跨国代孕案件中，公约缔约国依据公共政策拒绝承认外国亲子关系判决，导致儿童无父无母或无国籍，可能违反公约义务。④ 关于意向父亲的父亲身份，上述案例中法院都认为没有问题，因为意向父亲经过了代孕母的承认，合法地获得了父亲身份。关于意向母亲的母亲身份，即使根据德国法律，生产者为母，认定代孕母是代孕儿童的合法母亲，根据相关原则，也无法将她登记为母亲，毕竟，根据外国的判决，代孕母所有母亲权利都被消灭了。只有将意向父母登记为代孕儿童的合法父母才符合儿童最大利益。部分案件中，登记处提供的另外两个选项，即母亲身份留白、不公开代孕母为合法母亲的出生证明，都会使意向父母和孩子本身的处境比判决得到承认糟糕，对孩子的福利构成威胁。

其次，基因关系并不总是起着决定性的作用，亲子鉴定程序有时会被法律禁止或被认为不符合孩子的最大利益。⑤ 这是德国法院关于承认外国亲子关系判决的重要发展，也标志着儿童最大利益取得了更高的优先级。上述案例中，法院认为导致外国亲子关系判决被承认的决定性因素并非亲子鉴定证书，而是意向父母对儿童的抚养有助于儿童健康成长。通常情况下，代孕儿童事实上由

---

① Vgl. BGH, Beschluss vom 05. 09. 2018 – XII ZB 224/17. BGH, Leihmutterschaft und Elternstellung, DNotZ 2019, 54.

② Vgl. Wellenhofer, Familienrecht und IPR: Gewönlicher Aufenthalt eines im Ausland von einer Leihmutter geborenen Kindes, JuS 2019, S. 717.

③ Vgl. BGH, XII ZB 463/13 (2014). Martin Engel, Internationale Leihmutterschaft und Kindeswohl, ZEuP 2014, S. 538.

④ Vgl. EGMR, Französisches Kindschaftsverhältnis bei Leihmutterschaft in Kalifornien-Anerkennung, NJW 2015, S. 3211. EGMR, Mennesson/Frankreich, Urteil vom 26. 06. 2014 – 65941/11, BeckRS 2014, 16292. EGMR, Französisches Kindschaftsverhältnis bei Leihmutterschaft in Kalifornien Anerkennung, FamRZ 2014, 1527. EGMR, Entscheidung vom 27. 01. 2015 – 25358/12, FamRZ 2015, S. 561. EGMR, Herausgabe eines in Russland von einer Leihmutter geborenen Kindes, NJW 2017, S. 941. Chris Thomale, Das Kinderwohl ex ante-Straßburger zeitgemäße Betrachtungen zur Leihmutterschaft, IPRax 2017, S. 583.

⑤ See Ahrens v Germany, ECtHR 45071/09 (2012).

意向父母抚养,故而出生证明上写有意向父母的姓名才符合儿童最大利益。① 在承认同性伴侣与代孕儿童的亲子关系时,德国法院倾向于在代孕儿童与意向父母之一有基因关系,而与代孕母无基因关系的情况下,承认该外国判决并不违背德国公共政策。② 而本部分认定意向父母与代孕儿童的亲子关系的案件中,德国法院将承认外国判决的标准进一步放宽,判决书中不再强调基因关系,而着重考虑儿童最大利益。

最后,承认外国法院判决并不会以不可接受的方式违反德国公共政策。第一,在跨国代孕案件中,如果存在确认意向父母和代孕儿童的亲子关系的外国司法判决,德国法院不会实质性审查外国判决,尤其是不会审查外国法院的法律选择和法律适用是否恰当,而是只进行程序性审查。③ 第二,承认外国判决的首要目标是保证国际判决的一致性,尤其是在与民事身份相关的问题上,为了达到判决的一致,公共政策会被限缩解释,避免跛脚法律关系的出现。④ 第三,上述案件中,代孕儿童的出生已成既定事实,承认外国亲子关系判决并不会再违反禁止代孕立法的普遍预防目的。⑤ 第四,根据德国联邦最高法院的判决,在跨国代孕案件中,外国判决将孩子的合法父母身份分配给意向父母,如果意向父母与孩子有基因关系而代孕母与孩子没有基因关系,那么承认该判决不构成违反公共政策。因此,基于对公共政策适用的限制,为了保护儿童最大利益,在上述判决中,美国法院的亲子关系判决均被承认,意向父母最终被认定为代孕儿童的合法父母。

(三)逐步深化

案例十七:甲乙是一对德国已婚夫妇,与美国代孕母丙签订代孕协议,通过代孕在美国加利福尼亚州孕育了两个孩子。2016 年 10 月

---

① See Nicholas Barthel, Molly O'Brien, Andrew Vorzimer & Evie Jeang, *International in Vitro: The Legal Complexities of Cross-border Family Formation*, 17 Whittier J. Child. & Fam. Advoc. 188 (2018).

② Vgl. OLG Düsseldorf, Beschluss vom 26.04.2013 – I – 3 Wx 211/12.

③ See Susanne Lilian Gössl, *The Recognition of a "Judgment of Paternity" in a Case of Cross-border Surrogacy under German Law-Comentary to BGH*, 10 *December* 2014, *AZ.* Ⅻ *ZB* 463/13, 7 Cuadernos de Derecho Transnacional 458 (2015).

④ See Michael W. G., *The Status of Children Arising from Inter-Country Surrogacy Arrangements*, Eleven International publishing, 2016, p. 70.

⑤ Vgl. Konrad Duden, Ausländische Leihmutterschaft Elternschaft durch verfahrensrechtliche Anerkennung, StAZ 2014, S. 164.

和2018年5月,美国加利福尼亚州洛杉矶县高等法院作出判决,近期丙将生育一胎,为了当时未出生的孩子的利益,授予申请人甲乙父母身份和共同监护权。根据DNA检测结果,甲是孩子的遗传父亲,丙不是孩子的遗传母亲。根据2016年8月柏林公证处的公证书和2018年1月波茨坦公证处的公证书,甲承认与丙所孕育的未出生的孩子的父子关系。丙在2016年8月8日和2018年2月2日的声明中,明确同意甲为自己所孕育和生产的两个孩子的合法父亲。2019年5月6日,甲乙申请为两个孩子的出生进行事后认证并登记甲乙为两个孩子的合法父母。一审法院支持了当事人的申请。①

本案中一审法院承认了美国亲子关系判决,很明显可以看出,德国法院已经形成了一套承认外国判决的司法规则,无须当事人上诉至高等法院或者德国联邦最高法院才能依据外国判决建立与代孕儿童的亲子关系。德国法院认为,本案中不存在承认美国加利福尼亚州洛杉矶县高等法院的判决的障碍。根据《家事事件与非讼事件程序法》第108条第2款的规定,外国判决可以在德国法院被承认,只要不存在第109条第1款规定的承认外国判决的特殊障碍。在跨国代孕亲子关系判决承认案件中,《家事事件与非讼事件程序法》第109条第1款第4句规定的公共政策被广泛讨论。根据德国法院在之前审理过的代孕案件,具体如案例十、案例十三、案例十四,如果意向父母之一与孩子有基因关系,而代孕母与孩子没有基因关系,那么承认认定意向父母为合法父母的外国判决本身并不构成对德国公共政策的违反。②

《德国基本法》第2条第1款和第6条第2款以及《欧洲人权公约》第8条第1款规定的儿童福利,是承认外国判决的决定性因素。法院经过综合考虑,认为不能仅仅依据代孕儿童与代孕母是否存在社会心理关系来决定是否承认外国判决和是否允许意向父母与代孕儿童之间建立亲子关系。相反,具有决定性意义的是,意向父母如果被赋予代孕儿童的父母身份,提供给孩子发展所需的照顾,与仅仅孕育儿童但丝毫未履行其母亲义务的代孕母相比,将更加有利于儿童最大利益的保护。本案的具体情况是,甲乙与两个孩子生活在一个固定的家庭结构中,实际上已经扮演了两个孩子父母的角色,如果德国法院拒绝承认外国判决,严格适用德国法认定代孕母的合法母亲身份,会导致代孕儿童根

① Vgl. AG Potsdam, Beschluss vom 14.08.2019 – 421 F 54/19.

② Vgl. BGH, Beschluss vom 05.09.2018 – XII ZB 224/17.

据德国法的合法父母在美国,根据美国法的合法父母在德国的跛脚亲子关系。这会导致意向父母无法没有后顾之忧地照顾代孕儿童,并且这种不利状况不能通过远在千里之外的代孕母履行母亲义务来改善,不符合本案中所有当事人的利益。此外,本案与德国法院此前建立的司法规则保持一致,即在代孕儿童与意向父母之一有基因关系,而与代孕母没有基因关系。总而言之,本案中不存在可以拒绝承认加利福尼亚州判决的例外情况,法院最终决定承认甲乙的合法父母身份。

案例十八:2016 年,德国夫妇甲乙与美国代孕母签订代孕合同。2017 年 5 月,代孕母在美国加利福尼亚州生下一对双胞胎。2017 年 4 月 20 日,加利福尼亚州高等法院判决,代孕母即将生产的孩子的合法父母是甲乙,代孕母及其丈夫不具有合法父母身份。甲乙带双胞胎回德国后,申请对双胞胎的出生进行事后认证,但被登记处拒绝。甲乙诉至法院,一审法院判决承认美国判决,认定甲乙是双胞胎的合法父母,并命令登记处予以事后认证。① 登记处上诉,认为双胞胎母亲一栏应填代孕母。甲乙和双胞胎的亲子关系应当通过后续认证来证明。登记处的上诉没有成功,2020 年,二审法院驳回了上诉,并维持原判。②

本案标志着德国意向父母向德国法院申请承认外国亲子关系判决更加顺利。此前的案件中,大多为意向父母申请地方法院承认外国判决但被驳回,意向父母上诉至高等法院或者德国联邦最高法院,最终得到承认。本案不同于此前的案件,意向父母向地方法院申请承认外国判决即被认可,但登记处提起上诉,二审法院维持了一审判决。本案之后可以说已经形成外国亲子关系判决在德国会被依法承认的司法规则。

二审法院维持了一审判决,驳回了登记处的上诉。根据德国联邦最高法院之前的判决,美国加利福尼亚州高等法院的判决将被承认。③ 根据美国判决,甲乙是《民事身份登记法》第 21 条第 1 款第 4 句意义上的双胞胎的合法父母,出生登记处只应登记儿童的合法父母。儿童了解其生物学父母的权利,并非通过

---

① Vgl. AG Berlin-Schöneberg, Beschluss vom 08. 10. 2019 – Ⅲ 70/19.

② Vgl. KG Berlin, Beschluss vom 17. 05. 2020 – 1 W 298 + 300/19.

③ Vgl. BGH, Anerkennung eines kalifornischen Urteils zur Elternstellung bei Leihmutterschaft, NJW 2015, S. 479. BGH, Leihmutterschaft und Elternstellung, FamRZ 2018, S. 1846.

出生登记来进行保护的。登记首先要保证合法的亲子关系录入正确，如果代孕母被录入为双胞胎的母亲，该记录显然是有误的。根据《民事身份登记法》第36条第3款的规定，儿童的亲子关系以其出生时为准。[①] 本案中，在双胞胎出生之前，加利福尼亚州法院已作出判决，根据《加利福尼亚州家庭法》第7633条和第7962条第2款的规定，赋予了意向父母合法父母身份，并排除了代孕母夫妇对孩子所有可能的权利和义务。所以，双胞胎出生时的合法父母就是加利福尼亚州法院判决的意向父母。

德国法院认为，如果在孩子出生前已取得外国亲子关系判决，根据《公民身份法》的真实原则，不需要在出生登记簿的主条目中公布代孕母的名字和姓氏。如果有足够的证据证明代孕母自愿将孩子交给孩子的父亲，并且不愿意承担父母的责任，那么代孕母就不需要参与民事诉讼。[②] 根据2018年11月1日起实施的《民事身份登记法》第42条第2款第2句和第3款的规定，不能得出生孩子的妇女即使在孩子出生时不是孩子的合法母亲，也要在出生登记中登记的结论。[③] 这与法律的实质目的相悖，登记处的建议并不符合法律规定，即《公民身份法》中没有规定表明最初的出生登记无须写明合法父母，而是写明生物学父母，只有后续认证才需要根据《民事身份登记法》第27条来确定合法父母。[④] 因此，地方法院根据《民事身份登记法》第49条第1款命令登记处进行登记是正确的，因为根据《民事身份登记法》第21条第1款第4句和第36条第1款第1句、第2句，甲乙是双胞胎的合法父母，双胞胎自出生便取得德国国籍，有管辖权的登记处有义务为双胞胎的出生进行事后认证并按照一审判决结果签发出生证明。

---

① Vgl. BGH, Statuswechsel bei Vaterschaft des geschiedenen Ehemanns nach rumänischem Recht, NJW 2018, S. 2642 Rn. 10. BGH, Keine Feststellung der Vaterschaft für im Ausland extrakorporal aufbewahrten Embryo, NJW 2016, S. 3174 Rn. 12.

② Vgl. Marc Eckebrecht, Anerkennung einer kalifornischen Wunschelternschaft unabhängig von genetischer Abstammung, NZFam 2020, S. 227.

③ Vgl. § 34 Erwerb der deutschen Staatsangehörigkeit, Verordnung zur Ausführung des Personenstandsgesetzes (Personenstandsverordnung-PStV). Senat, Beschluss vom 21. Januar 2020 - 1 W 47/19 - juris Rn. 21 ff.

④ Vgl. KG, Eintragung als alleiniger Elternteil bei indischer Leihmutter und Vorentscheidung in Israel, NJW 2017, S. 3241. AG Köln, Beurkundung alleiniger Elternschaft des Vaters bei Geburt durch Leihmutter im Ausland, FF 2019, S. 376 = NJOZ 2020, S. 777.

三、承认单身父亲取得的外国判决

正如本章第一节所介绍的，德国法院曾认为意向母亲必须被登记在出生证明上，并拒绝根据外国判决承认意向父亲唯一的合法父母的身份。随着同性伴侣和异性夫妇取得的亲子关系判决不断被德国法院承认，2020 年，德国法院在跨国代孕案件领域，就承认外国亲子关系判决问题做出了进一步的突破。新的判决覆盖了案例六和案例七的先例，德国法院决定承认外国判决，并将代孕儿童的合法父亲身份只分配给单身的意向父亲，而且声明该身份分配不取决于意向父亲与代孕儿童之间的血缘关系。①

案例十九：甲拥有德国和英国双国籍。2016 年，甲与美国加利福尼亚州代孕母丙签订代孕合同，使用甲的精子和匿名捐赠者的卵子进行体外受精。2016 年 10 月 3 日，加利福尼亚州萨克拉门托郡高等法院判决，甲为丙孕育的可能在 2016 年 10 月 26 日前后出生的孩子的父亲，丙不是尚未出生的孩子的合法母亲，丙未上诉，该判决已生效。2016 年 10 月 29 日，丁出生。2016 年 11 月 10 日，加利福尼亚州登记部门出具的出生证明仅将甲登记为丁的父亲，而未登记孩子母亲的信息。2018 年 3 月 27 日，甲通过德国大使馆提交申请，请求登记处对丁的出生进行事后认证，但被登记处拒绝。甲向地方法院申请，命令登记处对丁的出生进行事后认证。2019 年 4 月 15 日，地方法院驳回了其申请。② 2019 年 4 月 30 日，甲提出上诉，最终上诉法院支持了甲的申请，将其登记为丁的唯一父母。③

案例二十：德国意向父亲甲与美国籍代孕母丙签订了代孕合同。2017 年 5 月 26 日，在德国驻洛杉矶总领事馆，丙承认甲为尚未出生的丁的父亲。2017 年 6 月 16 日，加利福尼亚州高等法院裁定甲为丁的合法父亲，丙非合法母亲。2017 年 10 月 25 日丁出生，在 2017 年 10 月 27 日公共卫生部签发的出生证明的父母栏中，只写了父亲为甲。甲带着丁回到德国后，要求登记处在儿童出生证明的父母栏中只写甲为合

---

① Vgl. Christian Bruns, Die Entwicklung des Familienverfahrensrechts im Jahr 2020, NZFam 2021, S. 101.

② Vgl. AG Bielefeld, Beschluss vom 15. 04. 2019 – 3 Ⅲ 59/18.

③ Vgl. OLG Hamm, Beschluss vom 17. 12. 2019 – 15 W 324/19.

法父亲。2018 年,登记处根据舍恩博姆地方法院的命令,拒绝了甲的要求。[①] 2020 年,甲上诉至柏林高等法院,柏林高等法院支持了甲的请求,准许甲登记为丁出生证明上唯一的父母,并说明丁在法律上没有母亲。[②]

案例十九与案例二十非常相似,均为德国单身意向父亲单独寻求跨国代孕,判决中均未提及意向父亲与代孕儿童有否基因关系,代孕母都认可了意向父亲的父亲身份,外国法院均判决意向父亲为合法父亲,二审法院均为柏林高等法院,故而在此一起总结。可以认为,案例十九和案例二十是对案例六和案例七的覆盖。可以发现,从 2017 年至 2020 年,德国法院在审理单身意向父亲跨国代孕的案件时,对外国法院亲子关系判决的承认呈逐步放开的趋势。[③]

其一,案例十九和案例二十中美国法院的判决是可以被承认的。根据《家事事件与非讼事件程序法》第 108 条的规定,宣布现有法律状况有效的判决也可以得到承认,因此,案例十九中承认加利福尼亚州法院的判决,不存在《家事事件与非讼事件程序法》第 109 条第 1 款规定的承认外国判决的障碍,加利福尼亚州判决将在德国得到充分承认。[④] 第一,美国法院并不缺乏国际管辖权,因为代孕母的经常居所地在美国,作出判决的美国法院具有管辖权,所以不构成第 1 句规定的承认其判决的障碍。第二,承认美国判决也不违反第 4 句规定的德国公共政策,因为认可意向父亲的父亲身份,并不会导致明显不符合德国法律基本原则的结果。根据《德国民法典》第 1592 条的规定,经过未婚母亲的承认,甲可以合法取得父亲身份。经过美国法院确定的意向父亲和代孕儿童的父子关系,与通过德国法院适用德国法律确定的父子关系具有完全相同的权利和义务内涵,承认外国判决不会导致权利不一致的后果。另外,代孕儿童与意向父亲有遗传关系,与代孕母没有任何遗传关系,也符合德国联邦最高法院此前作出的判决。因此,柏林高等法院承认意向父亲作为唯一父母,首先是与德国

---

① Vgl. AG Berlin-Schöneberg, Beschluss vom 21. 12. 2018 – Ⅲ 122/18.

② Vgl. KG (1. Zivilsenat), Beschluss vom 21. 1. 2020 – 1 W 47/19. KG, Geburtseintrag nach Leihmutterschaft und Geburt in Kalifornien, BeckRS 2020, S. 635. Marc Eckebrecht, Anerkennung einer kalifornischen Wunschelternschaft unabhängig von genetischer Abstammung, NZFam 2020, S. 227.

③ Vgl. Claudia Mayer, Sachwidrige Differenzierungen in internationalen Leihmutterschaftsfällen, IPRax 2014, S. 57 ff.

④ Vgl. BGH, Anerkennung eines kalifornischen Urteils zur Elternstellung bei Leihmutterschaft, NJW 2015, S. 479 = StAZ 2015, S. 51.

联邦法院判例保持一致,认为承认美国亲子关系判决不违反德国公共政策。① 有学者认为,美国判决是否将父母身份只赋予一个人,意向父母与孩子是否有基因关系,都不重要,因为作出判决的外国法院的管辖权自由具有优先级。② 既然该判决是美国法院依程序适用法律而作出的合法判决,在适用公共政策时就应当非常审慎。仅仅基于对代孕的立法态度不同,就援引公共政策拒绝承认出生地国的亲子关系判决是不合理的。

其二,即使不承认外国判决,根据德国法律意向父亲也是代孕儿童的合法父亲。根据《德国民法典施行法》第 19 条第 1 款的规定,子女的亲子关系适用其经常居所地国家的法律。对于未成年儿童,特别是新生儿,必须重点关注儿童的主要照护者的经常居所地。在案例二十中,从一开始所有代孕参与人就一致认为孩子出生后应立即随甲来德国,并永久留在德国,那么孩子的经常居所地就是德国,而且代孕儿童的主要照顾者甲也是德国人,因此,案件适用德国法律。根据《德国民法典》第 1597 条第 1 款和第 1592 条第 2 款的规定,甲丙都确认了甲对代孕儿童的父亲身份,因此甲是代孕儿童的合法父亲。根据《国籍法》第 4 条第 1 款第 2 句的规定,甲作为合法父亲在代孕儿童出生时是德国公民,因此代孕儿童自出生即取得德国国籍。根据《民事身份登记法》第 36 条的规定,申请人有权要求对其在国外出生的子女进行事后认证,因此甲有权向登记处申请为代孕儿童进行事后认证,并签发出生证明。

其三,以意向父亲为唯一父母的出生登记符合代孕儿童和代孕母的最大利益。法院与登记处的观点相反,儿童知晓父母身份的权利并不需要通过事后认证和出生登记来保障。③ 即使考虑到儿童了解其父母的权利,也不能拒绝在不登记代孕母的情况下对孩子的出生进行事后认证。④ 德国法院承认认定代孕母不是合法母亲的外国判决并未侵犯其合法权利。代孕母虽然是孩子的生产者,也是德国法意义上的合法母亲,但在代孕儿童出生之前,其母亲身份已被美国

---

① Vgl. BGH, Beschluss vom 10.12.2014 – XII ZB 463/13.

② Vgl. Konrad Duden, Internationale Leihmutterschaft: Der frühe Schutz der tatsächlichen Familie, StAZ 2015, S.201.

③ Vgl. Europäischer Gerichtshof für Menschenrechte Große Kammer, Französisches Personenstandsrecht: Anerkennung des rechtlichen Mutter-Kind-Verhältnisses eines von einer Leihmutter im Ausland geborenen Kindes zur Wunschmutter, EuGRZ 2019, S.185 ff.

④ Vgl. BGH, Anerkennung eines kalifornischen Urteils zur Elternstellung bei Leihmutterschaft, StAZ 2015, S.51 – Rz.63.

加利福尼亚州法院以判决的形式排除。而且根据亲子鉴定报告的结果,丁与甲有遗传关系,与丙无遗传关系,这也排除了丁与丙潜在丈夫的遗传关系。在这种情况下,法院判决代孕母不是合法母亲,意向父亲是合法父亲,并未侵犯代孕母的权利。

其四,法院认为出生证明应当保持开放,在公民身份登记上给予当事人更多的自由空间。基于亲子关系和事后认证之间的双重关联性(Doppelrelevanz),必须假定意向父亲有权根据《民事身份登记法》第36条第1款第1句的规定被认定为丁的父亲,并享有《德国民法典》第1629条通过父子关系确立的法定代理权,有权向登记处或者法院提出事后认证的申请。登记处须按要求进行后续认证,因为根据《国籍法》第4条的规定,代孕儿童作为德国父亲所生的孩子,在国外自出生即取得德国国籍。根据《公民身份法》第21条第1款第4句的规定,父母的姓名应包括在出生登记中。但是两案中省略对母亲的登记也是合法的,如在生母不知名或未婚母亲没有透露姓名的情况下,母亲一栏也被省略。① 案例十九、案例二十与案例六不同,在案例六中,外国法院判决在孩子出生后作出,高等法院认为代孕母必须事先登记;而在案例十九、案例二十中,外国法院的判决在孩子出生前就已经作出,代孕母从一开始就不具备孩子法定母亲的地位。② 德国登记部门对公民身份管理的规定不应导致对法律状况的误解,即法律并不要求每个孩子都有双亲。甲作为唯一父母录入出生证明既没有不正确,也没有不完整,并不违反公民身份真实原则(den Grundsatz der Wahrheit der Personenstandsführung),应当准予登记。

其五,柏林高等法院对德国联邦最高法院的判决进行了发展,尤其是在基因关系和亲子关系的问题上走得更远。具体而言,柏林高等法院不再认为意向父母之一与代孕儿童有基因关系才会导致承认外国判决不违反德国公共政策,而是认为代孕儿童与意向父母之一有无基因关系都不重要。基因关系并不总是起着决定性的作用,正如欧洲人权法院作出的一项判决,在该父亲身份认定的案件中,亲子鉴定程序被禁止或被认为不符合孩子的最大利益。③ 两案中法

---

① Vgl. KG, Beschluss vom 4.07.2017 – 1 W 153/16. KG, Eintragung als alleiniger Elternteil bei indischer Leihmutter und Vorentscheidung in Israel, NJW 2017, S.3241 = StAZ 2018, S.183.

② Vgl. KG, Anerkennungsfähigkeit einer ausländischen Gerichtsentscheidung über die Feststellung der Vaterschaft eines einzelnen Wunschelternteils, NZFam 2017, S.919.

③ See Ahrens v Germany App No 45071/09 ECtHR 22 March 2012.

院故意保留了之前联邦最高法院对基因关系的要求，在没有确定意向父亲和代孕儿童的基因关系的情况下，基于保护儿童最大利益原则，同样不认为承认该外国判决存在公共政策方面的任何障碍。此外，法院不强制要求基因关系，也是出于德国法律对父亲身份认定十分宽松的原因，只要经过单身代孕母的同意，意向父亲即可成为代孕儿童的合法父亲。

四、外国官方文书的效力

2013年至2020年，德国法院承认外国亲子关系判决的案件不断增多，承认的范围和标准不断放宽，但证明意向父母和代孕儿童亲子关系的外国官方文书却仍然难以在德国获得承认。跨国代孕案件中，意向父母携带代孕儿童返回德国需要取得外国或德国护照、德国签证、外国出生证明、亲子关系公证文书、外国法院亲子关系判决、德国事后认证以及出生登记等。① 但是即使意向父母取得了外国出生证明和亲子关系公证文书，仍然无法获得德国法院的承认。

> **案例二十一：**一对德国意向父母甲乙在乌克兰与一名乌克兰代孕母丙签订代孕协议，使用甲乙的精子和卵子代孕。代孕各方约定，代孕儿童丁在出生后应尽快随甲乙回到德国并在德国居住。2015年12月，丁在乌克兰基辅出生，丙向基辅的一名公证人发表声明，放弃母亲身份。乌克兰登记处依据公证书，将甲乙登记为丁的法定父母，并签发了相应的出生证明。在丙的同意下，甲的父亲身份在德国驻基辅大使馆得到承认。然而，一家人返回德国后，进行户口登记时，就究竟是乙还是丙应被登记为丁母的问题产生了争议。② 户口登记处(Standesamt)向德国驻基辅大使馆了解到丁出生于代孕的事实。户口登记处的监督部门(Standesamtaufsicht)提议，依照德国法律"生产者为母"的原则，丁的合法母亲应该是丙。甲乙表示不服并提起诉讼，一审多特蒙德地方法院判决丁的合法母亲为丙。二审哈姆高等法院维

① See Engel, M., *Cross-border Surrogacy: Time for a Convention*, in K. Boele-Woelki, N. Dethlof & W. Gephart eds., Family Law and Culture in Europe: Developments, challenges and opportunities Cambridge University Press 2014, p. 205.

② Vgl. Wellenhofer, Familienrecht und IPR: Gewönlicher Aufenthalt eines im Ausland von einer Leihmutter geborenen Kindes, JuS 2019, S. 717. BGH, Gewöhnlicher Aufenthalt eines im Ausland von einer Leihmutter geborenen Kindes, NJW 2019, S. 1605. BGH: Gewöhnlicher Aufenthalt von Leihmutterkindern, NZFam 2019, S. 428.

持了一审判决。[①] 最后,甲乙上诉至德国联邦最高法院,但是德国联邦最高法院再次驳回了上诉并维持原判。[②]

本案中存在三个问题值得讨论。首先是本案中乌克兰的出生证明在德国的承认,其次是跨国代孕案件中亲子关系认定的法律适用,这同时引向了第三个问题,即作为涉外亲子关系认定连结点之一的"儿童经常居所地"的确定。此处只讨论第一个问题,即乌克兰出生证明在德国的承认,具体的法律适用和儿童经常居所地的确定,详见案例三十二。

乌克兰登记处签发的出生证明无法被德国法院承认。乙为母亲的出生证明对德国法院没有约束力,不构成《家事事件与非讼事件程序法》第108条第1款意义上可以被德国法院承认的外国判决(Anerkennungsfähige Entscheidung)。[③] 该法中承认外国判决意义上的"判决",首先是外国法院作出的能够产生法律上确立或宣示效力的判决(Urteile)和命令(Beschlüsse)。[④] 原则上,外国当局的决定(Entscheidungen ausländischer Behörden)也可构成该条款意义上的判决,但是前提是外国当局的地位必须与德国法院相当,而且该决定具有确立(rechtsbegründende)或宣示(rechtsfeststellende)的法律效力,而不仅仅是登记。本案中,第一,外国登记处的地位无法等同于德国法院,乌克兰登记处在登记前进行了实质性审查(Sachprüfung),但这种审查并非类似于法院作出判决前的实质性审查。根据《乌克兰家庭法》第123条第2款的要求,在该程序中也不进一步审查登记的子女是否确实是登记的意向父母的遗传学后代。第二,出生证明

---

① Vgl. OLG Hamm, Beschluss vom 26.09.2017 – 15 W 413/16. OLG Celle, Anerkennungsfähigkeit einer standesamtlichen Eintragung der biologischen Eltern im Falle einer Leihmutterschaft, NZFam 2017, S.658.

② Vgl. AG Dortmund, Beschluss vom 01.08.2016 – 312 Ⅲ 5/16. Vgl. auch OLG Hamm, Beschluss vom 26.09.2017 – 15 W 413/16. Vgl. auch BGH, Beschluss vom 20.03.2019 – Ⅻ ZB 530/17. Edyta Figura-Góralczyk, *Remarks about Judgement of Bundesgerichtshof of* 20 *March* 2019 (Ⅻ *ZB* 530/17), in Piotr Mostowik ed., Fundamental Legal Problems of Surrogate Motherhood Global Perspective, Wydawnictwo Instytutu Wymiaru Sprawiedliwości, 2019, p.587.

③ Vgl. § 108 Familienverfahrensgesetz, Anerkennung anderer ausländischer Entscheidungen. § 109, Familienverfahrensgesetz, Anerkennungshindernisse. Gesetz über das Verfahren in Familiensachen und in den Angelegenheiten der freiwilligen Gerichtsbarkeit (FamFG). Vgl. auch OLG Celle, Beschluss vom 22.5.2017 – 17 W 8/16. OLG Celle, Anerkennungsfähigkeit einer standesamtlichen Eintragung der biologischen Eltern im Falle einer Leihmutterschaft, NZFam 2017, S.658.

④ Vgl. BGH, Anerkennung eines kalifornischen Urteils zur Elternstellung bei Leihmutterschaft, NJW 2015, S.479.

的效力不同于法院判决，缺乏实质性的既判力、约束力以及司法上的宣告性和终局性。乌克兰登记处签发的出生证明并不具有法律上确立或宣示亲子关系的效力，而仅仅是一种登记。① 乌克兰登记处根据乌克兰《国家民事档案登记法》第 13 条进行儿童登记，利用生殖技术生产的孩子的登记是根据诊所签发的出生证明和代孕母的公证声明进行的，只是纯粹的登记，可以作为相关事实的书面证据。因此，乌克兰登记处的登记在功能上并没有超出德国公民身份登记的范围，因此不能被视为《家事事件与非讼事件程序法》第 108 条第 1 款意义上的判决。

在非常相似的意向父母赴乌克兰代孕的案例三十二中，曾有法院承认了乌克兰出生证明，并认定了意向父母是代孕儿童的合法父母。② 在该案中，一审地方法院认为不可承认，二审高等法院认为可以承认，再审德国联邦最高法院认为不可承认。二审法院认为，乌克兰基辅登记处的登记将遗传母亲视为代孕儿童的合法母亲，该登记是一项不违反德国法律基本原则的判决(Entscheidung)，而且必须根据《家事事件与非讼事件程序法》第 108 条第 1 款予以承认。事实上，即使案件不涉及跨国代孕这一有争议的敏感话题，外国出生证明也对德国法院和登记机关没有约束力。③ 具体理由如下：

第一，外国当局的决定(behördliche Entscheidungen)原则上也可以属于“判决”的范围，只要该外国当局事实上承担了法院或类似法院的职能。④ 但这并不能决定该出生证明可否被承认，因为《家事事件与非讼事件程序法》第 108 条所规定的自动承认原则正是为了避免对承认的决定进行审查。因此，在审查该法第 109 条规定的承认障碍之外，也不可能审查外国当局的具体职能，即它们是否以及在多大程度上符合法院的性质。

---

① Vgl. Birgit Frie, Ausländische standesamtliche Beurkundung der Abstammung eines Leihmutterschaftskindes als „Entscheidung“ iSv § 108 I FamFG?, NZFam 2018, S. 97.

② AG Verden, Beschluss vom 29. 08. 2016 – 5 Ⅲ 38/15. OLG Celle, Beschluss vom 22. 05. 2017 – 17 W 8/16. BGH, Beschluss vom 20. 03. 2019 – Ⅻ ZB 320/17.

③ Vgl. Kammergericht, Beschl. v. 17. 11. 2020 – 1 W 1037/20 + 1 W 1277/20. Kammergericht, Gewöhnlicher Aufenthalt iSv Art. 19 Abs. 1 EGBGB bei Neugeborenen, FGPrax 2021, S. 47. BGH, Eintragung in ukrainisches Geburtenregister keine anerkennungsfähige Entscheidung, NJW 2019, 1608 Rn. 11 ff. BGH, Gewöhnlicher Aufenthalt eines im Ausland von einer Leihmutter geborenen Kindes, NJW 2019, 1605 Rn. 14.

④ Vgl. Musielak/Borth, FamFG, Aufl. 2015, S. 5. Bumiller/Harders/Schwamb, Freiwillige Gerichtsbarkeit, Aufl. 2015, S. 11.

第二,外国出生证明取得了与法院判决相当的既判力。对既判力的标准不宜定得过高,在一些情况下,即使根据德国法律作出的关于监护权的判决也不具有实质性的既判力。[①] 被德国法院承认的判决必须在法律规定的诉讼程序中具有终局效力,即该事项已被外国法院审理,并作出了独立的决定。只有在外国法院实际审查了案情后,德国才能免除独立审查,因为该国司法的公正性为该判决的合法性提供了保证。[②]

第三,本案中外国出生证明不仅确定了法律后果(gesetzliche Folge),还确定了应承认的法律效力(anzuerkennenden Rechtswirkungen)。本案中的出生证明不仅记录了出生的事实,还记录了关于代孕的事实和关于孩子的遗传亲子关系的声明,该登记也符合乌克兰法律将意向父母认定为代孕儿童合法父母的规定。[③] 因此,二审法院决定承认乌克兰出生证明。虽然最终德国联邦最高法院撤销了该判决,但这也体现了部分法院在承认跨国代孕亲子关系方面做出的尝试。

综上所述,虽然乌克兰的户政登记机关和法院倾向于支持外国意向父母,并签发了其为合法父母的出生证明,但是该证明并不可以被德国法院承认。[④] 第一,乌克兰出生证明的签发机关属行政机关,而非《家事事件与非讼事件程序法》规定的法院或与法院相对应的主管机关,故而主体不适格。第二,出生证明的效力不同于法院判决,缺乏实质性的既判力、约束力以及司法上的宣告性和终局性。因此,本案中,乌克兰出生证明并非可被德国法院承认的外国判决,而只能在意向父母向法院申请认定亲子关系时,作为证据被使用。因为不存在既有的外国判决,德国法院须另行严格依照涉外案件的审判程序,即通过对案件性质的识别、冲突规则的指引、准据法的适用等,来最终判定本案中意向父母和跨国代孕儿童的亲子关系。详见第三章第二节,此处不赘述。

---

① Vgl. BGH, Alleiniges Sorgerecht des nichtehelichen Vaters bei Ruhen des alleinigen Sorgerechts der Mutter, NJW 2008, S. 223.

② Vgl. Rolf Wagner, Anerkennung und Wirksamkeit ausländischer familienrechtlicher Rechtsakte nach autonomem deutschem Recht, FamRZ 2006, S. 744 ff.

③ Vgl. Walther Siede, Abstammung des von einer Leihmutter ausgetragenen Kindes, FamRB 2019, S. 224.

④ See Gennadiy Druzenko, *Ukraine*, in Katarina Trimminggs & Paul Beaumont eds., International Surrogacy Arrangements: Legal Regulation at the International Level, Hart Publishing, 2013, p. 358 – 365.

五、承认外国亲子关系判决的条件和理由

跨国代孕案件中外国亲子关系判决在德国越来越容易被承认。时至今日，如果意向父母在寻求跨国代孕之前仔细计划了代孕儿童出生后如何在德国获得父母身份，就可以发现，取得代孕合法的外国法院的亲子关系判决是一个关键因素。2013 年，德国法院第一次承认了认定意向父母合法父母身份的外国判决。2014 年年底德国联邦最高法院作出里程碑式的判决，在意向父母之一与代孕儿童有基因关系，代孕母与代孕儿童没有基因关系的情况下，不再认定承认外国亲子关系判决违反德国公共政策，认定了同性伴侣是代孕儿童的合法父母。简言之，当前德国法院在审理承认外国代孕身份关系判决的案件时，将儿童最大利益原则列为第一优先级，置于公共政策和对代孕的一般性禁止性规定之上，厘清了二者的顺位。2015～2020 年，经过一段时间司法实践的积累，德国法院对基因关系的要求逐渐宽松，更加重视儿童福祉的保护，于是部分地方法院也开始承认外国亲子关系判决，意味着意向父母不再需要上诉至高等法院或德国联邦最高法院才能建立与代孕儿童的亲子关系。

德国法院逐步形成了承认外国亲子关系判决的具体条件。第一，被承认的判决必须由外国法院或与法院功能相近的机构作出，外国行政当局作出的出生证明和公证文书不属于可以被承认的外国判决。第二，外国判决必须宣布或确认法律上的亲子关系，而非生物学上的基因关系。意向父母与代孕儿童有基因关系不再是承认外国判决的必要条件。德国法院最初认为至少意向父母之一与代孕儿童有基因关系，代孕母与代孕儿童没有基因关系的情况下，承认外国判决才不违反德国公共政策。但后来德国法院选择更加重视儿童利益的保护，不再严格要求意向父母与代孕儿童存在基因关系。这一点是对欧洲人权法院强调基因关系对建立亲子关系的重要性的发展。第三，代孕母必须自愿同意代孕，并自愿交出婴儿，为了确认所需的自愿性，法院要求提供有关代孕母的身份和协议内容的文件。

但是，承认外国亲子关系判决的条件并非完全统一和可预测的。意向父母并不能根据德国联邦最高法院的判决书，确认自己获得的同样的或类似的判决书会被德国法院承认。在 2017 年之后的案件中，尽管事实上当事人获得的外国判决符合德国联邦最高法院之前判决中对承认外国判决的要求，德国法院也不一定会承认外国亲子关系判决。有些法官批评跨国代孕为“生殖旅游”，是对

德国法律的规避,认为德国联邦最高法院和欧洲人权法院为组织富裕公民跨国代孕、规避德国对代孕的禁止性规定打开了大门,因此拒绝承认外国亲子关系判决并给予意向父母合法的父母身份。仍有部分法院以违反公共政策为由拒绝承认外国判决。尽管这些判决可能不是案件最终的结果,有可能经过当事人的上诉之后,高等法院或德国联邦最高法院最终会承认外国亲子关系判决,但是这揭示了司法机关内部的紧张关系,即使在德国联邦最高法院有先例的情况下,也并非所有的德国法官都愿意承认外国法院作出的与德国法律立场相矛盾的判决。

综上所述,在同性父母、异性父母、单身父亲跨国代孕请求承认外国亲子关系判决的案件中,德国法院的态度均呈逐步开放的趋势,主要特征有以下几点:第一,不再认定承认外国亲子关系判决违反德国的公共政策。《家事事件与非讼事件程序法》第 109 条第 1 款第 4 句规定的公共政策必须被严格解释,毕竟代孕儿童的出生已成既定事实,禁止代孕立法的普遍预防目的在特定案件中已无法实现。第二,在承认跨国代孕外国亲子关系判决的案件中,应当适用更为宽松的国际公共政策,如只对外国判决进行程序性审查,追求国际判决的一致性等。第三,承认外国亲子关系判决符合儿童最大利益,符合德国签订的《欧洲人权公约》《公民权利和政治权利国际公约》《经济、社会及文化权利国际公约》中儿童享有被照顾和保护、建立合法亲子关系的权利的条款。第四,基因关系在法院决定是否承认外国判决中的影响比重越来越小,在上述部分案件中意向母亲与代孕儿童无基因关系,意向父亲原本通过单身代孕母的承认即可获得合法父亲身份。因此,法院选择放弃基因标准,转而专注于儿童最大利益,作出符合儿童最大利益的判决。

第三节 儿童最大利益原则的适用

本章内容是德国法院以儿童最大利益为核心原则,完成的第一个分割,即德国法院在国内法禁止代孕的条件下承认外国亲子关系判决。通过对判决书的分析,可以发现在大部分德国法官的观念中,在确定包括父母照顾在内的权利时,子女利益处在最重要的位置。① 具体而言,儿童最大利益原则优先于德国

---

① 参见[德]哈里·韦斯特曼:《德国民法基本概念》,张定军、葛平亮、唐晓琳译,中国人民大学出版社 2014 年版,第 173 ~ 177 页。

立法中的一般性禁止性规定、拒绝承认外国判决所适用的公共政策、对意向父母与代孕儿童基因关系的要求，以及以收养替代承认外国判决等。

一、优先于禁止性规定

德国法院承认外国亲子关系判决时，认为儿童最大利益优先于德国对于代孕的一般性禁止性规定。

（一）逐渐弱化的法律冲突

禁止性规定的立法目的无法通过拒绝承认外国判决而实现，这也意味着国内法禁止代孕和承认外国亲子关系判决的冲突逐渐弱化。德国法律中对代孕的一般性禁止性规定的立法目的是普遍预防代孕行为和威慑婴儿交易。然而，一旦代孕行为已经结束，代孕儿童已经出生，该禁止性规定的普遍预防目的就已经无法实现。因此，在具体个案中审查承认外国亲子关系判决是否违反公共政策时，普遍预防的立法目的就不适用了，而应重点考虑如何最大程度上保护已经出生的儿童的福祉。[①]《德国基本法》第2条第1款、第6条第2款和《欧洲人权公约》第8条第1款明确规定儿童权利依法受到保护，承认外国判决符合德国签订的国际公约和德国基本法规定的儿童最大利益。[②] 在此基础上，承认外国判决对跨国代孕意向父母与代孕儿童亲子关系的确认，无论如何都不会与德国法律的基本原则相抵触并产生不可接受的结果。因为无论是代孕母的基本权利或人权，还是儿童的基本权利或人权，都不禁止这种承认。相反，儿童的最大利益更多的是支持承认而不是反对承认。[③]

（二）儿童最大利益的优先级

法院不能依据德国法律对代孕的一般性禁止性规定而拒绝为儿童确立对其有益的亲子关系。儿童的最大利益包括在法律上为儿童确认可靠的父母，由

---

① See Kellen Trilha, *Surrogacy in the context of Private International Law? Cross-border Effects of International Reproductive Agreements*, in Horatia Muir Watt, Lucia Bíziková, Agatha Brandão de Oliveira & Diego P. Fernández Arroyo eds., Global Private International Law, Edward Elgar 2019, p. 495 – 504.

② Vgl. AG Friedberg, Urteil vom 01. 03. 2013 – 700 F 1142/12, FamRZ 2013, 1995 = BeckRS 2013, 22504.

③ Vgl. Elisabeth Unger/Quo vadis, Abstammungsrecht? – Ein Blick auf den Abschlussbericht des Arbeitskreises für Abstammungsrecht, FamRZ 2018, S. 663 ff. BGH, Anerkennung einer kalifornischen Entscheidung zur Elternstellung bei Leihmutterschaft, NZFam 2015, S. 112.

他们对儿童的福利和福祉承担责任。① 在代孕案件中，尤其是意向父母与代孕儿童有基因关系的情况下，拒绝将孩子分配给意向父母，涉嫌干涉儿童根据《欧洲人权公约》第 8 条第 1 款享有的建立合法的父母子女关系的权利。② 德国法院拒绝承认外国判决，并严格认定代孕母为合法母亲反而不利于儿童最大利益，主要有下述三个理由。

第一，代孕儿童可能因为法院拒绝承认外国亲子关系判决，而无法与意向父母建立亲子关系。仅仅依据意向父母规避德国对代孕的禁止性规定而拒绝承认外国判决是不合理的。③ 法院需要看到的是意向父母承担了父母责任，并抚养孩子茁壮成长，代孕母已和代孕儿童解除亲子关系，强行赋予其母亲身份反而不利于儿童最大利益。在跨国代孕案件中，将代孕儿童分配给意向父母是合理的，因为如果没有意向父母远赴重洋寻求跨国代孕，代孕儿童根本不会出生。而且意向父母可以为代孕儿童提供完整、稳定的社会家庭环境。意向父母从代孕儿童出生起就履行了照顾、抚养的义务，事实上也与孩子建立了社会家庭关系，如果被赋予合法父母身份，与生而未养的代孕母相比，将更加有利于儿童最大利益的保护。

第二，德国法院判决的合法母亲很可能无法承担母亲责任。德国法院拒绝承认意向父母的合法身份的同时，代孕母与代孕儿童的亲子关系在其本国并不生效。根据《德国民法典》第 1591 条的规定，生产者为母，代孕母作为德国法规定的合法母亲，远在千里之外，且已经放弃母亲权利，根据代孕目的国法律代孕母并非合法母亲。此外，根据代孕儿童出生国法院作出的司法判决，从孩子出生之日起，代孕母就不再与孩子有合法的亲子关系，因为她作为母亲的法律地位和可能享有的母亲权利已被相关判决所终止。④ 事实上，代孕儿童不会返回出生地国再和代孕母建立亲子关系，而且根据出生地国的法律和司法判决也无

① Vgl. BVerfG, Sukzessivadoption durch eingetragene Lebenspartner, NJW 2013, S. 847. BGH, Anerkennung eines kalifornischen Urteils zur Elternstellung bei Leihmutterschaft, NJW 2015, S. 479 = NZFam 2015, S. 112 Rn. 57.

② Vgl. EGMR, Französisches Kindschaftsverhältnis bei Leihmutterschaft in Kalifornien-Anerkennung, NJW 2015, S. 3211. BGH, Anerkennung eines kalifornischen Urteils zur Elternstellung bei Leihmutterschaft, NJW 2015, S. 479 = NZFam 2015, S. 112 Rn. 56.

③ Vgl. BGH, Anerkennung eines kalifornischen Urteils zur Elternstellung bei Leihmutterschaft, NJW 2015, S. 479 = NZFam 2015, S. 112.

④ Vgl. BGH, Anerkennung eines kalifornischen Urteils zur Elternstellung bei Leihmutterschaft, NJW 2015, S. 479 = NZFam 2015, S. 112 Rn. 56.

法与代孕母建立亲子关系。[①] 因此,德国法院不应强制代孕母履行母亲义务,事实上也无法强制代孕儿童与代孕母建立亲子关系。

第三,在任何情况下,禁止性规定都不能使儿童为其父母的错误赎罪。[②] 跨国代孕产生的跛脚亲子关系会侵犯儿童最大利益。即使有人认为承认跨国代孕亲子关系与德国法律制度中不可或缺的价值观念和基本理念相抵触,但是为了儿童的利益和福利,也需要承认外国的亲子关系判决,认定意向父母是代孕儿童的合法父母。[③] 因为如果德国法院选择拒绝承认外国判决,可能导致儿童在德国和国外有不同的合法父母,或者在最坏的情况下根本没有合法父母,显然不利于儿童最大利益。[④] 很多案件中的情况是,意向父母与代孕儿童生活在一个固定的家庭结构中,实际上已经扮演了父母与孩子的角色,如果德国法院拒绝承认外国判决,严格适用德国法认定代孕母的合法母亲身份,会导致代孕儿童在德国的合法父母在国外,在国外的合法父母在德国的跛脚亲子关系;也会导致意向父母无法没有后顾之忧地照顾代孕儿童,并且这种不利状况不能通过远在千里之外的代孕母履行母亲义务来改善。这不符合所有当事人的利益。

(三)儿童最大利益的认定

对儿童最大利益的认定在不断地发展和变化。除上述的使儿童生活在稳定的家庭关系中,享受良好的教育和照顾等,还有立法者认为,让儿童与亲生的父母一起成长也是儿童最大利益的一部分。诚然,正如社会公众和媒体所关注的,在一些如强制交付代孕儿童的极端情况下,意向父母为了自己的利益而不顾代孕母十月怀胎不忍分离的痛苦。但是这种情况可以否定意向父母为适当的、负责任的和体贴的父母,并以不利于儿童最大利益保护为由拒绝承认外国亲子关系判决。在跨国代孕案件中,只要意向父母证明代孕母足够知情和自愿,其自身也充分履行了照顾和陪伴孩子的义务,是孩子的合适父母,应当承认外国判决。经过很长时间的照顾和陪伴,意向父母很可能已经成为代孕儿童

---

① Vgl. Walther Siede, Abstammung des von einer Leihmutter ausgetragenen Kindes, FamRB 2019, S. 227.

② Vgl. EGMR, Einvernehmliche sexuelle Handlungen zwischen Geschwistern als Straftat, NJW 2013, S. 215.

③ Vgl. Von Claudia Mayer, Passau, Ordre public und Anerkennung der rechtlichen Elternschaft in internationalen Leihmutterschaftsfällen, RabelsZ 2018, S. 572.

④ Vgl. AG Friedberg, Urteil vom 01. 03. 2013 – 700 F 1142/12, FamRZ 2013, S. 1995.

"心理学上的父母",司法实践应当重视这一事实。① 仅仅因为德国法律禁止代孕和有关亲子关系认定的规定,就排除意向父母的合法父母身份,很可能会导致代孕儿童事实上或法律上成为孤儿,这显然比让代孕儿童与并非生产者的意向母亲共同生活更不利于代孕儿童的福祉。② 法院应当承认外国法院依法作出的亲子关系判决,因为父母违反法律或道德的行为在任何情况下都不能以牺牲儿童的福利为代价进行制裁。③

二、优先于国际公共政策

德国法院承认外国亲子关系判决时,根据欧洲人权法院的判决和国际公约,认为儿童最大利益优先于宽松的国际公共政策。

(一)宽松的国际公共政策

德国法院区分了国内公共政策与国际公共政策,在承认外国法院判决时适用了更宽松的国际公共政策标准。国际公共政策不同于国内公共政策,并非消极排他地关注本国国内的公共政策,而是积极主动关注全人类一致信守的公共政策,对外国立法和司法中的重大价值取向予以关切。德国法院在处理涉外案件,包括适用公共秩序保留制度作出判决或承认外国判决时,应考虑国际条约中的国际法义务,尤其是已经转化为国内法的人权规范,这是善意履行国际义务的具体体现。④ 德国法院通过适用更为宽松的国际公共政策,得出承认外国判决不违反德国公共政策的结论。

在跨国代孕产生的涉外亲子关系认定问题中,主要涉及代孕儿童和代孕母的人权。代孕母可能也处于相对弱势地位,但其作为成年人,自愿作出选择和决定的空间和条件远优于更为无辜的代孕儿童,因此其中最需要遵守的具有普适意义的公共政策是儿童最大利益原则。也就意味着德国法院从立法目的和法益保护的角度出发,在公共政策和儿童最大利益之间做出了平衡,不再认为

---

① See Joseph Goldstein, *Anna Freud and Albert Solnit*, *Beyond the Best Interest of the Child*, The Free Press, 1973, p. 237.

② Vgl. Gesetz zur Reform des Kindschaftsrechts vom 16. Dezember 1997, BGBl. Band I, Aufl. 1997 S. 2942.

③ Vgl. Helms, Leihmutterschaft-ein rechtsvergleichender Überblick, StAZ 2013, S. 114. Benicke, Kollisionsrechtliche Fragen der Leihmutterschaft, StAZ 2013, S. 101.

④ 参见王葆莳:《德国联邦最高法院典型判例研究·国际私法篇》,法律出版社 2015 年版,第 132、140、145 页。

承认该外国判决将违反公共政策和德国法律的基本原则,转而赋予儿童最大利益原则更高优先级,在国内立法禁止代孕的情况下承认了外国亲子关系判决。

(二)欧洲人权法院的影响

德国联邦最高法院在判定承认外国亲子关系判决是否违反德国公共政策时受到了欧洲人权法院的影响。2014 年,欧洲人权法院在蒙森案和拉巴塞案中认定,完全禁止意向父母与代孕儿童建立亲子关系,尤其是在意向父亲与代孕儿童有基因关系的情况下,拒绝承认外国亲子关系判决,违反了《欧洲人权公约》第 8 条关于对儿童最大利益的保护的规定。① 而且依据国内法也可以确定意向父亲和代孕儿童的亲子关系,没有基因关系的意向父亲的伴侣,事实上也可以通过继子女收养成为代孕儿童的合法父母,因此承认外国判决的结果与依据国内法作出判决的结果一致,并不会违反公共政策。欧洲人权法院最终承认了跨国代孕意向父母和代孕儿童的亲子关系。② 德国联邦最高法院与欧洲人权法院的判决保持了一致,由原先的以违反公共政策为由拒绝承认,变为现在的以儿童最大利益为由逐步放开对外国法院判决的承认。

(三)儿童权利保护公约的影响

儿童最大利益是公共政策的重要组成部分。儿童最大利益也是德国法院适用的国际公共秩序的重要组成部分,在一定程度上构成了强制性的国际义务。③ 从 1959 年的《儿童权利宣言》到 1989 年的《儿童权利公约》,儿童权利保护在国际人权法中逐步深入,确立了儿童最大利益原则。若干国际公约和区域性公约多次重申这一原则,包括 1979 年《消除对妇女一切形式歧视公约》、1986 年《关于儿童保护和儿童福利、特别是国内和国际寄养和收养办法的社会和法

---

① See ECtHR, Mennesson vs. France, app. no. 65192/11, at no. 100, judgment of June 26, 2014; ECtHR, Labassee vs. France, app no. 65941/11, judgment of June 26, 2014.

② See Voskoboynik, Katherine, *Clipping the Stork's Wings: Commercial Surrogacy Regulation and Its Impact on Fertility Tourism*, 26 Indiana International and Comparative Law Review 336 – 82 (2016). European Court of Human Rights, *Totally Prohibiting the Establishment of a Relationship between a Father and his Biological Children Born following Surrogacy Arrangements Abroad was in Breach of the Convention*, ECHR (26 September 2019), https://hudoc.echr.coe.int/app/conversion/pdf/? library = ECHR&id = 003 – 4804617 – 5854908&filename = 003 – 4804617 – 5854908.pdf.

③ Vgl. Dieter Henrich, § 109 FamFG Rn. 14, in: Johannsen, Familienrecht, Aufl. 2010, S. 5. Thomas Rauscher, § 109 FamFG Rn. 38, 41 in: Münchener Kommentar zur ZPO, Aufl. 2010, S. 3. Pia Maria Schulze, Das deutsche Kindschafts-und Abstammungsrecht und die Rechtsprechung, EGMR 2012, S. 22.

律原则宣言》、1987年《非洲儿童权利和福利宪章》,均规定在处理儿童相关的婚姻和家庭事务时,应以儿童最大利益为主要考量因素。[①] 1989年《儿童权利公约》的制定和通过是儿童最大利益原则成为一项国际普遍承认的原则的里程碑,通过一系列实质性条款和程序性条款,保障了儿童最大利益。尤其是其第3条规定,在一切有关儿童的行动中,无论是公共或私人的社会福利机构、法院、行政当局或立法机构采取的行动,均应首先考虑儿童的最大利益。[②] 不管社会对代孕的道德评价如何,不论每个孩子的出身如何,都有权生活在一个完整的、稳定的社会家庭环境中,获得父母的关爱和照顾。[③]

综上所述,在欧洲人权法院蒙森案和拉巴塞案的影响之下,在国际公共政策的不断软化宽松趋势之下,尤其是在儿童最大利益逐渐成为公共政策的一部分,甚至在一定程度上构成强制性的国际义务的背景下,认定代孕儿童与意向父母亲子关系的外国判决逐渐获得承认。2014年后,德国意向父母,无论是同性伴侣、异性夫妇还是单身意向父亲,在跨国代孕请求承认外国亲子关系判决时,德国法院都倾向于以务实的态度接受跨国代孕的事实,认为保护儿童福祉比防止规避德国法律有更高的优先级,将儿童最大利益置于公共政策之上,在有利于儿童最大利益的情况下,承认外国亲子关系判决。[④]

三、优先于基因关系

意向父母之一与跨国代孕儿童有基因关系,曾是德国法院承认外国亲子关系判决的条件之一。德国联邦最高法院在2014年承认了同性伴侣赴美代孕案中的美国法院判决,在承认同性伴侣与代孕儿童的亲子关系时,德国法院倾向于认为在代孕儿童与意向父母之一有基因关系,而与代孕母无基因关系的情况下,承认该外国判决并不违背德国公共政策。[⑤] 德国法院直接承认了外国亲子关系判决,认可了同性伴侣的父母身份,并准予其名字登入出生登记簿,可能是

---

① 参见曹贤余:《儿童最大利益原则下的亲子法研究》,群众出版社2015年版,第84~88页。

② Vgl. UN-Übereinkommen über die Rechte des Kindes vom 20. 11. 1989, BGBl. Band Ⅱ, Aufl. 1992, S. 122.

③ Vgl. Hennemann, Entzug der elterlichen Sorge nur bei konkreter Kindeswohlgefahr, FamFR 2013, S. 455.

④ Vgl. BGH, Anerkennung eines kalifornischen Urteils zur Elternstellung bei Leihmutterschaft, NJW 2015, 479.

⑤ Vgl. OLG Düsseldorf, Beschluss vom 26. 04. 2013 – Ⅰ –3 Wx 211/12.

基于意向父母为男性同性伴侣的特殊性。毕竟严格从字面意义上理解，难以将男性同性伴侣的任何一方定义为“母亲”，所以并未对“生产者为母”的规定产生直接的冲击。① 欧洲人权法院认为，认定有基因关系的意向父亲的身份才符合儿童最大利益，其曾因意向父亲与代孕儿童没有基因关系而未承认意向父亲与代孕儿童的亲子关系。②

但是基因关系并不总是扮演着决定性的角色。第一，亲子鉴定程序甚至有时会被法律禁止或被法院认为不符合孩子的最大利益，所以欧洲人权法院确定的承认外国亲子关系判决的标准的科学性仍有待商榷。③ 第二，经过一段时间的发展，德国法院逐渐认为，认可没有基因关系的意向父亲的父亲身份并不一定违反德国法律，因为严格根据德国法律，亲子关系的建立和父母子女之间的基因关系并无必然联系。第三，德国法院认为，承认外国判决的决定性因素并非亲子鉴定证书，而是意向父母对儿童的抚养有助于儿童健康成长。④ 通常情况下，代孕儿童事实上由意向父母抚养，故而承认外国亲子关系判决，对代孕儿童进行事后认证，并在出生证明上登记意向父母为父母，才符合儿童最大利益。⑤ 因此，2018 年后，在认定意向父亲与代孕儿童的亲子关系的案件中，德国法院便抛弃欧洲人权法院的先例，将承认外国判决的标准更加放宽，不再将基因关系认定为承认外国亲子关系判决的硬性标准。判决书中不再强调基因关系，而更着重考虑儿童最大利益，这是德国法院关于承认外国亲子关系判决的重要发展，也标志着儿童最大利益原则取得了更高的优先级。⑥

---

① Vgl. Löhnig, Die Leihmutterschaft in der aktuellen Rechtsprechung, NZFam 2017, S. 546. Henrich, Entwicklungen des Familienrechts in Ost und West, LSK 2010, 100886 = FamRZ 2010, 333.

② See ECtHR, Mennesson vs. France, app. no. 65192/11, at no. 100, judgment of June 26, 2014.

③ See Ahrens v Germany, ECtHR 45071/09 (2012).

④ Vgl. BverG, Beschluss vom 19. 12. 2013 – BvL 1/11, 1 BvR 3247/09, at no. 80 – 81; BGH, Beschluss vom 10. 12. 2014 – Ⅻ ZB 463/13, at no. 44. BverfG, Sukzessivadoption durch eingetragene Lebenspartner, NJW 2013, S. 847.

⑤ See Nicholas Barthel, Molly O'Brien, Andrew Vorzimer & Evie Jeang, *International in Vitro: the Legal Complexities of Cross-border Family Formation*, 17 Whittier J. Child. & Fam. Advoc. 188 (2018).

⑥ Vgl. OLG Düsseldorf, Beschluss vom 28. 2. 2018 – Ⅱ – 6 UF 175/17. AG Frankfurt, Beschluss vom 09. 04. 2018 – 470 F 16020/17 AD. BGH, Beschluss vom 05. 09. 2018 – Ⅻ ZB 224/17. BGH, Leihmutterschaft und Elternstellung, DNotZ 2019, S, 54.

四、优先于替代性解决方案

德国法院曾以意向父母可以收养代孕儿童为由，拒绝承认外国亲子关系判决。但这一观点近年来发生了改变，德国法院认为，承认外国亲子关系判决和让意向父母另行收养代孕儿童相比，更有利于保护儿童最大利益，即收养并不能完全替代承认外国判决来建立亲子关系。

（一）德国对跨国代孕收养的模糊态度

德国国内法对跨国代孕收养持模糊态度，既未明确支持，也未明确禁止。德国对不存在违法的先行行为的跨国收养儿童行为持积极鼓励态度，比如，《根据外国法收养儿童效力法》第 4 条规定，德国鼓励跨国收养无人陪伴的儿童。① 这也是德国法院在本章第一节所分析的案例中，以意向父母可以通过收养取得合法父母身份为由，拒绝承认外国亲子关系判决的背景。然而，事实上，如第四章第二节中介绍的案例，跨国代孕案件中，意向父母收养跨国代孕儿童充满障碍。德国法院很可能依据收养不符合《德国民法典》第 1741 条第 1 款第 1 句和第 2 句分别规定的“一般的儿童最大利益标准”和“加强的儿童最大利益标准”（erhöhte Maßstab），拒绝意向父母收养代孕儿童。② 同样，在同性伴侣跨国代孕的案件中，女性同性伴侣面临着更加艰难的问题，她们并不会像异性伴侣一样，被默认为伴侣所生的婚生子的合法父母，而是需要通过继子女收养才能获得父亲或母亲身份，而且该收养也不一定会被法院准许。③ 经过了多年的发展，德国法院才倾向于在收养有利于儿童的福祉的情况下，同意意向父母收养跨国代孕儿童。④ 因此，在相关立法和司法实践模糊的情况下，法院提出的以收养作为替代性解决方案的观点并不一定成立，以此为由拒绝承认外国亲子关系判决也并不合理。

---

① Vgl. § 4 Antragstellung; Reichweite der Entscheidungswirkungen, Gesetz über Wirkungen der Annahme als Kind nach ausländischem Recht (Adoptionswirkungsgesetz-AdWirkG).

② Vgl. AG Frankfurt, Urteil vom 09. April 2018 – 470 F 16020/17 AD.

③ Vgl. Herbert Grziwotz, Stiefkindadoption und Adoptionshilfe-Insellösung oder Neuorientierung?, ZRP 2020, S. 6.

④ Vgl. BGH, Beschluss vom 10. 10. 2018 – XII ZB 231/18. BGH, Anerkennung eines kalifornischen Urteils zur Elternstellung bei Leihmutterschaft, NJW 2015, S. 479. BGH, Anerkennung einer US-Gerichtsentscheidung über Eltern bei Leihmutterschaft, NJW-RR 2018, S. 1473.

(二)承认外国判决的不可替代性

允许意向父母收养代孕儿童不能代替承认外国判决的后果。虽然通过收养也可以建立亲子关系,但是该亲子关系已经通过外国判决有效地建立起来了。承认认定意向父母和代孕儿童亲子关系的外国判决的结果,是意向父母未经过收养程序即可被登记为共同父母,这是依据德国家庭法或通过收养无法取得的结果,尤其有利于男性同性伴侣中与孩子没有基因关系的一方。如果只有通过进一步的收养诉讼程序才能带来与承认外国判决相同的结果,这毫无疑问减少了一条代孕儿童与其实际照顾者意向父母建立家庭的重要途径,违背儿童最大利益原则。因此,部分法院认为意向父母也可以通过收养取得父母身份的观点,实际上是法院逃避作出判决履行保护义务的做法。

通过收养建立亲子关系会给儿童带来额外的危险。与出生前已经根据外国判决确定亲子关系相比,如果德国法院不承认外国判决,在孩子出生后,意向父母仍可以选择是否收养代孕儿童,这将给儿童身份带来很大的不确定性。尤其是,代孕儿童可能残疾、发育不全或有其他严重的先天性疾病,意向父母有一定概率会选择弃养,这显然不符合儿童最大利益。但如果按照部分德国法院的观点,意向父母通过收养建立与代孕儿童的亲子关系,意向父母在代孕儿童最需要照顾的时候可以被免除父母责任,因为只要没有收养,代孕儿童在法律上就还不是意向父母的合法子女。① 与此同时,根据代孕目的国法律和司法判决,代孕儿童的合法父母是意向父母,他在出生国是无父无母的,德国法院也无法强制代孕母及其丈夫履行照顾义务。② 因此,收养并不能替代承认外国判决,建立意向父母与代孕儿童的亲子关系。

(三)承认外国判决的便捷性

意向父母申请承认外国亲子关系判决,比申请收养代孕儿童更加具有稳定性和便捷性。德国法院拒绝承认外国判决的理由之一,是意向父母可以通过收养来建立亲子关系。但是跨国代孕案件中的收养申请非常复杂,收养程序需要根据《德国民法典》第 1741 条第 1 款审查保护儿童的最大利益的必要性。部分德国法院认为收养并非保护儿童最大利益所必需,意向父母可以通过拟定财产

① Vgl. BGH, Anerkennung eines kalifornischen Urteils zur Elternstellung bei Leihmutterschaft, NJW 2015, S. 479 = NZFam 2015, S. 112, Rn. 59, 60.

② Vgl. Helms, Leihmutterschaft-ein rechtsvergleichender Überblick, StAZ 2013, S. 114. Benicke, Kollisionsrechtliche Fragen der Leihmutterschaft, StAZ 2013, S. 101.

协议和指定监护人来保护儿童的人身和财产权利，并以此为由拒绝意向父母收养跨国代孕儿童。但是事实上当事人的约定不可能穷尽所有可能性，万一代孕儿童的合法父母意外死亡，代孕儿童很可能要么陷入无父无母的境地，要么寄希望于远在千里之外的代孕母承担监护责任，这也并非代孕母希望和依据其本国法应当承担的义务。因此，德国法院承认外国判决，直接建立亲子关系，不仅有利于亲子关系的稳定性，还有利于儿童最大利益，而且不会对代孕母的基本权利造成重大侵害。因此，在意向父母获得外国亲子关系判决的跨国代孕案件中，德国法院逐渐不再以收养是承认外国判决的替代性解决方案为由拒绝承认外国判决。

综上所述，承认外国身份判决有利于儿童最大利益的保护。第一，法院在确定跨国代孕案件中的“保护义务”时，最先要考虑人的基本权利。在跨国代孕案件中，最值得考虑的是符合儿童利益的社会家庭结构，最值得保护的自然是儿童的最大利益。① 第二，在意向父母一方或双方与孩子基因相关而代孕母与孩子基因不相关的情况下，一般的禁止性规定应当让步于儿童的福利，父母身份应归于意向父母，德国法院目前对基因的要求逐渐宽松。② 第三，保护儿童最大利益是德国公共政策的一部分。通常情况下，意向父母的利益和儿童最大利益相关联。符合代孕儿童最大利益的做法是尽快地承认其与意向父母的亲子关系，以保证孩子不被置于无国籍和无父母的境地。③ 而且，根据德国法律，如果拒绝承认意向父母的合法身份，将会导致儿童在德国的合法父母在国外，而国外的合法父母在德国的跛脚亲子关系。第四，承认外国判决与让意向父母另行申请收养代孕儿童相比，前者降低了代孕儿童身份的不确定性，有利于防止代孕儿童被放弃收养的不利情形，更符合儿童最大利益。第五，承认跨国代孕亲子关系，符合德国签署的《公民权利和政治权利国际公约》《经济、社会及文化权利国际公约》等国际公约的规定，也符合联邦宪法法院和欧洲人权法院的准则，即无论亲子关系是由哪个国家确立的，儿童被照顾和保护、建立合法亲子

---

① See Engel, Internationale Leihmutterschaft und Kindeswohl, ZEuP 2014, S. 538.

② Vgl. BGH, Anerkennung eines kalifornischen Urteils zur Elternstellung bei Leihmutterschaft, NJW 2015, S. 479. Aiex Finkelsten, Sarah Macdougall, Angela Kintominas & Anya Olsen, *Surrogacy Law and Policy in the U. S.: A National Conversation Informed by Global Lawmaking*, Report of the Columbia Law School Sexuality & Gender Law Clinic, 2016, p. 5.

③ See Ruth Zafran & Daphna Hacker, *Who will Safeguard Transnational Surrogates' Interests? Lessons from the Israeli Case Study*, 44 Law & Social Inquiry 1150 (2019).

关系的权利都应得到保障。① 第六,儿童不应当为自己的出生承担责任,如果以德国国内法禁止代孕为由拒绝承认其与意向父母的亲子关系,会使儿童被迫地承担某些不利后果,如跛脚亲子关系、无国籍等。②

本章小结

本章研究的重点是德国法院在跨国代孕亲子关系问题上做出的第一种分割,即在国内法禁止代孕的情况下承认外国亲子关系判决。这种分割实质上是国内法禁止代孕和生产者为母的规定在为儿童最大利益让步,从完全禁止,到部分放开,到全面放开,德国法院用了 10 年时间解决跨国代孕案件中外国亲子关系判决的承认问题。我国与德国有相似的成文法立法体系,相似的禁止代孕的国内法,也面临着相似的跨国代孕问题,德国的司法经验在一定程度上可以为我国参考。

德国法院逐步确立了承认外国亲子关系判决的具体条件。第一,外国判决必须宣布或确认合法亲子关系,宣布生物学亲子关系的外国判决对德国法院承认意向父母与代孕儿童的亲子关系没有意义。第二,外国判决应当是具有既判力的外国法院作出的司法判决,外国行政当局作出的出生证明或公证文书都不属于可以被承认的外国判决。第三,意向父母与代孕儿童有基因关系不再是承认外国判决的必要条件。德国法院最初认为至少意向父母之一与代孕儿童有基因关系,代孕母与代孕儿童没有基因关系的情况下,承认外国判决才不违反德国公共政策。但后来德国法院选择更加重视儿童利益的保护,不再严格要求意向父母与代孕儿童存在基因关系。这一点是对欧洲人权法院强调基因关系对建立亲子关系的重要性的发展。第四,代孕母必须自愿同意代孕,并自愿交出婴儿,为了确认所需的自愿性,法院要求提供有关代孕母的身份和协议内容的文件。但是,承认外国亲子关系判决的理由和条件并非完全统一的、可预测的。在 2017 年之后的案件中,尽管事实上当事人获得的外国判决符合德国联

---

① See Art. 24 (2) of the International Covenant on Civil and Political Rights. Art. 12 of International Covenant on Economic, Social and Cultural Rights.

② See Nora Markard, *German Supreme Court Recognises Same-Sex Parents after Californian Surrogacy*, (11 January 2015), http://www. sexualorientationlaw. eu/102 – german-supreme-court-recognizes-same-sex-parents-after-californian-surrogacy-germany. Heiderhoff, Rechtliche Abstammung im Ausland geborener Leihmutterkinder, NJW 2014, S. 2673.

邦最高法院之前判决中对承认外国判决的要求，德国法院也不一定会承认外国亲子关系判决。尽管这些判决可能不是案件最终的结果，部分案件经过当事人的上诉之后，高等法院或德国联邦最高法院最终会承认外国亲子关系判决，但是这也揭示了司法机关内部的紧张关系，即使在德国联邦最高法院有先例的情况下，也并非所有的德国法官都愿意承认外国法院作出的与德国法律立场相矛盾的判决。

宏观层面，德国法院解决问题的思路值得我国法院参考。第一，充分利用国际私法的灵活性处理复杂的涉外民事法律关系。在代孕目的国与德国立法冲突的情况下，德国法院将意向父母与代孕儿童亲子关系认定问题转化为是否承认外国判决的问题，为亲子关系的建立留有余地。在国际私法的介入下，法院适用《家事事件与非讼事件程序法》第108条中承认外国判决的灵活规定，承认意向父母与跨国代孕儿童的亲子关系，让禁止代孕、生产者为母和婚生子推定等国内法规则为儿童最大利益让步。第二，法官行使自由裁量权，通过解释法律达到司法目的。一方面，通过对公共政策的限缩解释，不再认定禁止代孕的规定为实质性公共政策，转而适用更为宽松的国际公共政策，使司法保护的侧重对象从国内秩序转变为儿童利益。另一方面，通过对儿童最大利益的扩张解释，逐步放宽承认外国判决的条件，不再囿于基因标准、分娩标准、婚生子推定等规则，实现了为代孕儿童组建家庭的司法目的。第三，充分论证法律解释的理论基础。德国法院在拒绝或承认外国判决过程中，充分论证了儿童最大利益和公共秩序保留原则的具体适用条件，详细分析了儿童经常居所地和各项生物学的判定标准等。

具体而言，我国法院应坚持两个原则、三项分割，妥善解决跨国代孕亲子关系的认定问题。所谓两个原则，一是法院应秉持保护儿童最大利益的原则，在审理跨国代孕亲子关系认定案件时，确认儿童利益为最亟须保护的权利，在法律允许的情况下，便捷高效地为代孕儿童组建家庭；二是在民事身份案件中，承认外国亲子关系判决时，对于公共政策条款应秉持审慎考虑、从窄解释、从严适用的原则。所谓三个分割，一是恰当分割国内法禁止代孕与承认外国判决，笔者认为，《人类辅助生殖技术管理办法》《人类辅助生殖技术规范》《人类精子库基本标准》《人类精子库技术规范》《实施人类辅助生殖技术的伦理原则》中禁止代孕的规定并非实质性公共政策，不构成拒绝承认外国判决的理由；二是严格分割亲子关系认定规则与承认外国判决，与德国相似，我国也有生产者为母和婚生子推定的规定，但依据外国判决和适用国内法所确立的亲子关系不一致并不构成拒绝承认外国判决的理由;三是妥善分割生物学标准和承认外国判决,欧洲人权法院和德国联邦最高法院最初承认的都是与代孕儿童有基因关系的意向父母的合法身份,体现了法院尽量避免承认外国判决对社会文化认知的冲击的态度。但德国法院对生物学标准的突破并不一定适合我国国情,尤其是我国应保留承认外国判决的基因关系要件,至少要求意向父母一方与代孕儿童有基因关系。在单身意向父亲、单身意向母亲、意向父母双方与代孕儿童均无基因关系之时,更宜适用收养的有关规定为其组建家庭。

第三章　跨国代孕儿童亲子关系在德国法院的认定

根据上一章对德国法院做出的第一种分割的分析，即使在德国国内法禁止代孕、亲子关系认定规则对意向父母不利的情况下，申请人无论是同性伴侣、已婚伴侣，还是单身男性，只要取得外国亲子关系判决，仍有很大可能会被德国法院承认。本章在分析跨国代孕儿童亲子关系问题的基础上，回答了以下三个问题：第一，当事人没有取得代孕目的国法院作出的亲子关系判决的情况下，意向父母仅凭代孕母的公证书或外国当局签发的出生证明，申请德国大使馆为代孕儿童签发德国护照或签证，或申请德国法院或德国登记处对代孕儿童进行事后认证并将意向父母登记为其合法父母的可能性。第二，儿童最大利益原则在决定亲子关系案件中适用的范围和限制，如在法律适用过程中德国法院是否依据儿童最大利益原则来挑选优先级相同的替代性连结点，依据儿童最大利益原则还是最密切联系原则来判定新生儿的经常居所地，以及儿童最大利益可否优先于《德国民法典施行法》第 6 条规定的公共政策等。第三，通过冲突规则的指引，分析准据法中对意向父亲和意向母亲身份的规定的不同，以及司法实践中前者比后者更容易取得合法父母身份的理由。

第一节　与亲子关系认定相关的若干问题

代孕是否可以作为德国无法生育的意向父母的替代性生育方案，取决于意向父母与代孕儿童的亲子关系是否能够在德国获得正式承认。亲子关系在德国被承认，包括但不限于为儿童签发护照、签证，对儿童进行事后认证等，而实际上意向父母在向登记处和法院申请签发有关文书时往往会遇到一些阻力。为了处理护照、签证、公民身份、事后认证等问题，首先需要确定代孕儿童与意向父母的亲子关系。德国法律禁止代孕，而且不同于卵子捐赠或家人之间的利他代孕，跨国商业代孕更容易被发现。目前，德国当局已经熟悉了这种做法和流行的目的地，发现存在代孕的可能性后会拒绝为儿童签发护照、签证或进行事后认证。①

一、确定国籍

德国公民可以向大使馆或行政法院申请签发儿童护照。只有德国意向父母能够证明孩子是德国公民的情况下，大使馆或行政法院才会签发儿童护照。即使代孕儿童出生在美国，取得美国护照，可以免签前往德国的情况下，德国儿童如果无法顺利取得德国护照和公民身份，回到德国后，仍会遇到许多困难。②获得外国判决的案件中，意向父母可以通过向德国法院申请承认外国判决来建立与代孕儿童的亲子关系，从而使代孕儿童作为德国公民的子女依法取得德国国籍。③ 但在未获得亲子关系判决的案件中，很可能因为无法证明代孕儿童是德国意向父母的合法后裔，而使代孕儿童无法取得德国公民身份。根据代孕目的国法律，儿童跟随意向父母拥有德国国籍，而根据德国法律，儿童跟随代孕母拥有代孕目的国国籍，最后结果就是两国都拒绝授予代孕儿童公民身份。④ 没有护照，这个孩子就无法跨越国界入境意向父母的国籍国。根据对一位意向父

---

① Vgl. VG Berlin, Beschluss vom 15. 04. 2011 – 23 L 79/11. Bettina Heiderhoff, Rechtliche Abstammung im Ausland geborener Leihmutterkinder, NJW 2014, S. 2673.

② Vgl. VG Berlin, Staatsangehörigkeit, Pässe-Pässe und Reiseausweise Nr. 7, FamRZ 2013, S. 738.

③ Vgl. OVG Nordrhein-Westfalen, Beschluss vom 14. 07. 2016 – 19 A 2/14.

④ See Trimmings, K. & Beaumont, P., *International Surrogacy Arrangements: An Urgent Need for Legal Regulation at the International Level*, 7 Journal of Private International Law 631 (2011).

亲的采访,他在2010年赴印度代孕,当时已有许多欧洲的意向父母和代孕儿童因为法律问题被困印度,意向父母一方被迫返回欧洲赚钱,而另一方则留在印度照顾无国籍的孩子,希望最终为孩子拿到护照。① 代孕机构甚至会鼓励意向父母欺骗海关,谎称丈夫有外遇或自己在旅途中怀孕生产,甚至借用虚假护照返回德国,这不仅给当事人带来了许多心理困扰,还会导致代孕儿童在德国无法通过事后认证,甚至被驱逐出境。② 因此,德国意向父母更加偏爱在美国代孕,因为美国在办理护照和将孩子带回德国的问题上,比大多数国家更有吸引力。

(一)单身意向母亲跨国代孕

案例二十二:德国意向母亲甲与格鲁吉亚代孕母签订合同,使用甲的卵子进行代孕,随后丁出生。2016年12月29日,第比利斯市法院根据格鲁吉亚法律,判决甲为丁的合法母亲,该判决已生效。2017年6月26日,亲子报告显示甲是丁基因上的母亲。甲向柏林勃兰登堡市行政法院申请通过临时命令(einstweiligen Anordnung)的方式为丁颁发德国护照。一审法院驳回了甲的申请,甲提起上诉,二审法院维持原判。③

本案是为数不多的单身意向母亲跨国代孕,且与代孕儿童有基因关系的案件。根据2016年12月29日格鲁吉亚第比利斯市法院的判决,甲是丁的合法母亲。本案中涉及可否承认单身意向母亲与有基因关系的跨国代孕儿童的亲子关系的外国判决的问题。这个问题的核心是,承认该判决是否违反《家事事件与非讼事件程序法》第108条和第109条第1款第4句的规定,即是否违反德国公共政策。这一问题存在争议,而且到目前为止在已有判决中尚未得到明确的

① See Sabrina Dücker & Tatjana Hörnle, *German Law on Surrogacy and Egg Donation: The Legal Logic of Restrictions*, in Tulsi Patel, Sayani Mitra & Silke Schicktanz eds., Cross-Cultural Comparisons on Surrogacy and Egg Donation, Interdisciplinary Perspectives from India, Germany and Israel, Springer Press, 2018, p. 231.

② See Anika König, *Parents on the Move: German Intended Parents' Experiences with Transnational Surrogacy*, in Tulsi Patel, Sayani Mitra & Silke Schicktanz eds., Cross-Cultural Comparisons on Surrogacy and Egg Donation, Interdisciplinary Perspectives from India, Germany and Israel, Springer Press, 2018, p. 281.

③ Vgl. OVG Berlin-Brandenburg, Beschluss vom 01.09.2017 – OVG 5 S 9.17.

澄清。[①] 而且,虽然本案中意向母亲获得了格鲁吉亚法院的亲子关系判决,但是她并未向德国法院申请承认该判决。外国判决只能依申请承认,所以本案的审理过程事实上与格鲁吉亚法院的判决结果无关。德国法院对这个问题避而不谈,当事人未申请承认外国判决,所以法院在本次临时救济的简易程序中不作决定,但是表达了该判决并不具有决定性意义(ausschlaggebende Bedeutung)的司法态度。因此,法院需要独立审判本案中代孕儿童是否有资格获得德国护照。

丁是否有资格获得护照,取决于他是否毫无疑问拥有德国国籍。[②] 丁是否拥有德国国籍,取决于意向母亲甲是否可以被认定为他的合法母亲。德国法律明确规定生产者为母,甲并未怀孕生产丁,所以根据德国法律不可能是合法母亲。根据德国《国籍法》第 4 条第 1 款的规定,如果在孩子出生时,至少孩子的父母之一是德国公民,孩子才会拥有德国国籍。本案中德国法下代孕母是合法母亲,但她并未取得德国国籍,而丁也无法根据德国法律被确定为德国意向母亲甲的合法后裔,所以丁并没有取得德国国籍。[③] 根据《国籍法》第 30 条第 3 款第 1 句的规定,因为丁未取得德国国籍,所以无权获得国籍卡或德国护照。丁并非德国人后裔,未取得德国公民身份,所以德国大使馆根据《行政法院法》(Verwaltungsgerichtsordnung)第 113 条第 5 款第 1 句拒绝为其签发国籍卡的申请是合法的,并没有侵犯原告的权利。

本案中申请人并未澄清国籍申请中的可疑问题,而以保护代孕儿童福祉的紧迫性为由,申请法院为丁临时发放儿童护照。行政法院驳回当事人申请的临时救济是正确的。具体而言,有以下两个理由:第一,当事人提出的是临时救济诉讼,申请法院责成护照签发部门在法院作出判决之前向代孕儿童临时签发儿童护照,但并未提供发布临时命令所必需的初步证据。法院根据《国籍法》第

① Vgl. OLG Düsseldorf, Beschluss vom 7. April 2015 – Ⅱ –1 UF 258/13. OLG Braunschweig, Beschluss vom 12.04.2017 –1 UF 83/13. OLG Braunschweig, Kindeswohl gebietet nicht grundsätzlich Anerkennung von im Ausland erworbener Elternschaft aus Leihmutterverhältnis, NZFam 2017, S. 522 = FamRZ 2017, S. 972. BGH, Anerkennung eines kalifornischen Urteils zur Elternstellung bei Leihmutterschaft, NJW 2015, S. 479. OLG Düsseldorf, Anerkennung einer US-Entscheidung über Elternschaft bei Geburt durch Leihmutter, NJW 2015, S. 3382. OVG Münster, Urteil vom 14.07.2016 – 19 A 2/14, FamRZ 2016, S. 2130.

② Vgl. OVG Berlin-Brandenburg, Beschluss vom 06. 07. 2011 – 5 S 13. 1. OVG Berlin-Brandenburg, Beschluss vom 03.08.2015 –5 S 9.15.

③ Vgl. VG Köln, Urteil vom 13.11.2013 –10 K 2043/12.

30条和已有判决认为，即使在初步法律保护（Verfahren des vorläufigen Rechtsschutzes）的程序中，原则上澄清国籍申请中的可疑问题不是护照签发部门的责任，应当由申请人承担举证责任来澄清国籍申请中的可疑问题。① 而且，本案是根据《护照法》进行的简易程序，不存在澄清困难的问题，所以申请人应当为其无法澄清可疑问题承担责任。第二，本案中申请人未能在其上诉中令人信服地证明，保护代孕儿童法益的情况非常紧迫，以至于法院不能合理地期望申请人耐心等待至诉讼结束。根据格鲁吉亚司法部2017年6月作出的决定，丁已获得格鲁吉亚公民身份，因此本案中丁并不处于无国籍状态。申请人声称如果不为丁签发德国护照，就会导致丁根据《国籍法》第25条第1款和第19条第1款的规定丧失德国国籍，这将带给丁紧迫的危害。但是法院认为，丁从未取得过德国护照，所以不存在丧失德国护照对丁造成法益侵害的情况。而且，丁自2017年6月15日以来一直持90天签证合法居住在德国，甲亦计划在2017年9月15日预订回程机票并在格鲁吉亚第比利斯市定居，因此，缺乏德国护照或免签证入境的身份并不构成对丁的不合理困难。

案例二十三：德国意向母亲甲于1955年9月23日出生，儿童丁于2010年12月18日在印度一个生育中心出生。没有任何证据显示，甲在生育后接受过任何医生的检查并证明她已生下孩子，她也无法出示产卡来证明自己的怀孕。甲自称在怀孕的第36周长途飞行至印度，原计划于2011年1月25日返程飞回德国。本案中德国大使馆怀疑儿童丁是在印度通过代孕出生的，拒绝向丁颁发德国护照和签证。随后，甲向法院申请通过临时命令向丁颁发临时儿童护照，但一审、二审法院均驳回了其申请。②

案例二十三与案例二十二相同，在为代孕儿童签发德国护照之前，需要确定其是否取得德国国籍，即是否是德国公民的合法后裔。但是在案例二十二中，法院在查明案件事实时可以确认代孕儿童是代孕母而非意向母亲所生，而在案例二十三中，法院只是高度怀疑意向母亲代孕，但意向母亲没有充足的证据证明自己是孩子的生母。因此，法院认为，如果对国籍有任何疑问，德国驻外

① Vgl. OVG Berlin-Brandenburg, Beschluss vom 06. 07. 2011 – 5 S 13. 1. OVG Berlin-Brandenburg, Beschluss vom 03.08.2015 –5 S 9.15.

② Vgl. VG Berlin, Beschluss vom 15.04.2011 –23 L 79; OVG Berlin-Brandenburg, Beschluss vom 06.07.2011 –OVG 5 S 13.11.

使领馆没有权力通过护照签发程序确定申请人的国籍。根据《国籍法》第 3 条第 1 款第 1 句的规定，如果父母之一具有德国公民身份，则儿童出生即获得德国公民身份，本案中不确定丁是不是由甲生育的，所以丁的母亲的身份处于未知状态。①

法院高度怀疑甲在印度通过代孕生子，但目前还不清楚孩子真正的母亲是已婚还是未婚。第一，55 岁的高龄女士生育并非不可能，但可能性很小。第二，在丁出生后不久，甲没有接受过任何医生的检查并证明她已生下孩子，她也无法出示产卡来证明自己的怀孕。第三，作为高龄孕妇和产妇，她的行为不具有正常人应当具有的谨慎态度。她自称在怀孕的第 36 周去了印度，临产期间长途飞行将给她和她的孩子带来相当大的危险，而且航空公司不会接受怀孕月份很大的乘客。甲原定于 2011 年 1 月 25 日返程也加剧了这些疑虑，甲为高龄产妇，怀孕和分娩本身存在许多风险，而她要在孩子出生 6 周后长途飞行。第四，丁并非出生于妇产医院，而是出生于生育中心，根据网站资料，该中心专门从事代孕服务。

本案中甲未澄清法院对其并非生母的怀疑，丁并非具有德国国籍的甲的合法后裔，因此也无法自出生即取得德国护照。而且，本案存在极大的代孕可能性，承认甲丁的母子关系并为丁签发德国护照可能会违反德国公共政策。二审法院认为，根据《护照法》(Paßgesetz) 第 6 条第 4 款的相关规定，护照签发部门为了重大公共利益，可依职权决定是否签发护照，②而且只有在面临如恐怖袭击等紧迫危险时，法院才会通过签发临时命令允许当事人进入德国。③ 因此，护照签发部门拒绝向丁签发护照是正确的。

儿童最大利益在本案中并非首要考虑因素。当事人并未澄清法院对其代孕的怀疑，而是将论点建立在儿童的最大利益和《儿童权利公约》之上，说明迫切需要使丁能够无须签证进入德国。儿童的最大利益在法律适用的过程中会发挥作用，如依据《德国民法典施行法》第 19 条第 1 款进行法律选择，在相同优先级的替代性连结点中进行选择时，会重点考虑儿童最大利益的因素。但是在本案中，儿童的出生情况有诸多不确定的因素，如是否出生于代孕、代孕母是否已婚等。即使适用印度法律，也无法将甲认定为丁的合法母亲。因此，甲无法

---

① Vgl. § 3 Abs. 1 Nr. 1 Staatsangehörigkeitsgesetz (StAG).

② Vgl. § 6 Ausstellung eines Passes, Paßgesetz (PaßG).

③ Vgl. OVG Berlin-Brandenburg (10. Senat), Beschluss vom 07. 07. 2020 – OVG 10 S 30/20.

证明她是生母，所以丁无法通过甲获得德国公民身份和德国护照。综上所述，在单身意向母亲跨国代孕的案件中，无论是法院已经查明存在代孕情形，还是意向母亲无法澄清法院对代孕的怀疑，德国法院都不会认定意向母亲的合法母亲身份，这也意味着代孕儿童无法取得德国国籍和德国护照。

（二）已婚伴侣跨国代孕

已婚伴侣跨国代孕不同于单身意向母亲跨国代孕，因为意向父亲取得合法父亲的身份比意向母亲取得合法身份简单。与单身意向母亲跨国代孕相同的是，在决定意向父母跨国代孕所生的代孕儿童可否取得德国护照之前，登记处和德国法院首先需要确定意向父母和代孕儿童的亲子关系。目前而言，有两种做法被德国法院明确反对：一是提交一份约定意向父母为合法父母的代孕合同，该合同因违反公序良俗而无效；[①]二是生父通过亲子鉴定获得父亲身份，因为根据德国法律，遗传关系并不能确定合法的父亲身份。[②]

案例二十四：1958 年出生的甲和 1968 年出生的乙为德国公民，婚后无子，与乌克兰代孕母丙签订代孕合同，使用甲和乙的卵子和精子进行代孕。2012 年 3 月，丁在乌克兰出生。甲乙向德国大使馆申请为丁签发德国护照。大使馆拒绝了这一申请，因为他的德国公民身份值得怀疑。当事人诉至柏林行政法院，要求为丁签发德国护照。柏林行政法院使用简易程序作出了裁决，确认了大使馆的观点，丁即使血缘上是德国公民的后代，但在法律上仍是乌克兰代孕母的后代，无权获得只能发给德国人的德国护照。[③]

案例二十五：案例十一中为代孕儿童签发德国护照也存在认定亲子关系的先决问题。甲乙自 2008 年以来一直住在以色列。2009 年，甲与已婚印度代孕母丙及其丈夫签订代孕合同，使用甲的精子和匿名捐赠的卵子进行人工授精。2010 年 6 月，丁出生，印度出生证明上将甲丙登记为丁的父母。2010 年 7 月 8 日，丙在领事馆宣誓，宣布完全和不可撤销地放弃所有父母权利。2010 年 8 月 1 日，特拉维夫市家庭法院判决甲是丁的亲生父亲。2010 年 9 月 13 日，甲向联邦行政办公

① Vgl. KG Berlin, Beschluss vom 01.08.2013 – 1 W 413/12; VG Köln, Beschluss vom 20.02.2013 – 10 K 6710/11.

② Vgl. VG Berlin, Beschluss vom 15.04.2011 – 23 L 79/11.

③ Vgl. VG Berlin, Beschluss vom 05.09.2012 – 23 L 283.12.

室申请为丁签发德国护照，声称丁是由不知姓名的代孕母所生。2011年3月10日，丙通过公证承认了甲的父亲身份，同日，印度新德里萨凯特民事法院作出判决，裁定甲是丁的生物学父亲的身份。2011年10月24日，联邦行政办公室驳回了甲的申请，认为代孕协议违反德国公共政策，代孕母及其丈夫是合法父母。在印度代孕母未知的情况下，甲的父亲身份也值得怀疑。2012年3月16日，甲丁提起诉讼，申请在出生证明上登记甲为丁的父亲。2013年，一审和二审都驳回了当事人的申请，法院认为以色列法院2010年8月1日的判决并未建立甲丁的亲子关系，甲无权获得父亲身份，德国大使馆拒绝为丁签发德国护照的做法也没有问题。① 2015年6月18日，特拉维夫市家庭法院判决甲丁之间存在父母与子女之间的所有权利和义务。2016年7月14日，北莱茵—威斯特法伦州高等行政法院批准了甲的申请，承认了以色列法院2015年6月18日的判决，认可了甲的父亲身份，并同意为丁签发德国护照。②

与案例二十二和案例二十三相同，案例二十四和案例二十五为代孕儿童签发德国护照前存在一个先决问题，即身为德国公民的意向父母是否是代孕儿童的合法父母。根据《国籍法》第4条第1款的规定，如果父母一方拥有德国公民身份，则他们的孩子出生即获得德国公民身份。意向父母虽然是德国人，自称是代孕儿童的父母并代表代孕儿童向法院起诉申请签发德国护照，但是他们在法律上是否应被视为代孕儿童的父母仍然存疑。这两个案例分别发生在2012年9月和2013年2月，此时德国法院尚未承认过任何外国亲子关系判决，更遑论适用外国法将意向父母认定为代孕儿童的合法父母。在案例二十四和案例二十五中，意向父母和代孕儿童并未建立起合法的亲子关系。根据《德国民法典施行法》第19条第1款第1句的规定，亲子关系的确定适用儿童经常居所地法律。此处的经常居所地指的是一个人的纽带中心所在地，而不单纯是暂时停留的地方。案例二十四中代孕儿童已在乌克兰生活半年，可以适用乌克兰法律。根据《德国民法典施行法》第19条第1款第3句的规定，亲子关系的确定适用决定已婚母亲婚姻效力的法律。案例二十五中约束印度代孕母夫妇婚姻

① Vgl. VG Köln, Beschluss vom 20.02.2013 – 10 K 6710/11. VG Köln, Beschluss vom 13.11.2013 – 10 K 2043/12.

② Vgl. OVG Nordrhein-Westfalen, Beschluss vom 14.07.2016 – 19 A 2/14.

效力的法律是印度法律,所以可以适用印度法律。

案例二十四中,如果法院不考虑代孕当事人共同期望代孕儿童出生后即返回德国常住,只考虑已经发生的事实,认定代孕儿童经常居所地为乌克兰,则适用《乌克兰家庭法》。根据《乌克兰家庭法》,代孕出生的孩子的合法父母是意向父母。但是德国禁止代孕,适用《乌克兰家庭法》的结果违反了德国法律的基本原则,因此根据《德国民法典施行法》第 6 条无法适用乌克兰法律。因此,本案只能适用德国法律。根据《德国民法典》第 1591 条的规定,生产者为母,只有生育孩子的妇女才是法律意义上的母亲,母亲的丈夫是合法父亲,与代孕儿童是否有基因关系并非德国法律在确定父母身份时的考量因素。因此,根据德国法律,乌克兰代孕母应被视为孩子的母亲,代孕母的丈夫原则上是孩子的父亲,意向父母甲乙并未依法获得合法父母的身份。即丁的合法父母不是甲乙,而是丙及其丈夫,丙及其丈夫均为乌克兰人,丁也在乌克兰出生,因此,丁是乌克兰人而非德国人,不满足获得德国国籍的条件。

案例二十五中,根据《德国民法典施行法》第 19 条第 1 款第 3 句的规定,亲子关系的确定适用决定已婚母亲婚姻效力的法律。根据印度法律,因为丁为代孕母夫妇婚姻存续期间所生,代孕母丈夫被推定为婚生子的合法父亲。第一,印度法律规定代孕母丈夫是合法父亲。印度法律规定,在母亲有效婚姻存续期间或在婚姻解除后母亲未再婚的 280 天内出生的儿童,应被认定为母亲丈夫的婚生子,除非可以证明儿童是在婚姻双方在任何时候都无法接触到对方的情况下出生的。根据印度最高法院的判例,只要配偶双方在受孕期间共同生活,婚生子的法律推定就不能通过亲子鉴定证书来推翻,[①]因此,代孕母丈夫应被视为丁的父亲。第二,印度行政法规规定使用辅助生殖技术出生的儿童是夫妻双方的婚生子女。2005 年,印度卫生和家庭事务部下属的印度医学研究委员会和印度国家医学科学院发布了《印度辅助生殖技术诊所的认证、监督和管理国家准则》,其中规定通过辅助生殖技术出生的孩子应被推定为夫妻双方的婚生子女,因为其是在婚内出生的,并且使用辅助生殖技术得到了夫妻双方的同意。第三,印度行政规章规定意向父母应被登记为父母,但该登记不应被视为对代孕儿童合法父母的确认。《印度代孕准则》规定意向父母应被登记为代孕儿童的父母。在没有相应法律依据的情况下,不能把该准则理解为对代孕普通法的补

---

① See A. K. Sharma, *DNA Profiling: Social, Legal, or Biological Parentage*, 13 Indian Journal of Human Genetics 88 – 92 (2007).

充。从条款的措辞和范围也可以看出,该准则只是对诊所、医生、意向父母和代孕母的指示,主要包含对辅助生殖技术的安全标准和代孕合同结构的规定。该准则并未涉及家庭法的领域,没有任何条文明确规定意向父母是合法父母,只是将意向父母称为基因或生物学父母,而非法定父母。此外,《印度代孕准则》第 3 节规定,意向父母有义务根据该节规定的条件收养代孕儿童,如果印度法律规定意向父母也是法定父母,那么该准则没有必要规定意向父母的收养义务。所以,法院认为印度法律并没有规定意向父母是代孕儿童的合法父母。第四,印度行政规章即使被解释为法律,也会因为违反德国公共政策而无法适用。如果《印度代孕准则》中认定意向父母是代孕儿童的合法父母的规则被视为一项实质性规范,或者该准则在短时间内被转化为印度的法律,根据《德国民法典施行法》第 19 条第 1 款第 1 句的规定,冲突规则的确指向了印度法律。但是,适用《印度代孕准则》的结果会违反《德国民法典施行法》第 6 条规定的德国公共政策,即如果适用另一国的法律规范的结果明显不符合德国法律的基本原则,则不适用该规范。因此,本案因违反了德国《胚胎保护法》中的禁止性规定,而无法适用《印度代孕准则》来认定意向父母和代孕儿童的亲子关系。在印度法律无法适用的情况下,法院考虑到,《德国民法典施行法》第 19 条第 1 款中三个连结点的优先级相同,因此法院选择了第 2 句,即亲子关系的认定可适用父母所属国家的法律,本案中甲乙拥有德国国籍,所以可以适用德国法律。

因此,案例二十四和案例二十五中,外国法律都因为违反了德国公共政策而无法适用。因为乌克兰法律和印度法律无法适用,德国法院最终选择适用德国法律。案例二十五中,根据《德国民法典》第 1591 条的规定,生产者为母,在该案中合法母亲是代孕母而非意向母亲。根据《德国民法典》第 1592 条第 1 款的规定,代孕母的印度丈夫被视为孩子的父亲,即使他在基因上与丁无关。丙承认了甲丁的父子关系,满足了《德国民法典》第 1592 条第 2 句生母对孩子父亲的承认的条件,但是根据《德国民法典》第 1594 条第 2 款的规定,只要存在孩子与另一个男人的父子关系,生母对于父子关系的承认就不生效。根据《德国民法典》第 1592 条第 1 款的规定,丈夫对婚生子的身份有质疑的权利,但是案例二十五中只有代孕母在 2011 年 3 月 10 日通过公证对甲父亲身份的承认和印度法院对代孕母丈夫不是丁的血缘上的父亲的裁定,并不构成代孕母丈夫对丁作为婚生子身份的质疑。甲乙提交的代孕合同中代孕母丈夫放弃对未来出生的孩子的父亲身份,并不能证明他对与丁的亲子关系提出了有效的质疑。因此,目前为止代孕母丈夫仍然是代孕儿童的合法父亲。而且,案例二十五中代孕母丈夫现在已经无法再依据德国法律质疑与丁的父子关系了,因为根据《德国民法典》第 1600 条第 1 款的规定,丈夫自知道婚生子不是自己的后代之时起两年内,才可以提出质疑,现在已经超过了除斥期间。所以代孕母丈夫仍然是代孕儿童的合法父亲,代孕儿童与意向父亲的父子关系并未因代孕母的承认而建立。此外,案例二十五中印度新德里萨凯特民事法院 2011 年 3 月 10 日的判决也不构成对甲丁亲子关系的建立,而只是对甲丁的基因关系的确认。该判决指出,印度没有法律约束代孕,根据印度最高法院的判例,新德里萨凯特民事法院基于代孕协议和亲子鉴定证书认定意向父亲是代孕儿童的生父,但是判决书中没有进一步说明甲是丁的合法父亲。印度出生证明上登记的父母并非法律意义上的父母,它只有证明功能,而没有身份确认功能,因此,案例二十五中也不存在可以被承认的外国判决。所以,案例二十四和案例二十五中,意向父母都未与代孕儿童建立亲子关系。

根据德国法,意向父母并非代孕儿童的合法父母,因此也不是申请为丁签发德国国籍的适格当事人,因为宣布国籍涉及一项高度个人化的权利,应由儿童自己通过作为其法定代表人的父母来主张。联邦行政办公室根据《国籍法》第 30 条的规定,拒绝为丁签发德国公民身份的决定是正确的,因为不能确定丁是德国公民,所以并不侵犯丁的基本权利。根据《国籍法》第 4 条第 1 款第 1 句的规定,丁的合法父母是印度籍代孕母夫妇,而非德国籍意向夫妇,所以丁没有因为出生而取得德国国籍。需要注意的是,案例二十五中 2016 年 7 月 14 日,北莱茵—威斯特法伦州高等行政法院批准了甲的申请,承认了以色列法院判决,认可了甲的父亲身份,并同意为丁签发德国护照。① 高等行政法院认为,6 年以来,意向父亲拒绝提供印度代孕母的任何信息,代孕母及其丈夫也都保持沉默不争夺孩子的抚养权。印度是成本相对较低的代孕目的地,法院推测当事人在印度极可能选择的是"封闭式"代孕方案,即意向父亲和代孕母双方均保持匿名状态。② 现在来看,与印度夫妇的约定是公平的,法院确信意向父母没有对代孕母施加任何压力,也没有利用印度人民的处境。一审和二审法院对代孕母丈夫

① Vgl. OVG Nordrhein-Westfalen, 14.07.2016 – 19 A 2/14.

② See Anika König, *Parents on the Move: German Intended Parents' Experiences with Transnational Surrogacy*, in Tulsi Patel, Sayani Mitra & Silke Schicktanz eds., Cross-Cultural Comparisons on Surrogacy and Egg Donation, Interdisciplinary Perspectives from India, Germany and Israel, Springer Press, 2018, p. 281.

质疑婚生子身份的要求过于严格,案例二十五中可以认定代孕母丈夫事实上已经提出了对婚生子身份的质疑,而且代孕母事实上同意了甲为丁的父亲,依据德国法律,甲是丁的合法父亲。此外,2011 年印度法院的判决澄清了甲丁之间的遗传关系,与德国的法律原则没有实质性的矛盾。因此,判定甲是丁的合法父亲的决定性因素是儿童最大利益。不管社会对代孕的道德评价如何,不论每个孩子的出身如何,都有权生活在一个完整的、稳定的社会家庭环境中,获得父母的关爱和照顾。① 综上所述,德国法院是否批准为代孕儿童签发德国护照,取决于德国司法实践的积累,以及对代孕的社会观念的变迁,最终时隔 3 年之后,年满 6 岁的代孕儿童最终取得了德国护照。

二、签发签证

代孕目的地不同,孩子获得签证的难度也不同。在代孕成本较高的美国,获得孩子的护照或签证所需的文件比较容易,而在大多数代孕成本较低的国家则相对困难,从而导致意向父母无法将儿童带回德国,滞留在代孕目的国。② 美国法律采取"出生地主义"(*ius soli*)授予美国国籍,即每个在美国领土上出生的人都会自动成为其公民,因此在美国代孕出生的儿童毫无疑问拥有美国国籍。德国与美国互相免签,意向父母赴美代孕可以持德国护照进入美国,代孕儿童出生在美国即取得美国护照,凭美国护照代孕儿童即可进入德国,这为意向父母和代孕儿童入境德国提供了很大的便利。③ 相对而言,在代孕成本较低的国家,如印度,情况则有所不同。这些国家将代孕儿童视为其意向父母国家的公民,并不会为其签发代孕出生地国的护照。如果德国大使馆依据德国法律认定代孕儿童并非意向父母的合法后裔,拒绝为其签发德国护照,很可能出现代孕

---

① Vgl. OVG Nordrhein-Westfalen, 14.07.2016 – 19 A 2/14.

② See Gabriele Werner-Felmayer, *Globalisation and Market Orientation: A Challenge within Reproductive Medicine*, in Tulsi Patel, Sayani Mitra & Silke Schicktanz eds., Cross-Cultural Comparisons on Surrogacy and Egg Donation, Interdisciplinary Perspectives from India, Germany and Israel, Springer Press, 2018, p.13.

③ See Judit Sándor, *Transnational Surrogacy: An Overview of Legal and Ethical Issues*, in Tulsi Patel, Sayani Mitra & Silke Schicktanz eds., Cross-Cultural Comparisons on Surrogacy and Egg Donation, Interdisciplinary Perspectives from India, Germany and Israel, Springer Press, 2018, p.38.

儿童无国籍的现象。[①] 即使获得出生地国护照也还需要德国大使馆的签证才能进入德国。[②] 因此意向父母在印度代孕会额外遇到护照和签证的问题,导致代孕儿童无法回到德国的后果,再加上印度现在禁止为外国意向父母提供代孕服务,乌克兰和美国成为更受德国意向父母欢迎的代孕目的地。

案例二十六:德国夫妇甲乙婚后无子,通过电视报道,这对夫妇知道了一家印度代孕诊所,于是与已婚印度代孕母丙签订代孕合同,使用甲的精子和匿名捐卵者的卵子进行体外受精。2008 年 1 月,丙成功生育一对双胞胎,在印度的出生证明上,甲乙登记为双胞胎的父母。甲乙向德国大使馆询问入境德国的情况时,透露了代孕的消息,他们被告知无法入境,因为从德国的角度来看,双胞胎的合法父母是印度代孕母夫妇,而非甲乙。因此,意向父亲带着双胞胎留在印度,意向母亲则回到德国工作。因为双胞胎根据德国法律不是德国人,根据印度法律不是印度人,甲申请对双胞胎进行临时法律保护,通过临时命令允许其免签证进入德国并为其签发儿童身份证或家庭团聚签证,或者允许他们入境并暂时居留,柏林法院驳回了甲的申请。[③] 最终,在出生两年多后,孩子们才被意向父母收养,被允许跟随其进入德国。[④]

当事人的申请不符合临时法律保护适用的条件。《德国行政法院法》第 123 条第 1 款第 2 句规定的临时命令,旨在规范有争议的法律关系中的临时状况,如果有必要避免重大不利因素,可以通过临时法律保护允许申请人无须签证入境德国。[⑤] 只有在不违背宪法和法律的前提下,当且仅当采用严格标准,当

---

① See Sabrina Dücker & Tatjana Hörnle, *German Law on Surrogacy and Egg Donation: The Legal Logic of Restrictions*, in Tulsi Patel, Sayani Mitra & Silke Schicktanz eds., Cross-Cultural Comparisons on Surrogacy and Egg Donation, Interdisciplinary Perspectives from India, Germany and Israel, Springer Press, 2018, p. 231.

② See Paula Gerber & Katie O'Byrne, *Souls in the House of Tomorrow: The Rights of Children Born Via Surrogacy*, in Paula Gerber & Katie O'Byrne eds., Surrogacy, Law and Human Rights, Routledge, 2015, p. 185.

③ Vgl. VG Berlin, Beschluss vom 26. 11. 2009 – 11 L 396. 09.

④ See Mahapatra, *German or Indian? Surrogate Twins in Legal No-man's Land*, *Mahapatra*, 27 The Times of India 5 (2010). Mahapatra Dhananjay, *German Surrogate Twins to Go Home*, Times of India, (27 May 2010), http://articles.timesofindia.indiatimes.com/2010-05-27/india/28279835_1_stateless-citizens-balaz-surrogate-mother. Martin Spiewak, Leihmutterschaft: Verbotene Kinder, Die Zeit, https://www.zeit.de/2010/17/Leihmutterschaft. (abgerufen am 22. April 2010).

⑤ Vgl. § 123, Einstweilige Anordnung, Verwaltungsgerichtsordnung (VwGO).

事人依旧很有可能在主要诉讼中获胜的情况下,才可能发出此临时命令。在本案中,申请人在主要诉讼程序中胜诉的概率并不高。

只有德国人或符合《居住法》(Aufenthaltsgesetz)第4条第1款第1句和《居住条例》(Aufenthaltsverordnung)第15条规定的外国人,才能免签证入境。① 联邦行政办公室于2008年7月15日裁定,甲在出生证明中被列为父亲的事实与确定亲子关系无关,因为该证明不构成对父子关系的认定。双胞胎无法根据《国籍法》第4条因生物学父亲甲获得德国国籍、德国公民身份和德国儿童护照。② 根据古吉拉特邦高等法院的裁定,双胞胎是印度公民,不属于《居住条例》中的特权外国人,没有享受免签证入境的权利。根据《居住法》第27条第1款和第28条第1款第1句的规定,一个在德国有经常居所地的德国人的单身的未成年的孩子,应该被允许在德国居留,本案显然不是这种情形。法院认为,甲不是双胞胎唯一的有监护权的父亲(alleinsorgeberechtigter Vater),即使甲是双胞胎血缘上的父亲,也不是他们法律上的父亲,双胞胎的合法父亲应该是印度代孕母丈夫。因此,双胞胎无权免签证入境。

本案中亲子关系认定问题适用印度法律。根据《德国民法典施行法》第19条第1款第1句的规定,孩子的父母身份应受其经常居所地法律的约束。本案应适用印度法律,因为申请人自出生起就居住在印度。根据印度法律,亲子关系的确认取决于孩子出生时决定父母婚姻有效性的法律,本案中是印度法律。③ 然而,印度法律目前尚未明确规定代孕问题,只能通过一般亲子关系认定规则进行判断。④ 第一,双胞胎出生时,代孕母已与印度人结婚,孩子的父亲是她的丈夫。第二,本案中双胞胎的婚生子身份没有受到丈夫的质疑。第三,本案中不存在《德国民法典》第1592条第2款规定的法院对合法父亲的承认。⑤ 因此,从法律上讲,代孕母的孩子是她与其丈夫的孩子,与意向父母无关。印度医学研究委员会的指导原则规定,在出生证明中将意向父母作为父母输入也视为正

---

① Vgl. § 4 Erfordernis eines Aufenthaltstitels, Gesetz über den Aufenthalt, die Erwerbstätigkeit und die Integration von Ausländern im Bundesgebiet (Aufenthaltsgesetz-AufenthG); § 15 Gemeinschaftsrechtliche Regelung der Kurzaufenthalte, Aufenthaltsverordnung (AufenthV).

② Vgl. § 4 Abs. 1 Staatsangehörigkeitsgesetz.

③ See Art. 112, Indian Evidence Act 1872.

④ Vgl. Bergmann, Internationales Ehe-und Kindschaftsrecht mit Staatsangehörigkeitsrecht, zu Indien 50 (2020).

⑤ Vgl. § 1592, § 1600 d BGB; § 640 h Abs. 2 Zivilprozeßordnung (ZPO).

确,但认定甲乙合法父母身份违反了德国法律的基本原则,这条规定因为违反《德国民法典施行法》第6条规定的公共政策而不适用。① 法院认为,甲乙之所以在印度代孕,很可能是因为已经意识到根据德国《胚胎保护法》和《收养中介法》,代孕是不道德的,与代孕有关的中介和医生的活动应受到惩罚。即使他们的行为本身不受刑法惩罚,也存在故意绕过《胚胎保护法》和《收养中介法》禁止性规定的情形。法院不鼓励这种法律规避行为,因此也不支持跨国代孕的意向父母与代孕儿童建立亲子关系。法院认为,从德国法律上讲,双胞胎不是甲乙的孩子,而是印度代孕母夫妇的孩子,尽管丙在孩子出生后既没有见过孩子,也不希望把孩子当作自己的孩子来抚养,甲乙必须设法通过领养或父亲身份承认程序来获得其父母身份。

因此,本案中签证问题的先决问题未得到解决,无法认定德国意向父母为双胞胎的合法父母,所以德国法院驳回了当事人的申请,拒绝为双胞胎签发临时命令,允许其免签证进入德国并为其签发儿童身份证或家庭团聚签证,或者允许他们入境并暂时居留。与此同时,印度古吉拉特邦高等法院授予了这对双胞胎印度公民身份,但印度政府对此提出了上诉,印度最高法院中止了该判决的效力,因此印度政府也不能为该双胞胎签发印度旅行证件。② 因此,这对双胞胎既未取得德国护照,又未取得印度护照,事实上处于无国籍状态。出生后两年意向父母才收养该双胞胎,使其获得德国护照并入境德国。

三、事后认证

德国意向父母在与德国相互免签的国家代孕生子后,无须签证即可通过德国海关。但是在进入德国后,意向父母仍需在其经常居所地为代孕儿童申请事后认证(Nachbeurkunden),并申请德国国籍,否则代孕儿童无权在德国与意向父母长期居留,也无法获得德国的社会保障。

案例二十七:一对德国夫妇甲乙与乌克兰代孕母丙签订代孕协议,使用甲乙的精子和卵子代孕。2015年5月,丁在基辅出生。丁出

---

① See Mahapatra, *German or Indian? Surrogate Twins in Legal No-man's Land*, *Mahapatra*, 27 The Times of India 5 (2010). Martin Spiewak, Leihmutterschaft: Verbotene Kinder, Die Zeit, https://www.zeit.de/2010/17/Leihmutterschaft. (abgerufen am 22. April 2010).

② See High Court of Gujarat at Ahmedabad 11. 11. 2009, Jan Balaz v. Anand Municipality, Special Civil Application No. 3020/2009, Rn. 22; High Court of Gujarat at Ahmedabad 17. 11. 2009, file no. LPA 2151/2009.

生 3 天后，丙向基辅的一名公证人发表声明，放弃母亲身份，并承认甲的合法父亲身份。乌克兰登记处依据公证书将甲乙登记为丁的父母，并签发了相应的出生证明。2015 年 6 月，在丙的同意下，甲的父亲身份在德国驻基辅大使馆得到承认。然而，一家人返回德国后，进行事后认证时，就究竟是乙还是丙应被登记为丁母的问题产生了争议。甲乙向费尔登地方法院起诉，请求将甲乙登记为丁的父母，地方法院认为乌克兰出生证明不可承认，驳回了其申请。甲乙向策勒高等法院上诉，高等法院认为乌克兰出生证明可以作为外国判决被承认，于是批准了申请人的上诉申请。登记处对策勒高等法院的判决提起上诉，上诉成功，德国联邦最高法院撤销了高等法院的判决，认定丁的合法父母是甲丙，乙不具有合法母亲的身份。①

本案的主要问题是在对代孕儿童进行事后认证时，应当登记意向母亲还是代孕母为其母亲。在决定本问题之前，需要厘清谁是代孕儿童的合法母亲这一先决问题。确定亲子关系有两种途径，一是承认外国亲子关系判决直接认定亲子关系，二是根据冲突规则指引的准据法来确定亲子关系。本案不存在严格意义上的外国法院判决，只有外国登记处的出生证明和亲子关系公证文书。因此，外国出生证明可否被德国法院承认这一问题在本案中被争论得尤其激烈。一审地方法院认为不可承认，二审高等法院认为可以承认，再审德国联邦最高法院认为不可承认。最终，德国联邦最高法院认为，外国出生证明并未取得与法院判决相当的既判力，没有确定相应的法律后果和法律效力，外国登记机关也不符合德国对于作出判决的主体的要求，因此，拒绝承认外国出生证明。

外国出生证明未被承认，德国法院只能自行认定亲子关系。在法律适用过程中，本案中最重要的问题是亲子关系认定中连结点的选择和儿童经常居所地的认定。德国联邦最高法院根据《德国民法典施行法》第 19 条第 1 款第 1 句的规定，决定适用儿童经常居所地法律。法院认为儿童经常居所地应为德国：第一，丁在德国有生活的重心、长居的事实和意愿；第二，丁的父亲甲为德国公民，丁自出生即取得德国国籍，本案与德国有最密切联系，因此认定儿童的经常居所地为德国，即本案应当适用德国法律。具体分析过程见案例三十二，此处不再赘述。根据德国法律，生产者为母是非常严格的规定，在没有外国亲子关系

---

① Vgl. AG Verden, Beschluss vom 29. 08. 2016 – 5 Ⅲ 38/15. OLG Celle, Beschluss vom 22. 05. 2017 – 17 W 8/16. BGH, Beschluss vom 20. 03. 2019 – Ⅻ ZB 320/17.

判决的情况下，意向母亲只能通过收养取得合法母亲的身份。因此，德国联邦最高法院拒绝认定乙的母亲身份，并认为登记册上应登记意向父亲和代孕母为父母。

从本案中可以发现，事后认证与签发护照和签证不同的地方在于，法院需要厘清意向父母双方的合法父母身份。在护照和签证这两个先决问题中，法院只需要确定意向父母之一是合法父母，儿童即合法取得德国公民身份和护照，签证问题也迎刃而解。但事后认证问题则不同，法院需要直面意向母亲是否具有合法母亲身份这一难题。基于德国法律对母亲身份的严格规定，意向母亲往往很难被认定为合法母亲，但意向父亲只要经过单身代孕母的承认，即可成为德国法意义上孩子的合法父亲。因此，事后认证问题中，意向父亲很容易获得登记处的认可，被登记为代孕儿童的父亲，但意向母亲作为意向父亲的配偶、与其共同做出代孕的决定并抚养代孕儿童的女性，却很难被登记为代孕儿童的母亲。

第二节　不同类型亲子关系准据法的选择

如第一节所述，德国法院在决定是否为跨国代孕儿童签发护照或签证等问题之前，需要解决一个先决问题，即意向父母与代孕儿童之间是否存在亲子关系。尤其是在案例二十三、案例二十四、案例二十五中，已经涉及亲子关系认定的法律选择问题。德国法院详细论述了《德国民法典施行法》第 19 条的适用。本节中，将更为具体地分析德国法院在审理跨国代孕亲子关系认定案件时的准据法选择，其中包括连结点的挑选、儿童经常居所地的认定、公共政策的适用等。

一、认定已婚意向父亲的父亲身份

跨国代孕案件在具有涉外因素的情况下，首先要解决法律适用问题，即适用德国家庭法还是其他国家的法律来确定亲子关系。《德国民法典施行法》第 19 条第 1 款规定，与子女的亲子关系适用子女经常居所地的法律。如果意向父母带着孩子回到德国，并在德国长期居住，一般情况下将会认定意向父母和孩子打算在德国长住的共同住所为其经常居所地，因此适用德国法律。[①] 例如，德

① Vgl. Duden, K., Leihmutterschaft im Internationalen Privat-und Verfahrensrecht, Aufl. 2015, S. 97.

国意向夫妇在国外代孕,孩子只有几周或几个月大,正在等待迁往德国,德国法院不接受乌克兰或印度作为孩子的经常居所地。① 只有当孩子在出生国停留的时间较长时,德国法院才可能认定孩子的经常居所地在该外国。通常情况下出生地国的立法规定代孕合法,适用该国法律更有利于意向父母和代孕儿童建立合法的亲子关系。然而,当孩子最终到达德国时,经常居所地是否会发生变化,即准据法是否会发生变化,意向父母与孩子的亲子关系是否会发生变化,还有待商榷。②《德国民法典施行法》第 19 条第 2 款规定,就儿童与父母一方的亲子关系而言,也可以适用该父母国籍国法。同样,这一规则在大多数情况下也将导致德国家庭法的适用。③ 但如果意向父母之一有另一国国籍,准据法的确定将会更加复杂。④《德国民法典施行法》第 19 条第 3 款规定,如果母亲已婚,也可以适用在孩子出生时约束其婚姻效力的法律,这一款在司法实践中适用较少,但仍有一定概率被适用。

案例二十八:已婚德国男性甲与俄罗斯未婚代孕母丙签订代孕合同,在莫斯科顺利生育丁。甲向德国户口登记处申请为丁的出生进行事后认证。甲认为,依据俄罗斯法律,他拥有合法的父亲身份,因此,丁作为德国人的子女也自然享有德国公民身份。登记处认为,德国禁止代孕,承认甲的父亲身份违反了德国的公共政策,拒绝为丁进行事后认证并将甲登记为父亲。甲诉至法院,2009 年,纽伦堡地方法院最终认可了甲的父亲身份,并要求登记处对丁的出生进行事后认证。⑤

本案中,法院综合考量儿童最大利益、最密切联系、最简便地确认代孕儿童父母三大原则,最终决定适用德国法律。根据《德国民法典施行法》第 19 条第 1 款的规定,认定儿童的父母身份适用儿童经常居所地的法律或者父母一方所属

① Vgl. VG Berlin, Beschluss vom 05.09.2012 – 23 L 283.12; VG Berlin, Beschluss vom 15.04.2011 – 23 L 79/11.

② Vgl. OLG Celle, Beschluss vom 03.03.2011 – 17 W 48/10.

③ See Claudia Mayer, Inappropriate Differentiations in International Surrogacy Cases. Annotation of Administrative Court Berlin (Verwaltungsgericht), 5.9.2012 – 23 L 283.12, Higher Regional Court Düsseldorf (Oberlandesgericht), 26.4.2013 – 3 Wx 211/12 and Higher Regional Court Berlin (Kammergericht), 1.8.2013 – 1 W 413/12, IPRax 2014, S.57 ff.

④ Vgl. Duden, K., Leihmutterschaft im Internationalen Privat-und Verfahrensrecht, Aufl. 2015, S.68 ff.

⑤ Vgl. AG Nürnberg, Beschluss vom 14.12.2009 – UR Ⅲ 0264/09.

国家的法律，如果母亲已婚，也可以适用在孩子出生时约束其婚姻效力的法律。① 上述三个连结点为优先级相同的替代性连结点，在为确定亲子关系挑选连结点的时候，儿童最大利益至关重要。具体而言，儿童最大利益在于尽可能快速、简便地确定他的父母。因此，本案中选择了能够以最简单的方式确定亲子关系的第一个连结点，即儿童经常居所地，本案中孩子出生后即被带回德国并居住至今，因此适用德国法。代孕儿童与意向父母经常居所地都在德国，而且都计划长期在德国定居，所以德国法律与本案也具有最密切联系。根据《德国民法典》第 1591 条的规定，生产者为母，因此代孕母为合法母亲，根据该法第 1594 条的规定，意向父亲获得了单身的代孕母的同意，合法取得了父亲身份。德国法律也同样适用于儿童的国籍认定问题。本案中，根据《国籍法》第 4 条第 1 款第 2 句的规定，丁是德国人甲的子女，自出生即获得德国国籍。② 根据《民事身份登记法》第 36 条第 2 款第 1 句的规定，甲丁的经常居所地均在被申请注册地辖区内，所以该注册地应负责对丁的出生进行事后认证。③

法院认为，本案适用俄罗斯法律来解决亲子关系问题和国籍问题，不违反《德国民法典施行法》第 6 条规定的公共政策。即使这项代孕完全发生在德国领土上，也必须承认意向父亲与代孕儿童的亲子关系，因为代孕母未婚，且承认了意向父亲的父亲身份，意向父亲根据德国法律已经合法获得了父亲身份，德国法院没有理由拒绝承认之。根据《德国民法典》第 1594 条的规定，父子关系的承认甚至与意向父亲与代孕儿童是否有基因关系都无关。因此，如果根据德国法律，承认父子关系是合法的，那么适用外国法或者承认外国判决显然也不违反德国的公共政策。此外，即使本案直接适用代孕母所在国法律，即俄罗斯法律，也可以认定意向父亲与代孕儿童的亲子关系，而且该法律适用也不因违反德国公共政策而无效。因为亲子关系的认定是《德国基本法》第 1 条和第 2 条以及《欧洲人权公约》第 8 条规定的一般人格权的一部分，④该权利不会因意向父母和代孕母缔结的无效的代孕合同而消失。⑤综上所述，根据德国法律和俄罗斯法律得出的亲子关系是一致的，德国国内代孕和跨国代孕案件中，经过单

---

① Vgl. Art. 19 Abs. 1 Einführungsgesetz BGB.

② Vgl. § 4 Abs. 1 Satz 2 Staatsangehörigkeitsgesetz.

③ Vgl. § 36 Abs. 2 Satz 1 Geburten und Sterbefälle im Ausland, Personenstandsgesetz (PStG).

④ Vgl. EGMR, Auskunftsverlangen über leibliche Verwandte nach anonymer Geburt, NJW 2003, S. 2145.

⑤ Vgl. Staudinger/Rauscher, BGB, Aufl. 2004, § 1592 Rdnr. 18 – 21.

身代孕母的同意,意向父亲可以比较顺利地获得合法父亲身份。因此,纽伦堡地方法院最终认可了甲的父亲身份,并要求登记处对丁的出生进行事后认证。

二、意向父亲不是唯一的合法父母

案例二十九:甲乙为同性伴侣,甲与印度代孕母丙签订代孕合同,使用甲的精子和医院提供的卵子进行体外受精。2010 年 3 月 3 日,丙在孟买生下女儿丁后放弃母亲身份,并声明甲是丁的父亲。德国驻新德里大使馆因对亲子关系存疑而拒绝出具亲子关系确认书和监护权声明书。2011 年 8 月,甲带丁回到德国后,向诺伊斯登记处申请为丁的出生进行事后认证。同时,甲向诺伊斯地方法院申请单独监护权,希望在丁出生证明的父母一栏仅登记自己一人,但申请被驳回。2011 年 11 月 22 日,法院将丁的监护权判给了甲,但不同意将其作为唯一的父母录入丁的出生证明。当事人提起上诉,二审法院维持原判。①

案例二十九与案例二十八不同,法院适用了意向父亲甲的国籍国法律。根据《德国民法典施行法》第 19 条第 1 款第 2 句的规定,就儿童与父母一方的亲子关系问题而言,也可以适用该父母国籍国法。该款中的"父母"是自称父母的人,所以并不会导致循环论证问题。② 所以,本案适用甲的国籍国法,即德国法律,来确定甲丁的亲子关系。

意向父亲依法可以被认定为代孕儿童的合法父亲。《德国民法典》第 1591 条和第 1592 条规定,生产者为母,经过母亲承认,意向父亲可以取得合法父亲身份。2011 年 6 月 17 日,丙亲自到德国驻新德里大使馆,并在那里提交了丙的兄弟于 2011 年 7 月 14 日作出的公证声明,根据该声明丙是单身,2009 年至公证日当天没有结婚。因此,本案中合法母亲为单身,有权通过承认的方式使意向父亲获得合法父亲身份。

意向父亲无法被登记为代孕儿童唯一的父母。《民事身份登记法》第 21 条

---

① Vgl. AG Düsseldorf – 96 Ⅲ 24/11. OLG Düsseldorf, Beschluss vom 26.04.2013 – Ⅰ – 3 Wx 211/12.

② See Claudia Mayer, Inappropriate Differentiations in International Surrogacy Cases. Annotation of Administrative Court Berlin (Verwaltungsgericht), 5.9.2012 – 23 L 283.12, Higher Regional Court Düsseldorf (Oberlandesgericht), 26.4.2013 – 3 Wx 211/12 and Higher Regional Court Berlin (Kammergericht), 1.8.2013 – 1 W 413/12, IPRax 2014, S. 57 ff. Duden, K., Leihmutterschaft im Internationalen Privat-und Verfahrensrecht, Aufl. 2015, S. 68 ff.

规定,在儿童的出生证明中应当填写父母的名字和姓氏,特殊情况下出生证明父母栏中只有母亲是没有问题的,但尚未出现出生证明上只登记父亲与子女的情况。登记处只有在根据当事人所提供的证据确信公民身份属实的情况下,才可以进行事后认证。如果登记人员认为被登记人员的出生已经得到证明,但其他信息不完整,如子女的父母死亡等信息,则只输入已证明的信息,就不完整的信息而言,登记人员可依职权决定什么是让他信服的。本案中甲根据德国法是丁的合法父亲无须怀疑,孟买市的出生证明也注明甲丙为丁的父母,德国驻孟买总领馆于2011年9月28日确认了文件的真实性。德国驻新德里大使馆最初因对亲子关系有疑问而拒绝承认甲丁的父子关系和出具监护权声明,但于2011年6月17日向柏林行政法院提出和解方案并承诺,如果代孕母可以出示能够证明其2009年及以后没有结婚的公证声明,则可以签发亲子关系确认书和监护权声明,并为丁颁发德国儿童护照。丙如约到德国驻新德里大使馆作出声明,并提交了其兄长作出的经过公证的单身证明,德国驻新德里大使馆最终为甲签发了父子关系和监护权声明,并为丁颁发了德国护照。2011年8月23日,丙以宣誓的方式确认,她作为代孕母生下了丁,希望由甲的伴侣乙予以收养,并共同监护,不想再为此事受到当局的打扰。然而,根据德国法律,代孕是被禁止的,代孕不能以出生证明的方式合法化。《德国民法典》第1591条不可挑战地规定生产者为母,母亲的身份只能通过收养的方式转移到意向母亲身上,具体在什么条件下也可以转移到同性伴侣身上,仍然存在争议。因此,根据德国法,本案中意向父亲甲和代孕母丙应被登记为丁的合法父母,且因为母亲身份不可通过代孕协议放弃也不可通过基因关系挑战,所以出生证明上不可忽略丙的母亲身份而只登记甲的父亲身份。因此,法院不同意将甲作为唯一的父母录入儿童出生证明,应当在出生证明中写明代孕母的母亲身份。

三、承认同性意向父亲的父亲身份

案例三十:甲为德国公民,乙为以色列公民,2010年甲乙在德国登记为同性伴侣。甲乙自2008年以来一直住在以色列。2009年2月17日,甲与已婚印度代孕母丙及其丈夫签订代孕合同,使用甲的精子和匿名捐赠的卵子进行人工授精。2010年6月,丁出生。2010年7月7日,孟买市政当局签发了一份出生证明,将甲丙登记为丁的父母。2010年7月8日,丙在领事馆宣誓,宣布完全和不可撤销地放弃所有父母权利。2010年1月10日,以色列某医疗中心的亲子鉴定报告显示,甲是丁的生父。2010年8月1日,特拉维夫市家庭法院判决甲是丁的亲生父亲,但是甲必须证明德国承认丁为其子女并拥有德国国籍,以保证丁不处于无国籍状态。2010年8月24日,以色列驻孟买领事馆为丁签发了为期3个月的以色列入境签证,并注明国籍未定。2010年8月26日,丁来到以色列。2010年4月27日,另一位印度代孕母生下了一对双胞胎男孩,他们的生父是乙。2014年2月13日,甲收养了该双胞胎,乙收养了丁。① 2014年6月16日,德国驻特拉维夫大使馆向该双胞胎签发德国护照。2010年9月13日,甲向联邦行政办公室申请为丁签发德国护照,声称丁是由不知姓名的代孕母所生。2011年10月24日,联邦行政办公室驳回了甲的申请,认为代孕协议违反德国公共政策,代孕母及其丈夫是合法父母,在印度代孕母身份未知的情况下,甲的父亲身份也值得怀疑。2012年3月16日,甲丁提起诉讼,申请在出生证明上登记甲为丁的父亲。2013年2月和11月的一审和二审认为,以色列法院2010年8月1日的判决并未建立甲丁的亲子关系,因此拒绝为丁签发德国护照的做法没有问题。② 2015年6月18日,特拉维夫市家庭法院判决甲丁之间存在父母与子女之间的所有权利和义务。2016年7月14日,北莱茵—威斯特法伦州高等行政法院批准了甲的申请,承认了以色列法院2015年6月18日的判决,认可了甲的父亲身份,并同意为丁签发德国护照。③

签发护照的先决问题是甲丁的亲子关系问题。根据《国籍法》第30条第1款第1句和第3款第1句的规定,如果申请人在申请时确定存在德国国籍,则国籍管理局应该签发国籍证书。根据《国籍法》第4条第1款的规定,如果父母一方拥有德国国籍,孩子出生后即获得德国国籍。如果在孩子出生时,只有父亲是德国人,而且根据德国法律亲子关系尚需被承认或确立,则需要先根据德国法律有效地承认或确立父子关系,孩子才能申请德国国籍。丁出生时,只有与

---

① Vgl. Margalith/Assan, Länderbericht Israel, in Bergmann/Ferid/Henrich Hrsg., Internationales Ehe-und Kindschaftsrecht, Aufl. 2016, S. 60.

② Vgl. VG Köln, Beschluss vom 20. 02. 2013 – 10 K 6710/11. VG Köln, Beschluss vom 13. 11. 2013 – 10 K 2043/12.

③ Vgl. OVG Nordrhein-Westfalen, Beschluss vom 14. 07. 2016 – 19 A 2/14.

其有血缘关系的意向父亲是德国人。在这方面,《国籍法》并未规定亲子关系如何认定,而是将这一身份问题留给了民法,根据《德国民法典施行法》中的国际私法规则,决定适用相关的亲子关系认定法律。① 前文从德国法院承认以色列判决的角度,分析了本案中甲的法定代理权、以色列特拉维夫法院的间接管辖权、适用更为宽松的国际公共政策等问题。德国法院认为,本案中不论是通过法律适用确定亲子关系,还是直接承认外国亲子关系判决,对甲丁都有利。北莱茵—威斯特法伦州高等行政法院认为,本案通过法律适用也可以确立亲子关系,但相关分析仅作为承认以色列判决不违反公共政策的佐证,并不能作为先例被其他法院参考。

第一,选择替代性连结点时应重点考虑对儿童最有利的法律。②《德国民法典施行法》第 19 条第 1 款规定了亲子关系认定的法律选择规则,但是本案中优先级相同的三个连结点所指引的准据法完全不同,需要德国法院根据儿童最大利益做出选择。根据《德国民法典施行法》第 19 条第 1 款第 1 句的规定,子女的亲子关系适用子女经常居所地国家的法律,本案中指向的是代孕儿童的经常居所地法,即以色列法律。根据《德国民法典施行法》第 19 条第 1 款第 2 句的规定,儿童与父母一方的亲子关系的认定,也可以适用该父母国籍国法。该款中的"父母"是自称父母的人,所以并不会导致循环论证问题。③ 现行《德国民法典施行法》第 19 条曾历经重大改革,1997 年 12 月 16 日,德国颁布了《关于改革亲子关系法的立法》,取消了对婚生子女和非婚生子女在亲子关系问题上的区别对待,体现了儿童最大利益原则。④ 本案中指向的是意向父亲的国籍国

---

① Vgl. BVerfG, Beschluss vom 24. 10. 2006 - 2 BvR 696/04. BVerwG, Urteil vom 25. 03. 2010 - 5 C 12. 09. OVG Hamburg, Beschluss vom 10. 02. 2004 - 3 Bf 238/03. BGH, Beschluss vom 20. 04. 2016 - Ⅻ ZB 15/15. BverfG, Grundrechte: Bedeutung der erfolgreichen Vaterschaftsanfechtung für den Bestand der deutschen Staatsangehörigkeit des Kindes, StAZ 2007, S. 138 = JuS 2007, S. 476.

② Vgl. Benicke, Kollisionsrechtliche Fragen der Leihmutterschaft, StAZ 2013, S. 101 ff. Wagner, Abstammungsfragen bei eihmutterschaften in internationalen Sachverhalten, StAZ 2012, S. 294 ff.

③ See Claudia Mayer, Inappropriate Differentiations in International Surrogacy Cases. Annotation of Administrative Court Berlin (Verwaltungsgericht), 5. 9. 2012 - 23 L 283. 12, Higher Regional Court Düsseldorf (Oberlandesgericht), 26. 4. 2013 - 3 Wx 211/12 and Higher Regional Court Berlin (Kammergericht), 1. 8. 2013 - 1 W 413/12, IPRax 2014, S. 57 ff. Duden, K., Leihmutterschaft im Internationalen Privat-und Verfahrensrecht, Aufl. 2015, S. 68 ff.

④ 参见杜涛:《德国国际私法:理论、方法和立法的变迁》,法律出版社 2006 年版,第 446 ~ 447 页;邹国勇译注:《外国国际私法立法精选》,中国政法大学出版社 2011 年版,第 10 ~ 11 页。

法,即德国法。根据《德国民法典施行法》第19条第1款第3句的规定,如果母亲已婚,也可以适用在孩子出生时约束其婚姻效力的法律。本案中指向的是约束印度代孕母婚姻效力的法律,即印度法。这三项替代性连结点的优先级相同,但是为了避免父母与子女的跛脚亲子关系,法院考虑到儿童最大利益,认为代孕儿童的经常居所地这一连结点应优先适用,最终决定适用以色列法律。

第二,根据以色列法律,意向父亲是代孕儿童的法定父亲。以色列长期以来也视意向父亲为代孕儿童的合法父亲。2013年8月29日,以色列人口登记册登记丁的国籍为德国,父亲是甲。2014年2月13日,乙根据《以色列收养法》第1条第3款收养丁,这就预先假定了甲是被收养的代孕儿童的父亲。① 但是即使适用以色列法律可以确定甲丁的亲子关系,以色列法律仍可能因为违反《德国民法典施行法》第6条规定的公共政策而无法适用。本案中法院依据以色列特拉维夫市家庭法院2015年6月18日的判决承认了外国亲子关系,所以并未对法律适用阶段的公共政策原则进行详细的阐述。

第三,笔者认为,根据德国亲子关系认定法律,甲丁也可能建立亲子关系,因为代孕母夫妇都已经放弃了对孩子的父母身份。根据《德国民法典》第1591条的规定,丁的合法母亲是印度籍的代孕母。首先,根据代孕母夫妇签订的代孕协议,以及代孕母分娩后在以色列驻孟买领事馆作出的完全和不可撤销地放弃所有父母权利的宣誓,他们不会对即将出生的孩子主张任何权利,特别是任何监护权,如果意向父亲在代孕母怀孕期间死亡,其伴侣或其兄弟应承担父亲责任。据此可以相信代孕母按照代孕协议自愿将孩子交给甲,而且不希望在分娩后承担任何母亲责任。其次,代孕母丈夫既与丁没有血缘关系,也未与其共同生活,同意将丁交给甲抚养并放弃所有父亲权利,事实上是对婚生子的身份进行了挑战。因此,代孕母丈夫的父亲身份根据《德国民法典》第1592条第1款建立,又根据第1600条第1款第4句和第2款以及第1600条第4款被质疑,已经丧失父亲身份。② 最后,印度是成本相对较低的代孕目的地,法院推测当事人在印度选择的极可能是"封闭式"代孕方案,即意向父亲和代孕母双方均保持

---

① Vgl. OVG Münster (19. Senat), Urteil vom 14.07.2016 – 19 A 2/14, BeckRS 2016, 48534.

② Vgl. AG Konstanz, Beschluss vom 23.04.2015 – UR Ⅲ 4/14.

匿名状态，代孕前后都不相互联系。① 6年以来，代孕母及其丈夫也都保持沉默，不争夺孩子的抚养权。现在来看，与印度夫妇的约定是公平的，法院确信意向父母没有对代孕母施加任何压力，也没有利用印度人民的处境。因此，代孕母自愿将代孕儿童交给意向父亲，代孕母丈夫事实上对婚生子的身份提出了质疑和挑战，代孕母承认了意向父亲的父亲身份，意向父亲也对代孕儿童履行了照顾抚养的义务。不管社会对代孕的道德评价如何，不论每个孩子的出身如何，都有权生活在一个完整的、稳定的社会家庭环境中，获得父母的关爱和照顾。② 因此，笔者推断，德国法院在本案中即使不承认以色列法院判决，也可能通过法律适用最终确定甲丁的亲子关系。

第四，乙收养丁也并未导致丁丧失德国国籍。2014年2月13日，意向父亲甲的以色列伴侣收养了丁。根据《德国基本法》第17条第4款和第27条第1句的规定，未成年德国人在被外国人收养后，如果取得收养方的国籍，则丧失德国国籍。但本案适用《德国基本法》第27条第3句的特殊规定，如果被收养人与德国父母仍有亲子关系，则不会丧失德国国籍。特拉维夫市家庭法院在2014年2月13日的收养判决中表明，乙对丁的收养并没有改变甲丁之间的自然和法定父子关系。综上所述，2015年以色列特拉维夫法院作出新的亲子关系判决，符合德国法院关于外国亲子关系判决的要求。德国法院在决定是否承认外国判决时适用了更为宽松的国际公共政策。德国法院在权衡以色列特拉维夫法院的间接管辖权、代孕儿童的最大利益、代孕母及其丈夫的合法权利之后，认定并不存在《家事事件与非讼事件程序法》第109条中阻碍外国判决承认的情形，最终决定承认以色列判决，认定甲丁的亲子关系，并为丁签发德国护照。

四、意向父母非合法父母

案例三十一：甲乙为德国夫妇，婚后无子，与已婚的美国籍代孕母丙签订代孕协议，使用甲乙的精子和卵子进行代孕。2010年4月12日，丁在美国圣地亚哥出生，出生证明上丁的父母为甲乙，德国驻洛杉

① See Anika König, *Parents on the Move*: *German Intended Parents' Experiences with Transnational Surrogacy*, in Tulsi Patel, Sayani Mitra & Silke Schicktanz eds., Cross-Cultural Comparisons on Surrogacy and Egg Donation, Interdisciplinary Perspectives from India, Germany and Israel, Springer Press, 2018, p. 281.

② Vgl. OVG Nordrhein-Westfalen, 14.07.2016 – 19 A 2/14.

矶总领馆拒绝为丁颁发德国身份证件。丁出生后,即随甲乙回到德国,并一直在德国境内居住。甲乙向当地登记管理部门申请对丁的出生予以事后认证,并将甲乙登记为丁的父母,登记处拒绝了甲乙的申请。甲乙认为德国公民身份管理局以孩子是由代孕母所生为由,拒绝为孩子在国外出生进行事后认证,侵犯了意向父母和孩子的基本权利,诉至斯图加特地方法院。2011 年 11 月 21 日,地方法院以丁代孕出生为由驳回了当事人的事后认证申请。申请人对地方法院的判决提起申诉,但联邦宪法法院拒绝受理。①

斯图加特地方法院认为,本案中甲乙与丁并未建立亲子关系。第一,根据《德国民法典施行法》第 19 条第 1 款第 1 句的规定,亲子关系适用儿童经常居所地法律。因为丁从一开始就在德国有惯常居所,其照顾者甲乙的生活中心也在德国,所以斯图加特地方法院适用了丁的经常居所地法律,即德国法律。根据《德国民法典》第 1591 条和第 1592 条的规定,丁出生在美国,母亲是美国籍代孕母,父亲是代孕母的美国籍丈夫,德国意向父母甲乙和丁之间没有法律上的亲子关系,即使有基因关系,也只能通过收养才能实现法律上的母子关系和父子关系。第二,法院还对外国出生证明的效力进行了判断,认为外国出生证明仅仅起证明作用,并没有宣誓和确权作用,其效力不能凌驾于德国亲子关系认定法律之上。因此,在德国法律有相反规定的情况下,甲乙无法依据外国出生证明获得丁的合法父母身份。

笔者认为,斯图加特地方法院并未充分考虑到法律适用的可能性。《德国民法典施行法》第 19 条第 1 款共有 3 句,分别规定了 3 项优先级相同的替代性连结点,而法院只考虑了第 1 句中的儿童经常居所地。本案如果适用第 2 句,即适用意向父亲或意向母亲的国籍国法律,仍然指向德国法,对案件的判决结果没有影响。但如果适用第 3 句,即适用决定母亲婚姻效力的法律,则指向美国加利福尼亚州的家庭法。代孕在美国加利福尼亚州是合法的,根据加利福尼亚州法律,与孩子有基因关系的意向父母是合法父母。如果适用加利福尼亚州法律可以得出甲乙是丁的合法父母的结论,则满足了《民事身份登记法》第 36 条第 1 款的规定,丁作为德国公民甲乙的合法后裔,自出生即拥有德国国籍。

① Vgl. AG Stuttgart, 21.11.2011 – F 5 UR Ⅲ 589/10. OLG Stuttgart, Beschluss vom 07.02.2012 – 8 W 46/12. OLG Stuttgart, 13.02.2012 – 8 W 46/12. BVerfG, Beschluss vom 22.08.2012 – 1 BvR 573/12.

但是本案中法院并未适用美国加利福尼亚州法律，而是适用德国法律认定代孕母及其丈夫是合法父母，代孕儿童取得美国国籍，不具有德国国籍。根据《民事身份登记法》第36条第1款第1句的规定，申请事后认证的前提是申请人在出生时是德国公民。①因此，法院认为，国外出生的丁不是德国公民的孩子，不拥有德国国籍，不满足事后认证的条件，因此根据《民事身份登记法》第49条第2款的规定，驳回了对在美国代孕出生的丁进行事后认证的申请。

当事人提起了宪法申诉，但宪法法院直接驳回了申诉，不予受理。申请人认为法院判决违反了《德国基本法》第6条和第103条第1款，并提起了宪法申诉。当事人认为，一审法院在《德国民法典施行法》第19条第1款规定的优先级相同的三个连结点中，只考虑了第1句儿童经常居所地，而故意忽视对当事人更加有利的第3句。代孕母是美国公民，依据美国法与其丈夫结婚。根据《德国民法典施行法》第19条第1款第3句，也可以根据美国加利福尼亚州法律确定子女的亲子关系。根据加利福尼亚州法律，意向父母可以被认定为代孕儿童的合法父母，这显然也符合孩子的最大利益。而且，加利福尼亚州法律的适用范围与德国《胚胎保护法》相同，适用于加利福尼亚州境内的代孕行为，适用范围也不受当事人国籍的影响。但是德国一审法院并没有考虑这种情形，适用了儿童经常居所地法律，从而作出了对当事人不利的判决。

然而，宪法法院直接驳回了申诉，不予受理。宪法法院认为，当事人提起的宪法申诉既没有基本的宪法意义，当事人有关基本权利的诉求也不适合执行，没有满足《联邦宪法法院法》第93条关于受理条件的规定。② 此外，当事人提交的证据不符合《联邦宪法法院法》第23条第1款第2句和第92条的规定，目前收到的证据中，并没有证据能够澄清被侵犯的权利，而这是确保联邦宪法法院能够在不进一步调查的情况下就案件的是非曲直作出裁决的先决条件。当事人没有提供任何证据以证明代孕母的国籍、婚姻状况以及是否对丁的父亲身份作出承认等问题。联邦宪法法院在审查是否接受宪法申诉时，必须已经可以预见联邦宪法法院在判决中会涉及民主原则、罪刑法定原则、正当程序原则和明确性原则等原则问题。而本案中，当事人的申请并不成立，斯图加特地方法院以不变的法规决定亲子关系并不构成侵犯当事人基本权利的理由。因此，联

---

① Vgl. § 49 Abs. 2, § 36 Abs. 1 S. 1 PStG.

② Vgl. § 93a, Gesetz über das Bundesverfassungsgericht (Bundesverfassungsgerichtsgesetz-BVerfGG).

邦宪法法院认为宪法申诉没有胜诉的希望,因此接受宪法申诉对于落实申诉人的基本权利没有必要,最终决定驳回申诉。因此,本案中,即使意向父母与代孕儿童都有基因关系,但德国法院仍然严格适用德国法律认定美国代孕母及其丈夫是合法父母。

五、意向母亲非合法母亲

意向母亲与意向父亲相比,更难取得合法父母身份。德国法律严格规定生产者为母,意向母亲未孕育和生产代孕儿童,很难根据德国法律取得合法母亲身份。即使法院决定适用儿童出生地国或儿童经常居所地国或代孕目的国法律,仍然可能因为违反《德国民法典施行法》第 6 条中的公共政策而无法适用,法院最终根据德国法律认定代孕母的合法母亲身份。

> **案例三十二:**一对德国夫妇甲乙与乌克兰代孕母丙签订代孕协议,使用甲乙的精子和卵子代孕。2015 年 5 月,丁在基辅出生。丁出生 3 天后,丙向基辅的一名公证人发表声明,放弃母亲身份,并承认甲的合法父亲身份。乌克兰登记处依据公证书将甲乙登记为丁的父母,并签发了相应的出生证明。2015 年 6 月,在丙的同意下,甲的父亲身份在德国驻基辅大使馆得到承认。然而,一家人返回德国后,进行事后认证时,就究竟是乙还是丙应被登记为丁母的问题产生了争议。甲乙向费尔登地方法院起诉,请求将甲乙登记为丁的父母,地方法院认为乌克兰出生证明不可承认,驳回其申请。甲乙向策勒高等法院上诉,高等法院认为乌克兰出生证明可以作为外国判决被承认,于是批准了申请人的上诉申请。登记处对策勒高等法院的判决提起上诉,上诉成功,德国联邦最高法院撤销了高等法院的判决,认定丁的合法父母是甲丙,乙不具有合法母亲的身份。①

本案是就“外国出生证明可否被德国法院承认”这一问题争论最激烈的案件。一审地方法院认为不可承认,二审高等法院认为可以承认,再审德国联邦最高法院认为不可承认。二审法院认为,乌克兰基辅登记处的登记将遗传母亲视为丁的合法母亲,该登记属于可以被德国法院承认的外国判决,因为外国出生证明取得了与法院判决相当的既判力,不仅确定了法律后果,还确定了应承

---

① Vgl. AG Verden, Beschluss vom 29. 08. 2016 – 5 Ⅲ 38/15. OLG Celle, Beschluss vom 22. 05. 2017 – 17 W 8/16. BGH, Beschluss vom 20. 03. 2019 – Ⅻ ZB 320/17.

认的法律效力,该登记也符合乌克兰法律将意向父母认定为代孕儿童合法父母的规定。而这一切理由都被德国联邦最高法院驳回,这一争论在案例二十一中已进行了详细讨论,故而此处不再赘述。本案中最重要的是亲子关系认定中的连结点选择和儿童经常居所地的认定。

(一)连结点的选择

本案中意向父亲很容易取得父亲身份,但意向母亲取得母亲身份却很困难。跨国代孕案件中,与意向母亲不同,意向父亲通常比较容易被认定为合法父亲。[①] 因为德国法律对法定父亲身份的认定相当宽松,具体有三种合法途径:第一,若代孕母已婚,其丈夫取得父亲身份;第二,如代孕母未婚,经过代孕母的认可,意向父亲即可被认定为孩子的父亲;第三,通过法院判决,与儿童有基因关系的意向父亲取得父亲身份。[②] 因此,关于甲合法父亲身份的判定,德乌法律并无本质区别,本案中甲可以通过未婚代孕母丙的承认而成为丁的父亲。相比之下,母亲身份的确定更加困难,这也是众多跨国代孕亲子关系认定案件争论的焦点。

甲乙与丁的亲子关系存在诸多涉外因素,是一个国际私法问题。因德乌法律对代孕中的合法母亲的规定截然相反,所以本案的法律选择过程对于最终的判决结果至关重要,适用不同的准据法将导致截然相反的判决结果。本案中,德国联邦最高法院首先适用《德国民法典施行法》第 19 条第 1 款来进行准据法的选择:亲子关系适用该子女经常居所地法(第 1 句)。就其与父母任意一方的关系而言,也可以适用该父母方国籍国法律(第 2 句)。如果母亲已婚,则亲子关系还可以依照子女出生时支配其婚姻效力的法律确定;如果该婚姻已结束,则以离婚的时间为准(第 3 句)。以上三个连结点没有排名,相互等效。

德国联邦最高法院最终决定适用德国法,但连结点的选择存在一些漏洞。德国联邦最高法院认为,第二句、第三句中的连结点都指向德国法,因为甲乙的共同国籍国法、约束其婚姻效力的法律均为德国法。第一,德国联邦最高法院故意忽略了第一个连结点可能指向乌克兰法。[③] 依据《乌克兰家庭法》,由意向

---

① Vgl. AG Regensburg, Beschluss vom 2. 5. 2014 – 201 F 1955/13. Rixe, Anwendbarkeit deutschen Sachrechts für die Regelung der elterlichen Sorge bei chinesischer Leihmutterschaft, NZFam 2015, S. 142.

② Vgl. § 1592 Bürgerliches Gesetzbuch, Vaterschaft.

③ Vgl. OLG Celle: Anerkennungsfähigkeit einer standesamtlichen Eintragung der biologischen Eltern im Falle einer Leihmutterschaft, NZFam 2017, S. 658.

父母的精子、卵子结合而成的胚胎通过代孕出生，该儿童的法定母亲是意向母亲，而非代孕母，代孕母无权申请成为代孕儿童的合法母亲。[①] 第二，法院得出的结论“父母国籍国法和婚姻效力地法毫无疑问地指向德国法”是存在漏洞的。[②] 法院在考虑连结点的指引时默认丁母为乙，适用乙的国籍国法即德国法，但依据德国法丁母为丙，导致出现在法律适用和亲子关系认定的不同阶段中母亲身份不一致的矛盾。而且本案的审理结果导致儿童在每一个国家都没有合法母亲的困境，即德国公民乙依据德国法律在德国不是丁的合法母亲，而乌克兰公民丙依据乌克兰法律在乌克兰不是丁的合法母亲，不利于儿童权利保护。

（二）儿童经常居所地的认定

德国联邦最高法院详细论证了跨国代孕出生的婴幼儿的经常居所地的判定标准。根据《德国民法典施行法》第 19 条第 1 款第 1 句的规定，儿童的亲子关系可以适用其经常居所地的法律进行判断。儿童经常居所地的类型有三种：一是儿童和父母共享经常居所地；二是儿童和其他的照料者共享经常居所地；三是儿童例外地享有自己独立的生活中心。[③] 本案中丙与丁没有共享经常居所地，儿童也并未享有独立的生活中心，所以本案应属第二种情形。此外，还需要回答丁的生母丙经常居所地在乌克兰且丁在乌克兰出生并短暂居住是否构成丁在乌克兰拥有经常居所地的问题。

首先，经常居所地的核心应该是一个人生活的中心（der Daseinsmittelpunkt）。为了确定所谓的生活中心，应当考虑当事人居住的事实和居住的时间。对于未成年的孩子，尤其是新生儿，应主要考虑孩子的主要照料者即日常与其共同生活并事实上履行抚养义务的人的经常居所地作为其经常居所地。本案中甲乙对丁承担了主要的抚养义务，且一直与丁共同生活，故而应当认定甲乙与丁共享经常居所地。[④] 笔者认为，本案中德国联邦最高法院对儿童经常居所地的认定，并未坚持“生产者为母”的标准而认定乌克兰籍的丙与丁共享经常居所地，究其原因，是丙自丁出生后便未与其共同居住，更遑论照顾和抚养，如果认定丙丁共享经常居所地，显然与事实不符。故而，本案中丁的生活中心为德国。

---

① See Article 123(2), 139(2) of the Family Code of Ukraine.

② Vgl. BGH, Beschluss vom 20.3.2019 – XII ZB 530/17.

③ Vgl. Wellenhofer, Familienrecht und IPR: Gewönlicher Aufenthalt eines im Ausland von einer Leihmutter geborenen Kindes, JuS 2019, S.717.

④ Vgl. BGH, Gewöhnlicher Aufenthalt eines im Ausland von einer Leihmutter geborenen Kindes, NJW 2019, S.1605.

其次,久居的事实和意图决定了儿童在其经常居所地的融合度。第一,本案中丁只在出生后至甲乙办好相关手续期间,在乌克兰短暂居住过,后即随甲乙到德国生活,故而丁没有在乌克兰久居的事实。第二,在最初签订合同时,所有代孕当事人已一致同意,在孩子出生后,意向父母尽快带着孩子离开乌克兰返回德国并在德国长期生活,故而丁及其实际照顾者甲乙都没有在乌克兰久居的意图。第三,德国联邦最高法院的解释与欧盟法院的判决保持了一致。本案中当事人在乌克兰的居住更像是在一个国家度假,这种暂时居留不会产生经常居所。因此,丁随甲乙回到德国共同生活,且甲乙为登记为丁的合法父母一直上诉至德国联邦最高法院,可以充分体现出丁在德国而非乌克兰久居的事实和意图。

最后,除了考虑孩子实际融入的程度之外,还可以通过国籍等法律条件,来确定孩子是与其父母或其他看护人共享经常居所地,还是例外地有一个单独的居住中心。[①] 孩子国籍是其合法进入德国的先决条件,也是判断其经常居所地的重要参考依据。德国《国籍法》规定,如果合法父母之一是德国人,儿童自动拥有德国国籍。[②] 本案中甲依据乌克兰法律和德国法律均为丁的合法父亲,所以丁拥有德国国籍,在德国合法居留,与德国有最密切联系,故而丁的经常居所地应为德国。

因此,德国联邦最高法院认为,丁在德国有生活的中心、长居的事实和意愿,还拥有德国国籍,与德国有最密切联系,故而判定儿童的经常居所地为德国,本案应当适用德国法律。根据德国有关代孕的法律规定,代孕在五个层面上被禁止:第一,刑法层面上,对从事代孕的医生进行惩罚;第二,宪法层面上,代孕商业化女性,违反宪法对人性尊严保护的规定;第三,合同法层面上,代孕合同因违反公序良俗当属无效;第四,亲子关系认定层面上,生产者为母,意向母亲不是代孕儿童的合法母亲;第五,收养层面上,代孕是一种违法的收养方

① Vgl. BGH, Gewöhnlicher Aufenthalt von Leihmutterkindern, NZFam 2019, S. 428.

② Vgl. § 3 Staatsangehörigkeitsgesetz, Erwerb der Staatsangehörigkeit.

式,法律对意向父母收养代孕儿童附加了限制条件。[①] 法院认为,意向母亲与代孕母哪个是代孕儿童的合法母亲,不是由儿童最大利益决定的,而是由亲子关系法决定的。本案中即使认定代孕母为合法母亲,也并不会事实上破坏意向父母和代孕儿童之间已经形成的社会家庭关系。[②] 因此,本案中法院引用了德国法律中"生产者为母"的规定,最终认定丙为丁的合法母亲。

六、意向父亲非胚胎的合法父亲

德国法院不仅审理过男性同性伴侣、女性同性伴侣、已婚意向父母、单身意向母亲、单身意向父亲与代孕儿童的亲子关系,甚至还面临着意向父亲与尚未被植入代孕母子宫的胚胎的亲子关系的判定问题。

案例三十三:甲与其生活伴侣以注册伴侣关系生活。甲的女儿丁于2010年3月3日在印度由代孕母所生,女儿戊和己于2012年10月25日在圣地亚哥由代孕母所生。在孕育戊和己之外,甲的精子和捐卵者的卵子形成了9个多余的受精卵,在美国某生育机构作为胚胎被冷冻。甲向德国法院申请,确定其与这9个胚胎的亲子关系。2014年2月26日,一审地方法院驳回了其申请,甲提起了上诉。[③] 2015年7月31日,高等法院再次驳回了甲的申请,认为在孩子出生前德国法律没有开放对父子关系的确认,甲继续上诉。[④] 2016年8月24日,德国联

① Vgl. § 1 Embryonenschutzgesetz (EschG), Mißbräuchliche Anwendung von Fortpflanzungstechniken. Art. 1 Grundgesetz (GG), Schutz der Menschenwürde, Menschenrechte, Grundrechtsbindung. § 138 Bürgerliches Gesetzbuch (BGB), Sittenwidriges Rechtsgeschäft. § 1591 Bürgerliches Gesetzbuch (BGB), Mutterschaft. §1 Abs. 1 Satz 2, § 2, Adoptionsvermittlungsgesetz (AdVermiG). European Centre for Law and Justice, *Surrogate Motherhood: A Violation of Human Rights*, Institut Européen de Bioéthique (30 Aprl 2013), https://www.ieb-eib.org/ancien-site/pdf/surrogacy-motherhood-icjl.pdf. Peter R. Brinsden ed., *A Textbook of in Vitro Fertilization and Assisted Reproduction*, Informa Healthcare, 2015, p. 361 – 368.

② Vgl. Bundesministerium der Justiz und für Verbraucherschutz, Diskussionsteilentwurf des Bundesministeriums der Justiz und für Verbraucherschutz, Entwurf eines Gesetzes zur Reform des Abstammungsrechts, https://www.bmj.de/SharedDocs/Downloads/DE/Gesetzgebung/DiskE/DiskE_Reform_Abstammungsrecht.pdf?__blob=publicationFile&v=3. (abgerufen am13. März 2019). Alexander Schwonberg, Diskussionsteilentwurf für ein Gesetz zur Reform des Abstammungsrechts, Ein Überblick, FamRZ 2019, S. 1303 ff.

③ Vgl. AG Neuss, Beschluss vom 26.02.2014 – 45 F 386/13.

④ Vgl. OLG Düsseldorf, Beschluss vom 31.07.2015 – 1 UF 83/14.

邦最高法院依旧驳回了甲的上诉,随后甲提起宪法申诉。① 2017 年 1 月 11 日,德国联邦宪法法院决定不接受宪法申诉,不予裁决。②

本案的核心问题是,有基因关系的意向父亲是否与胚胎之间形成合法的亲子关系。甲表示其关心如何保存这些胚胎,并希望确保这些胚胎至少能成功孕育生命。为了保证胚胎的存活,急需将胚胎转移到妊娠母体的子宫中,但这违反了德国法律对代孕的禁止性规定。甲与卵子捐献者的关系很好,但她本身完全无意于怀孕。此外,杜塞尔多夫高等行政法院在 2013 年 8 月 13 日的裁决中,驳回了甲向青年福利局提出的要求国家监护(staatliche Inobhutnahme)其中一个胚胎的申请,并特别指出,他只能与作为法定母亲的卵子捐献者共同代表尚未被孕育的胚胎。③

法院根据德国法律拒绝认定甲和与其有基因关系的胚胎的亲子关系。根据《德国民法典施行法》第 19 条第 1 款第 2 句的规定,甲与胚胎的亲子关系适用甲的经常居所地法。本案没有适用第 1 句中儿童的经常居所地法,是因为胚胎留在美国并不构成在美国有经常居所,联邦最高法院也否认了胚胎在美国有经常居所。而且胚胎处于美国也不构成充分的有密切联系的连结因素(hinreichendes Anknüpfungskriterium),甲更希望将胚胎带到德国,因为他与其注册伴侣的共同经常居所地在德国,在甲看来他最有能力对在德国的胚胎承担责任。④ 因此,法院选择适用作为胚胎"父亲"的甲的经常居所地法律,即德国亲子关系认定规则,来判定本案中甲与胚胎的亲子关系。《德国民法典》第 1594 条有一项例外规定,即征得母亲的同意,在孩子出生前可有效地宣布承认父子关系,但是,这种产前承认父子关系的法律效力要到活体孩子出生后才会生效,本案中 9 个胚胎尚处于液氮冷冻的状态,并未被移植入母体子宫,所以本案不适用这一例外规定。⑤ 此外,甲明确在法院宣称,其与卵子提供者保持着良好的关系,但她本身并没有生育意愿,日后只能通过代孕的方式孕育这些胚胎。根据《德国民法典》第 1592 条第 1 款的规定,父亲的身份依附于母亲身份而存在,父亲只有与母亲结婚,或者获得了母亲的承认,才能合法取得父亲身份。而本

---

① Vgl. BGH, Beschluss vom 24.08.2016 – XII ZB 351/15.

② Vgl. BVerfG, Beschluss vom 11.01.2017 – 1 BvR 2322/16.

③ Vgl. OLG Düsseldorf, Beschluss vom 13.8.2013 – 19 K 3153/13.

④ Vgl. AG Neuss, Beschluss vom 26.02.2014 – 45 F 386/13.

⑤ Vgl. Staudinger/Rauscher, Aufl. 2011, § 1592 Rn. 50. MüKo/Wellenhofer, Band 6. Aufl. 2012, § 1594 Rn. 41.

案中,是否代孕、代孕母的身份都没有确定,孩子也尚未出生更遑论存活,母亲和胚胎都处于极为不确定的状态,所以也无法确定甲和胚胎之间存在亲子关系。因此,法院最终根据德国法律判定,在这些冷冻胚胎孕育出生命之前,虽然其可能发展为生命,但尚未被植入母体子宫,母亲和父亲身份都未确定,所以无法确定甲和胚胎之间的父子关系。

部分学者认为,法院的判决过于因循守旧,应该以更为开放的视野看待当事人与涉案胚胎的亲子关系。认为胚胎没有经常居所可能是一种非常狭隘和传统的理解,胚胎作为一种介于生命和物之间的存在,应当以更现代的方式进行理解。第一,胚胎可能没有传统理解中的社会环境,然而冷冻胚胎可以被准确地定位。惯常居所实质上具有国际私法的定位功能,即寻求空间最密切联系的法则。第二,本案中法律适用的正确性存疑。法院根据《德国民法典施行法》第 19 条第 1 款中规定亲子关系认定问题的冲突规则最终适用德国法,胚胎即使被理解为可能发展为生命的存在,但事实是其并未在母体内孕育并出生,因此尚未具备人类的品质而只能被认定为一个物。在这种情况下,根据《德国民法典施行法》第 43 条第 1 句的规定,可以适用胚胎所在地法律,即美国法。适用美国法认定胚胎与意向父亲的亲子关系,并不违反德国公共政策。第三,有学者认为,生殖医学的进步为我们带来了越来越多的可能性,法律必须与时俱进,为不断出现的新问题提供答案。《德国民法典》第 1592 条规定,确定亲子关系以出生时间为基础。但是这项规则是现代生殖医学充分发展之前作出的,在那时人们无法预料到今天的辅助生殖技术可能产生的问题,包括本案中意向父亲与胚胎的亲子关系问题,也包括女性冷冻卵子的母亲身份问题。第四,联邦卫生局拒绝在出生前就确定父子关系是不合理的。首先,《胚胎保护法》保护胚胎,因为它看到了胚胎未来成为人类的潜力,至少胚胎的精子和卵子提供者是确定的,原则上也应该对其进行充分的记录。以不体面和违反道德为由拒绝认定合法父母是不正确的,因为一夜情、强奸等都有可能通过不道德甚至违法的行为形成胚胎,这个胚胎也可能孕育出儿童,如果可以默认这些孩子拥有一个生物学意义上的父亲,那么本案中也应该认定甲的父亲身份。其次,在国际亲子关系法中,《德国民法典施行法》第 19 条第 1 款规定了以有利原则(Günstigkeitsprinzip)为首要原则,以优先原则(Prioritätsprinzip)为次要原则,其目的正是在可能的情况下尽快为子女分配父母,因为确定父母身份是对子女有利的理想条件。[①] 然而,本案根据《德国民法典施行法》第19条第1款适用的德国实体法,抽象地拒绝在出生前作出任何关于父母身份的声明,显然不符合最便捷地为儿童分配父母的原则。汉堡大学彼得·曼科夫斯基(Peter Mankowski)教授认为,德国有关亲子关系认定的态度最迟在10年内将不再有效。使用包括代孕在内的辅助生殖技术的意向父母可能越来越容易被接纳。[②]

第三节　跨国代孕儿童亲子关系准据法的适用

《德国民法典》没有明确规定代孕案件中的法定父母身份。但是,这并不排除意向父母根据一般的亲子关系认定规则取得合法父母身份。《德国民法典》在确定父亲和母亲身份时采用不同的亲子关系认定标准。[③] 在跨国代孕案件中,意向父亲很容易取得父亲身份,但意向母亲取得母亲身份却很困难。[④] 德国法律严格规定生产者为母,但对法定父亲身份的认定相当宽松,具体有三种合法途径:第一,若代孕母已婚,其丈夫取得父亲身份;第二,如代孕母未婚,经过代孕母的认可,意向父亲即可被认定为孩子的父亲;第三,通过法院判决,与儿童有基因关系的意向父亲取得父亲身份。[⑤] 相比之下,意向母亲很难取得合法

---

① Vgl. Walther Siede, Abstammung des von einer Leihmutter ausgetragenen Kindes, FamRB 2019, S. 225 ff. OLG München, Günstigkeitsprinzip bei alternativen Abstammungsstatuten, FGPrax 2016, S. 220 = FamRZ 2016, S. 1599. OLG Hamm, Beschluss vom 27.03.2014 – I – 15 W 421/13, BeckRS 2014, S. 8204 = FamRZ 2014, S. 1559. Helms in MünchKomm/BGB, 7. Aufl., Art. 19 EGBGB Rz. 25. LG Düsseldorf, Beschluss vom 15.03.2012 – 25 T 758/10.

② Vgl. Peter Mankowski, Das Gesetz über die „Ehe für alle", seine Folgen und sein europäisches Umfeld im Internationalen Privat-und Prozessrecht, IPRax 2017, S. 541 ff. Peter Mankowski, Die Reaktion des Internationalen Privatrechts auf neue Erscheinungsformen der Migration, Praxis des Internationalen Privat-und Verfahrensrechts, IPRax 2017, S. 40 ff. Peter Mankowski, BGH: Anknüpfung der Vaterschaftsfeststellung bei heterologer Insemination, LMK 2016, S. 382308.

③ See Gössl, S., *Country-report: Germany*, in Katarina Trimminggs & Paul Beaumont eds., International Surrogacy Arrangements: Legal Regulation at the International Level, Hart Publishing, 2013, p. 135 – 137. Coester-Waltjen, D., *Family Forms and Parenthood in Germany*, in A. Büchler & H. Keller eds., Family Forms and Parenthood Theory and Practice of Article 8 ECHR in Europe, Intersentia 2016, p. 209 – 213.

④ Vgl. AG Regensburg, Beschluss vom 2. 5. 2014 – 201 F 1955/13. Rixe, Anwendbarkeit deutschen Sachrechts für die Regelung der elterlichen Sorge bei chinesischer Leihmutterschaft, NZFam 2015, S. 142.

⑤ Vgl. § 1592 Bürgerliches Gesetzbuch, Vaterschaft.

母亲的身份,这也是众多跨国代孕亲子关系认定案件争论的焦点之一。

一、宽松认定意向父亲身份

在很多跨国代孕案件中,经过连结点的指引,法院最终适用德国法律来确定意向父母与代孕儿童的亲子关系。无论是通过承认外国判决方式,还是通过冲突法的指引,意向父亲通常都可以比较顺利地被认定为代孕儿童的合法父亲。

> **案例三十四:**甲乙为德国夫妇,婚后一直无子。2021 年,甲乙在乌克兰与乌克兰公民丙签订了一份代孕合同,使用甲的精子和匿名捐献者的卵子进行体外受精。2022 年 7 月,丙在乌克兰生下一名男孩丁。2023 年 1 月,乌克兰基辅法院判决,确定甲乙是丁的合法父母。2023 年 10 月,德国布吕尔地方法院承认了乌克兰基辅法院判决。2023 年 12 月,甲乙在登记处进行登记,但登记处认为应将代孕母登记为合法母亲,向科恩法院提起诉讼。2024 年 1 月,法院最终命令登记处将甲乙登记为丁的父母。①

认定意向父亲和代孕儿童之间亲子关系的外国判决容易被德国法院承认。本案中,科恩法院认为,承认该外国判决不违反德国公共政策,故而承认了乌克兰基辅法院的判决。对于判决的可承认性,已多次论证,不再赘述。本案中乌克兰法院的判决是对乌克兰法律规定的亲子关系作出的宣告性声明,不会改变现有的法律状况。因此,在孩子出生时,甲乙便应被视为合法父母,不存在登记处所说的乌克兰判决没有追溯力的问题。

即使没有外国判决,通过冲突法指引,意向父亲也很容易取得父亲身份。《德国民法典施行法》第 19 条第 1 款规定,儿童的亲子关系适用儿童惯常居所所在国法。此时涉及对儿童惯常居所地的定义,但无论惯常居所地被定义为乌克兰还是德国,意向父亲都是合法父亲。根据乌克兰家庭法,意向父亲毫无疑问是代孕儿童的合法父亲。根据《德国民法典》第 1595 条的规定,经过作为生产者的代孕母的同意,意向父亲即使没有血缘关系,也可以顺利取得合法父亲的身份。② 但如果代孕母已婚,则需要其丈夫或与代孕儿童有血缘关系的意向父亲,对代孕儿童的婚生子身份提出质疑,使代孕母丈夫丧失合法父亲的身份,

---

① Vgl. AG Köln, Beschluss vom 03.01.2024 – 378 Ⅲ 175/23.

② 参见王葆莳:《德国家庭法》,法律出版社 2010 年版,第 275 页。

而意向父亲取得合法父亲的身份。

综上所述，基于《德国民法典》对父亲身份的宽松规定，无论是通过承认外国判决方式还是通过冲突法的指引，无论是适用代孕国法还是适用德国法，意向父亲通常都可以比较顺利地被认定为代孕儿童的合法父亲。

二、严格限制意向母亲身份

根据德国立法机关的解释，《德国民法典》第1591条规定生产者为母的目的是防止代孕。① 因此，德国法院坚持无论在什么情况下，母亲的最初法律地位只保留给妊娠母亲，与遗传关系无关。② 因此，在没有取得外国亲子关系判决的情况下，意向母亲依据德国法律无法取得母亲身份，只能通过收养建立与代孕儿童的亲子关系。③ 德国法院在决定意向母亲是否可以根据德国法律收养孩子时，采用了严格的标准。已婚女性或已注册的女性同性伴侣跨国代孕的处境比男性同性伴侣或异性夫妇更加艰难，男性可以获得合法的父亲身份，但女性只有收养的可能，除非该同性伴侣国籍国法规定她们是代孕儿童的合法母亲，这样她们可能直接被登记为父母，而无须收养程序。④

案例三十五：甲乙为女性同性伴侣，甲为法国人，乙为德国人。2010年10月22日，甲乙在德国登记为同性注册伴侣。2012年，甲在比利时从其体内提取卵子，与匿名捐赠者的精子进行人工授精后植入乙的子宫。2013年8月8日，丁出生，生产者为乙。在出生证明中，乙被登记为孩子的母亲。甲乙认为，出生登记不完整，甲未被登记为孩子父母侵犯了《德国基本法》第6条、第3条第2款和第2条第1句，以及《欧洲人权公约》第8条规定的基本权利，并要求科隆登记处将甲作为另一位母亲登记在出生证明上。2014年2月14日，甲乙向登记处提出的将甲作为乙之外的丁的另一位母亲登记在出生证明上的申请

---

① Vgl. Bundestags-Drucksache（BT – Drs.）13/4899, p. 82.

② Vgl. OLG Stuttgart, Beschluss vom 07. 02. 2012 – 8 W 46/12; VG Berlin, Beschluss vom 04. 09. 2012 – 23 L 283. 12.

③ Vgl. AG Hamm, Beschluss vom 22. 02. 2011 – XVI 192/08; LG Frankfurt, Beschluss vom 03. 08. 2012 – 2/09 T 50/1.

④ Vgl. BGH, Beschluss vom 20. 04. 2016 – XII ZB 15/15.

被驳回;[1]之后,2 人向科隆高等法院提起的上诉也被驳回。[2]

根据《民事身份登记法》第 48 条的规定,在决定甲是否可以被登记为丁的母亲之前,需要审查其申请是否满足公民登记的先决条件,即根据该法第 21 条第 1 款第 4 句的规定,儿童的父母应当登记在出生证明上。因此,本案的先决问题是,甲与丁的亲子关系如何认定。

第一,法院拒绝认定甲为丁的合法母亲不侵犯她的基本权利。根据《德国民法典施行法》第 19 条第 1 款第 1 句的规定,子女的亲子关系适用其经常居所地国的法律,本案中丁出生于德国,且之后一直生活在德国,因此儿童的经常居所地国法律为德国法。根据《德国民法典》第 1591 条的规定,生产者为母,乙毫无疑问是丁的母亲。该规定旨在避免代孕、卵子和胚胎捐赠,立法者反对双重母亲或母亲身份的分割,在遗传母亲和生育母亲中认为后者是儿童的合法母亲。因此,法院认为乙毋庸置疑是孩子的母亲,而甲不可能被登记为另一个母亲,而只能通过收养成为丁的母亲。立法者也可以在合理平衡的框架内限制亲属关系,以防止公法禁止的生殖医学行为,因此,不登记甲为丁的母亲并不侵犯其公民的基本权利。[3] 甲提供自己的卵子但并未亲自怀孕,这是她以自由意志的方式决定了可能的合法生育,法院的判决没有违反《德国基本法》第 6 条。

第二,申请人主张的与亲生父亲相比的不平等待遇不成立,法院的判决不存在违反《德国基本法》第 3 条的可能性。申请人认为法院不将其认定为合法母亲侵犯了她的基本权利,本案中甲丁之间存在基因关系、社会关系和家庭关系,应当综合考虑申请人的母亲身份和孩子的福利,维护法律关系的和谐与稳定。目前的法律状况确实存在对母亲和父亲的不平等待遇,在人工授精的情况下,孩子可以与遗传父亲建立关系,但不能与遗传母亲建立关系。根据《德国民法典》第 1592 条第 2 款的规定,父子关系是可质疑的(Vaterschaftsanfechtung),但母子关系不可以。但是,法律对双重父亲(doppelten Vaterschaft)和双重母亲(doppelte Mutterschaft)登记都没有规定。亲生父亲对登记的父亲质疑成功,并不会导致两人在法律上均视为孩子的父亲。而本案中甲希望提出对亲生母亲的质疑,要么会导致作为生产者的合法母亲乙丧失母亲身份从而与德国法律相

---

① Vgl. AG Köln, Beschluss vom 30.05.2014 – 378 Ⅲ 35/14.

② Vgl. OLG Köln, Beschluss vom 26.03.2015 – 14 UF 181/14.

③ Vgl. Staudinger/Rauscher, Kommentar zum Bürgerlichen Gesetzbuch, Band 13, Aufl. 2011, § 1591 Rn. 14.

背离,要么甲和乙共同成为丁的母亲,这将造成母亲身份割裂为基因母亲和生育母亲,也不符合德国法律的规定。根据《德国民法典》第1591条的规定,生产者为母,这就排除了另一名妇女的母亲身份,即使孩子是她的遗传后代。这并不构成《德国基本法》第6条规定的对父母身份的不可接受的侵犯,也不构成对儿童福利的侵犯。同性伴侣也可以成为宪法意义上的父母,享有父母的基本权利,只是在保护的结构和方法上与异性伴侣不同。与婚姻关系不同的是,在同性伴侣关系中,孩子的亲子关系永远只能存在于一方。法院意识到有人在努力为生殖医学案件提供不同的解决方案,①但是尚需立法机关进行必要的修正。

第三,本案中不同意将甲登记为丁的另一位母亲并不侵犯儿童利益。其一,当事人提出的儿童有权了解父母的身份的理由不成立。当事人认为,儿童有权了解其父母的身份,如果不将甲登记为丁的另一位母亲,则违反了《欧洲人权公约》第8条。在本案中,由于当事人选择了匿名精子捐献,这并不影响母亲身份的认定,只会影响代孕儿童了解其生物学父亲的权利,所以与本案诉讼主题无关。其二,儿童的权利,特别是赡养和继承方面的权利并没有受到侵害。当事人认为,丁从出生起就没有双亲,这侵犯了《欧洲人权公约》第8条和第14条规定的保护家庭生活的权利。但德国立法明确表示反对双重母亲,该立法没有侵犯当事人的基本权利,因为本案中并不是本质上相同的东西受到了不平等的对待,而是在本来就存在生理上不同的基础上,在法律上作出了区分。

第四,甲主张同性民事伴侣关系存续期间生育的孩子应被推定为双方的法定子女也是站不住脚的。《德国民法典》第1592条第1款规定婚姻存续期间出生的孩子被推定为夫妻双方的婚生子女,甲主张婚姻和同性民事伴侣关系应当同等对待,将本规则类推适用于同性民事伴侣。申请人认为,与异性伴侣相比,同性民事伴侣关系受到了不平等的对待,根据《德国基本法》第3条的规定,这种待遇是不合理的,由于联邦宪法法院认为父母身份是不分性别的,因此必须使生活伴侣能够被承认父母身份,而不论性别如何。在其他欧洲国家,登记在册的民事伴侣也可以不通过收养而成为父母。法院认为本案中并不存在该推定得以适用的情形,这种法律状况也并不违宪。德国法律规定,原则上只有父亲和母亲才有基于基因关系的共同父母身份,《生活伴侣法》第9条第7款允许同性继子收养(gleichgeschlechtlichen Stiefkindadoption),充分遵守了宪法要求,

---

① Vgl. OLG Köln (14. Zivilsenat), Beschluss vom 26.03.2015 - II - 14 UF 181/14, FamRZ 2015, S.190.

在尊重客观生理事实的前提下,为同性伴侣提供了成为对方孩子合法父母的余地。

案例三十六:甲为男变女的变性人,是德国人。2015 年 9 月,甲乙登记为民事伴侣后,通过体外受精,甲的精子和乙的卵子结合,乙怀孕并生育了丁。乙在产前经过公证承认甲是孩子的母亲。甲乙申请法院根据《民事身份登记法》第 49 条的规定,指示登记处将甲也登记为母亲,一审和二审均被拒绝。当事人上诉至德国联邦最高法院,最终上诉未成功。①

第一,甲并未孕育和生产丁,所以不能被认定为合法母亲。登记处的出生登记符合《民事身份登记法》第 21 条第 1 款和第 4 款的规定,即孩子父母的姓名应记录在出生登记册中。根据《德国民法典》第 1591 条的规定,甲只提供了精子,而未怀孕生产,因此,不是丁的合法母亲。立法机关将母亲身份的确定与谁生下孩子这一客观上可确定且不可改变的条件联系起来,故意排除其他建立母亲身份的可能性,就是为了防止在代孕的情况下,违背生育中的客观现实,造成共同母亲或母亲身份割裂的现象。②

第二,甲的父母身份只能依据其对生育的贡献来确定。关于男性转女性在被司法确定之后提供精子生育孩子的情况,现行法律中并没有立法空白。《特殊情况姓名与性别变更法》(Transsexuellengesetz,又称《变性人法》)第 11 条规定,将申请人视为异性的判决不应影响申请人与其父母之间以及申请人与其子女之间的法律关系。③ 因此,变性人的身份登记无法对抗法律上的父母身份,在确定亲子关系方面,变性人作为父亲或母亲的身份不受影响。④ 因此,甲即使已

---

① Vgl. AG Berlin-Schöneberg, Beschluss vom 11.01.2016 – 71b Ⅲ 426/15. KG, Beschluss vom 06.09.2016 – 1 W 109/16. BGH, Beschluss vom 29.11.2017 – Ⅻ ZB 459/16.

② Vgl. BGH, Anerkennung eines kalifornischen Urteils zur Elternstellung bei Leihmutterschaft, NJW 2015, S. 479 = FamRZ 2015, S. 240 Rn. 63 ff. BGH, Staatsangehörigkeit, Pässe-Gesetzlicher Erwerb Nr. 14, EZAR NF 72 Nr. 14 = FamRZ 2016, S. 1251 Rn. 30 ff. BGH, Beschluss vom 20.04. 2016 – Ⅻ ZB 15/15. AG Berlin-Schöneberg, Beschluss vom 08. 11. 2013 – 71 Ⅲ 250/13. KG, Beschluss vom 02.12.2014 – 1 W 562/13.

③ Vgl. § 10 Wirkungen der Entscheidung; § 11 Eltern-Kind-Verhältnis, Gesetz über die Änderung der Vornamen und die Feststellung der Geschlechtszugehörigkeit in besonderen Fällen (Transsexuellengesetz-TSG).

④ Vgl. BGH, Beschluss vom 6.9.2017 – Ⅻ ZB 660/14. BGH, Eintragung eines Frau-zu-Mann-Transsexuellen als Mutter im Geburtenregister, NJW 2017, S.3379 = FamRZ 2017, S.1855 Rn.15.

经被判决并登记为女性，也只能根据其对生育的贡献而取得合法父亲的身份。①但是，甲不承认父亲身份，而明确要求承认自己的母亲身份。如果仅仅因为确定母子关系和父子关系的法律标准有根本的不同而拒绝承认甲的母亲身份，也不能将乙承认甲母亲身份的声明解释为承认父子关系，因为根据德国法律亲子关系与基因关系并没有必然的直接的联系。②

第三，本案中不允许类推适用《德国民法典》关于婚生子的推断的规定。甲并不能根据《德国民法典》第 1592 条第 1 款取得合法母亲的身份，因为德国法律禁止母亲身份的割裂和双重母亲的存在。联邦宪法法院认为，即使在父母一方的性别发生了合法变化时，仍应确保涉案儿童始终保持或合法地分配到一个父亲和一个母亲。德国法院并没有超越这种自由裁量权，变性人在合法改变性别后所生或所孕育的孩子的父亲或母亲身份应与生殖功能相联系，而不是与变性父母合法改变后的性别相联系。立法机关有意排除了亲子关系法规定的其他可能的母亲对子女的亲子关系模式，特别是代孕案件中卵子捐赠者不可能根据德国亲子关系认定法律被确定为合法母亲。③

第四，甲被登记为母亲并非保证丁知晓其身份的权利的必要条件。保证儿童知道其父母身份的权利并不要求甲在出生登记中被填写为性别为女性的另一位母亲。《民事身份登记法》针对的是法定的父母身份，但这并不意味着甲可以被登记为合法母亲。儿童了解其父母身份的权利是为了获得对事实的了解，而非通过公民身份登记来保障。笔者认为，德国法院的判决有待商榷，德国法律关于亲子关系认定的规则本身并不依赖基因关系，但在本案中法院却坚持根据甲在生育中的贡献认定其为丁的父亲，有悖于上位法的规定。此外，甲已经更改性别并以女性的身份生活，却只能被登记为丁的父亲，事实上会对丁的生活产生不便和混乱，不利于儿童最大利益的保护。

---

① Vgl. OLG Köln, Eintragung als Vater im Geburtsregister nach Wechsel der Geschlechtszugehörigkeit und nachfolgender Anerkennung der Vaterschaft, FGPrax 2010, S. 71 = FamRZ 2010, S. 741 ff. 参见王葆莳：《德国联邦最高法院典型判例研究·家庭法篇》，法律出版社 2019 年版，第 234～235 页。

② Vgl. BGH, Beschluss vom 20. 7. 2016 – XII ZB 609/14, BeckRS 2016, 15213. BGH, Bestimmung des Namens bei einer im Ausland geschlossenen gleichgeschlechtlichen Ehe, NZFam 2016, S. 1031 = FamRZ 2016, S. 1761 Rn. 8, 14.

③ Vgl. BGH, Anerkennung eines kalifornischen Urteils zur Elternstellung bei Leihmutterschaft, NJW 2015, S. 479 = FamRZ 2015, S. 240 Rn. 35 ff.

案例三十七：甲乙为女性同性伴侣，甲为德国和南非国民，乙为南非国民，居住在南非。2008年，双方依据南非法律登记为民事伴侣，双方共同决定通过人工授精使乙怀孕。2010年，丁在苏丹出生。2012年6月23日，南非内政部出具的出生证明上写明甲乙为父母双方。2012年7月23日，甲乙公证，丁应在出生证明上被登记为她们共同的孩子。甲向德国登记处申请对丁的出生进行事后认证，将甲乙共同登记为父母。乙是孩子的生母，丁是甲乙共同决定通过人工授精受孕的，所以甲也必须视为母亲。德国登记处拒绝登记甲乙为丁的父母，因为丁不是甲的后裔，因此丁没有取得德国国籍。甲乙向法院起诉，申请登记处登记其为丁的父母，一审和二审驳回了申请。① 甲乙向德国联邦最高法院提起上诉，联邦最高法院支持了上诉，认为与代孕相比，女性同性伴侣共同决定体外受精生育的情况和与之相关的规定并不构成对基本权利的侵犯，同性父母群体可以和异性父母一样，促进孩子的成长。②

案例三十八：甲乙是女性同性伴侣，2014年5月登记为民事伴侣，后又转为婚姻关系，甲乙共同决定通过人工授精使用捐献的精子生育儿童。2017年11月3日，甲生下丁。在丁的出生登记中，甲为母亲，没有登记父亲。乙向登记处申请更正出生登记，将她列为另一位母亲(weitere Mutter)，因为孩子是在婚姻中出生的，但被登记处拒绝。当事人起诉至地方法院，地方法院指示登记处将乙登记为另一位母亲。③ 登记处对此提出上诉，认为乙不应被登记为丁的母亲，高等法院驳回了其诉讼请求。④ 随后，登记处上诉至德国联邦最高法院，要求推翻高等法院的判决，更正出生登记，德国联邦最高法院维持原判，驳回了其诉讼请求。⑤

① Vgl. AG Berlin-Schöneberg, Beschluss vom 08.11.2013 – 71 Ⅲ 250/13. KG, Beschluss vom 02.12.2014 – 1 W 562/13.

② Vgl. BGH, Beschluss vom 20.04.2016 – Ⅻ ZB 15/15.

③ Vgl. AG Chemnitz, Beschluss vom 21.02.2018 – 8 UR Ⅲ 38/17. AG Chemnitz, Beschluss vom 26.02.2018 – 8 UR Ⅲ 38/17.

④ Vgl. OLG Dresden, Beschluss vom 27.04.2018 – 3 W 292/18. OLG Dresden, Beschluss vom 29.04.2018 – 3 W 292/18. OLG Dresden, Beschluss vom 02.05.2018 – 3 W 292/18.

⑤ Vgl. BGH, Beschluss vom 10.10.2018 – Ⅻ ZB 231/18.

案例三十七和案例三十八与案例三十五和案例三十六相比,体现了德国法院对女性同性伴侣代孕更加消极的态度。在案例三十五和案例三十六中,涉案儿童与女性同性伴侣一方有生物学母子关系,与另一方有基因关系,在这两个案件中,法院最终都拒绝判定与儿童有基因关系的另一方当事人为母亲。但是在案例三十七和案例三十八中,仅仅是女性同性伴侣共同决定体外受精生育后代,法院未考虑儿童与未生育的另一方是否有基因关系,直接认定同性伴侣的共同母亲身份。上述案件事实上建立了一项规则,即分娩者不能拒绝承认母亲身份,卵子捐献者和生育者也不能通过协议对母亲身份加以处分,卵子捐献者与子女没有法律上的联系,也不能分割或共享母亲身份。①

亲子关系作为国籍的先决问题,需要通过德国国际私法的指引确定准据法。根据《德国民法典施行法》第19条第1款第1句的规定,亲子关系适用儿童经常居所地法,案例三十七适用南非法律。第一,根据南非法律的相关规定,甲乙缔结为民事伴侣,甲依法是乙所生子女的共同母亲。第二,该案需要澄清南非的同性伴侣是否可以等同于德国法律规定的注册伴侣关系。根据《德国民法典施行法》第17条之二第1款第1句的规定,关于民事结合的效力和存在问题适用南非法律。因此,即使德国国内规定与南非法律不同,比如,在国外注册的民事伴侣关系的效力不能超越《德国民法典》或《生活伴侣法》的上限规定(Kappungsregelung),民事伴侣关系中的共同母亲身份(Co-Mutterschaft)只能通过继子女收养达成等,也都不适用于该案。第三,适用南非的法律确认甲丁之间的亲子关系也不违反《德国民法典施行法》第6条第1款规定的德国公共政策和侵犯第2款规定的基本权利,包括《德国基本法》和各联邦宪法规定的基本权利,也包括欧盟和国际条约中规定的国际人权。② 德国法律中登记民事伴侣关系的发展也表明,民事伴侣关系与同性婚姻在概念上的分离并不排除这两种法律制度在内容上的实质平等化。案例三十七中,将孩子分配给母亲的妻子应被归类为特殊血缘关系法的规定(besondere abstammungsrechtliche Bestimmung),而不是民事伴侣关系的效力。这种直接基于法律规定即可确认共同母亲的做法,与婚姻关系中丈夫与婚生子亲子关系的推定类似。德国法律现在也承认同

---

① 参见王葆莳:《德国联邦最高法院典型判例研究·家庭法篇》,法律出版社2019年版,第236页。

② 参见王葆莳:《德国联邦最高法院典型判例研究·家庭法篇》,法律出版社2019年版,第133页。

性伴侣的共同父母身份,根据《生活伴侣法》第9条第7款的规定,同性伴侣可收养对方的子女作为继子女,从而取得共同父母的身份,德国法律和南非法律关于共同父母的规定殊途同归。而且,随着社会观念的逐步开放,人们认识到,注册民事伴侣关系可以像婚姻一样促进子女的成长。异性父母可以成为子女的完全遗传父母,确实可以与子女建立更密切的联系,但这并不排除民事伴侣的同等父母身份。在案例三十七中,合法父母的同性性质并不妨碍外国亲子关系认定规则的适用,参与人工授精的供精者被排除在合法亲子关系之外的事实本身也不能构成对公共政策的违反,这与《德国民法典》第1600条之四规定的双方同意的异体受精相对应。认定甲的母亲身份也有利于儿童福利的保护,使其生活在稳定的家庭关系中,基于精子提供者匿名捐献的事实,儿童了解其遗传学上的父亲的权利也不会因甲的母亲身份被承认而受到影响。因此,德国联邦最高法院认为,南非法律的适用并不违反公共政策。

从案例三十七和案例三十八可以发现,与代孕相比,女性同性伴侣共同决定体外受精生育的情况和与之相关的规定并不构成对基本权利的侵犯。[①] 可以认为,同性父母群体可以和异性父母一样,促进孩子的成长,在具体案件中,没有迹象表明同性父母的家庭中儿童的利益受到侵犯。但事实上,案例三十五和案例三十六与这两个案件相比,唯一的不同就是未生育的女性伴侣提供了遗传物质,无论是卵子还是变性前保存的精子,都反而使其无法取得共同母亲身份。笔者认为,德国法院的判决在事实上造成了不公平,使有基因关系的伴侣的母亲身份无法得到承认,没有基因关系的伴侣的母亲身份却被顺利承认。笔者认为,当事人很可能会选择规避这种现状,即隐瞒另一方提供精子或者卵子的事实,仅仅以普通的人工授精为由向德国法院提出亲子关系认定申请,这样反而有很大可能会被法院支持。总之,如果适用的外国法律不仅依法将子女的父母身份赋予母亲,而且赋予其妻子或伴侣,并不违反关于法律冲突的公共政策。笔者认为,通过适用外国法律,在无须收养的前提下,建立女性同性伴侣的共同母亲身份,承认其与一方生育的子女的亲子关系,并为其提供事后认证的可能性,对一些女性同性家庭来说是一种极大的解脱。

然而,类似情况可能会在不久之后发生转机。2019年4月10日,欧洲人权法院应法国最高法院的要求,发布了一份咨询意见,该意见涉及根据国内法承

---

① Vgl. Breidenstein, Anerkennung ausländischer Urteile, ordre-public-Vorbehalt, FamFR 2013, S. 480.

认通过跨国代孕出生的孩子与意向母亲之间的合法母子关系。欧盟也正在考虑按照欧盟议会的提议,即强制性要求成员国之间相互承认国民家庭关系。① 冲突规则的目的在于努力调和自主权和公共政策之间的矛盾,就跨国代孕而言,表现为国家不允许代孕的政策与当事人达成这种协议的自主权之间的紧张关系,而这种紧张关系面临着新的挑战和重构。② 与承认外国判决阶段适用的公共政策相同,德国不允许"抽象的规范控制",即公共政策针对的不是外国法律或者外国判决本身,而是其在具体案件中适用或承认的结果。③ 德国法院需要遵循公共秩序的相对性(Relativität des ordre public),考察案件在空间和时间上与内国的关联,只有当案件和内国有实际联系,并且适用外国法会"严重"违反内国基本原则时,才能排除外国法的适用。④ 笔者认为,在法律适用阶段也应将公共政策排除在代孕儿童与意向父母确定亲子关系的最后障碍之外,因为《欧洲人权公约》第 8 条规定的对个人权利和家庭生活的尊重,应当超越国内法公共政策的立法权威。虽然目前德国法院在审理跨国代孕亲子关系认定案件时,并未赋予儿童最大利益高于公共政策的优先级并承认跨国代孕亲子关系,而是倾向于根据公共政策原则判定代孕目的国法律适用无效,并严格适用德国法律认定代孕母是代孕儿童的合法母亲,但随着欧洲人权法院、欧盟、海牙国际私法会议的共同努力,法律适用阶段的公共政策有望在不久的将来与承认外国亲子关系判决阶段的公共政策保持一致,为儿童最大利益和意向父母的个人权利与家庭生活让步。

本章小结

本章分析了德国法院在跨国代孕亲子关系认定领域做出的第二种分割,即

---

① Vgl. ECTHR, *Advisory Opinion Requested by the French Court of Cassation*, aidc-iacl. org (23 April 2019), https://aidc-iacl. org/ecthr-april – 2019 – advisory-opinion-requested-by-the-french-court-of-cassation/.

② See Roxana Banu, *A Relational Feminist Perspective on Conflict of Laws*, 24 Mich. J. Gender & L. 1, 8 – 10, 47 – 48 (2017).

③ 参见王葆莳:《德国联邦最高法院典型判例研究 · 家庭法篇》,法律出版社 2019 年版,第 135 页。

④ 参见王葆莳:《德国联邦最高法院典型判例研究 · 家庭法篇》,法律出版社 2019 年版,第 136 页。

在意向父母是否取得外国亲子关系判决的两种情形中，作出截然相反的亲子关系判决。在决定是否承认外国亲子关系判决时，德国法院以儿童最大利益原则为核心原则，认为承认外国判决的结果并不违反德国公共政策，而且承认该判决也符合德国签订的国际公约和欧洲人权法院的既有判决。但是，在意向父母未取得外国亲子关系判决的情况下，德国司法实践中，2021 年前尚无适用代孕目的国法律，成功确认意向父母和代孕儿童亲子关系的先例。尤其是意向父母为代孕儿童申请签发德国护照、签证或进行事后认证时，需要先行处理跨国代孕亲子关系这一先决问题，在许多案件中因为先决问题的审理结果对意向父母不利，法院认定外国代孕母夫妇为合法父母，最终拒绝为代孕儿童签发德国护照、签证或进行事后认证。

德国法院倾向于认定意向父亲的合法父亲身份，但也在很多案例中拒绝认定其伴侣与代孕儿童的亲子关系。第一，德国法律对父亲身份的要求较为宽松，德国法院即使审理国内代孕案件，只要意向父亲取得单身代孕母的同意，也可以合法取得父亲身份。所以在跨国代孕案件中，即使适用禁止代孕的德国法律，意向父亲的身份也可以被承认，适用允许代孕的代孕目的国法律认可意向父亲的身份，也不会因为违反德国公共政策而无效。第二，德国法院拒绝认定男性同性伴侣与代孕儿童的亲子关系。即使外国判决确认了男性同性伴侣之一与代孕儿童有基因关系，但德国法院仍以违反公共政策为由，拒绝适用外国法并根据基因关系认定涉案亲子关系。第三，德国法院对合法母亲的认定尤其严格，德国法律中生产者为母的规定限制了意向母亲身份被合法承认。无论意向母亲是已婚、未婚，还是女性同性注册伴侣，至今尚无判决意向母亲为合法母亲的案例，即使意向母亲和代孕儿童有基因关系。第四，早期的部分判决甚至拒绝认可已婚意向父母的合法父母身份。如前所述，即使根据德国国内法也可以认可意向父亲的合法身份，但是仍然存在部分法院以代孕违反德国公共政策为由拒绝承认意向父母的合法身份并为代孕儿童进行事后认证的案例。可以发现，德国对意向父亲和意向母亲身份的认定也存在一种分割，基于德国法律对认定父母身份的不同规定，宽松地认定意向父亲的父亲身份，严格地限制意向母亲的母亲身份。但这一分割并非跨国代孕独有，德国国内代孕也同样面临这个问题，所以笔者并未将其归纳为本书中的另一种分割。

儿童最大利益原则在认定跨国代孕亲子关系案件中的适用相对有限。德国法院目前只是根据自己的国际私法规则来适用自己的法律，而并未以更好地保护儿童利益为由放弃适用公共政策，与承认外国亲子关系判决不同，儿童最大利益并非有最高优先级的首要考量因素。① 第一，儿童最大利益有限适用于法院挑选准据法的阶段。在德国法院选择《德国民法典施行法》第 19 条第 1 款规定的三项优先级相同的替代性连结点时，儿童最大利益是非常重要的因素。德国法院曾在赴俄罗斯代孕的案件中适用俄罗斯法律，在赴乌克兰代孕的案件中适用德国法律，法官可以依据其自由裁量权决定哪个连结点可以指向有利于儿童最大利益的准据法。第二，儿童最大利益适用于法院确定儿童经常居所地的阶段。前述三个替代性连结点之一是代孕儿童的经常居所地，法院在确定儿童经常居所地时，会重点考虑儿童最大利益。比如，在儿童出生在代孕目的国但因护照或签证问题无法入境德国，或者已经入境德国但在出生国居留时间更长的情况下，法院会考虑到所有当事人都希望代孕儿童返回德国经常居住，最终认定德国才是代孕儿童的经常居所地。第三，法院并不会根据儿童最大利益认定意向父母的合法身份。即使德国法院根据儿童最大利益原则，选择了对其有利的连结点及儿童经常居所地，适用代孕目的国法律，认定意向父母与代孕儿童的亲子关系，但该亲子关系的确立仍会因为违反了《德国民法典施行法》第 6 条规定的公共政策而无效。可以发现，德国法院在审理跨国代孕亲子关系认定案件时，并未赋予儿童最大利益高于公共政策的优先级。

德国法院拒绝认定意向父母的合法身份会导致很多潜在的问题。第一，德国法院以意向父母可以收养代孕儿童为由拒绝以判决形式认定亲子关系并不利于儿童最大利益的保护。一旦法院认为意向父母只能通过收养建立亲子关系，意向父母便拥有了是否收养代孕儿童的选择权，这为意向父母在后悔代孕的情况下逃脱抚养儿童的义务提供了机会。第二，判决标准不一致可能造成事实上的不公平。同样是跨国代孕，如果取得了外国亲子关系判决，德国法院就认定亲子关系，如果没有取得外国亲子关系判决，德国法院就拒绝认定亲子关系。事实层面上，这两种情况下意向父母的行为几乎完全相同，均为规避德国对代孕的禁止性规定，远赴代孕合法的国家寻求代孕，区别就在于是否取得外国判决。随着国际代孕市场对德国司法实践的逐步了解，代孕中介和寻求跨国代孕的意向父母可以通过向代孕目的国申请一纸亲子关系判决，来保障其亲子

① See Dagmar Coester-Waltjen, *A Case for Harmonization of Private International Law? Juggling between Surrogacy, Interest of a Child and Parenthood*, in Horatia Muir Watt, Lucia Bíziková, Agatha Brandão de Oliveira & Diego P. Fernández Arroyo eds., Global Private International Law, Edward Elgar 2019, p. 504 – 510.

关系可以顺利在德国建立。这种禁止方法最终只会导致意向父母和代孕中介的进一步专业化,并不能消灭数量庞大的跨国代孕行为。

综上所述,为了亲子关系能被认可,意向父母一直在和德国法院博弈。德国法院以违反公共政策为由拒绝认定跨国代孕亲子关系,并不能产生实际上消灭跨国代孕或威慑意向父母和代孕中介的效果。更合理的做法是依据儿童最大利益原则适用有利于代孕儿童的准据法,而且不以公共政策这一逃避阀排除该准据法的适用。总之,笔者认为,儿童最大利益原则应当同样重要地适用于外国判决的承认和涉外亲子关系认定案件中。

第四章　跨国代孕儿童收养在德国法院的效力

根据前文可以得出结论，在跨国代孕意向父母取得外国亲子关系判决的情况下，德国法院有较大概率承认该判决并认可意向父母的合法身份。在未取得外国判决的情况下，取得单身代孕母同意的意向父亲的父亲身份相对容易被认可，但其妻子或伴侣、单身意向母亲则只能通过收养取得合法母亲的身份。但是德国不仅在《胚胎保护法》中限制代孕，还在《收养中介法》中限制意向父母收养代孕儿童，儿童最大利益在其中依旧扮演着重要的角色。德国法院历史上也曾以收养并非保护儿童最大利益所必需为由，拒绝意向父母收养代孕儿童，但近年来法院同意收养的标准正在逐步放宽。

第一节　德国关于代孕儿童收养的立法

意向父亲获得父亲身份后，如果他已婚或登记为同性伴侣，根据《德国民法典》第 1741 条第 2 款第 3 句的规定，他的配偶或伴侣可以通过收养孩子为继子女而成为共同父母。如果意向父亲未取得父亲身份，则无论是男性同性伴侣、女性同性伴侣、已婚意向父母、单身意向父亲或母亲，都必须通过收养才能取得合法父母的身份。但是，意向父母通过收养代孕儿童来建立亲子关系也困难重重，并不一定会得到法院的支持。德国对意向父母基于违法的代孕行为而产生的收养需求进行了限制，即代孕是一种违法的收养方式，只有在收养是为保护儿童最大利益所必需的时候才准许收养。这也充分体现出德国立法和司法界对于代孕的否定态度，不仅在刑法层面禁止代孕，在民法层面阻碍法定亲子关系的建立，还要在收养方面为拟制血亲的建立增加额外的阻碍。①

一、非法性

德国法律对跨国代孕收养进行限制。② 第一，《收养中介法》规定："代孕是一种违法的收养方式，只有在符合儿童最大利益时才能被允许。"③儿童最大利益不仅是法院承认外国亲子关系判决时首要考虑的因素，④同样也是跨国代孕收养领域所优先遵循的原则。⑤ 因此，如何判定收养是否符合儿童最大利益，是否为保护儿童最大利益所必需，就是法院亟须解决的问题。⑥ 第二，禁止本国妇女以营利为目的将自己的孩子送养。《收养中介法》第 5 条第 3 款规定，禁止指定或帮助在本法适用区域内有住所或惯常居所的孕妇以营利为目的，在本法适用区域外生育并将其子女送人收养。⑦ 第三，明确规定收养广告属于行政违法行为。⑧《收养中介法》第 6 条第 1 款禁止通过公开声明，特别是通过报纸广告或报纸报道，寻找或提供儿童供收养。即使当事人在代孕协议中明确约定意向父母不可放弃地收养代孕儿童，但是根据《德国民法典》第 138 条第 1 款的规定，该约定因违反了德国法律的强制性规定而无效。第四，根据《德国民法典》

---

① See Claudia Mayer, *Migration and Cross-border Surrogacy-genetic Link as Decisive Criteria Invsurrogacy Cases*, 20 September 2017, 8th German-Japanese Law Symposium, 18 to 21 September 2017 in Tokyo (Japan).

② See Shenfeld, F., De Mouzon, J., Pennings, G., Ferraretti, A. P., Nyboe Andersen, A., De Wert, G., et al., *Cross Border Reproductive Care in Six European Countries*, 25 (6) Human Reproduction 1361 – 1368 (2010).

③ Vgl. § 1 Abs. 1 Satz 2, § 2, Adoptionsvermittlungsgesetz.

④ Vgl. Art. 8, EMRK. Europäische Menschenrechtskonvention.

⑤ Vgl. OLG Düsseldorf, „Stiefkindadoption" eines im Wege der Leihmutterschaft geborenes Kindes allein am Maßstab der Kindeswohldienlichkeit zu messen, BeckRS 2017, 105401.

⑥ Vgl. § 1 Satz 3, Adoptionsvermittlung, § 2, Adoptionsvermittlungsstellen, AdVermiG. AG Gütersloh, Beschluss vom 17. 12. 1985 – 5 XVI 7/85, FamRZ 1986, S. 718.

⑦ Vgl. § 5 Vermittlungsverbote, AdVermiG.

⑧ Vgl. OLG Hamm, Beschluss vom 07. 04. 1983 – 3 Ss OWi 2007/82. BVerfG, Beschluss vom 06. 12. 1983 – 2 BvR 878/83.

第1747条第1款的规定，只有在孩子8周大时才能同意收养，而且只有当领养有利于儿童的福利，并且预计领养人与儿童之间会产生亲子关系时，才可批准领养。[①] 司法实践中很可能认定代孕行为违反了公共安全和公共政策，但收养并非保护儿童最大利益所必需，因此拒绝意向父母收养代孕儿童。[②]

二、"儿童最大利益"标准

德国对意向父母基于违法的代孕行为而产生的收养需求进行了限制，当且仅当收养是保护儿童最大利益所必需时，法院才能允许意向父母收养代孕儿童。《德国民法典》第1741条第1款第1句和第2句分别规定了"儿童最大利益"标准和"加强的儿童最大利益"标准。第1句规定了普通情况下收养儿童的"儿童最大利益"标准，即如果收养儿童符合儿童的最大利益，并且预计收养人与儿童之间将发展出亲子关系，则允许收养。第2句规定了存在违法情形时收养需要满足的"加强的儿童最大利益"标准，即凡参与以收养为目的非法或不道德地安置儿童的人，或委托第三方这样做的人，除非是为了儿童福利的需要，否则不得收养儿童。[③] 通过这两句可以发现，德国法律规定代孕是一种违法的收养方式，只有在收养是为保护儿童最大利益所必需的时候才准许收养。[④] 这也充分体现出德国立法和司法界对于代孕的否定态度，不仅在刑法层面禁止代孕，在民法层面阻碍法定亲子关系的建立，还要在收养方面为拟制血亲的建立增加额外的阻碍。[⑤]

在司法实践中，德国法院曾经通过适用第2句"加强的儿童最大利益"标准，拒绝意向父母收养代孕儿童。但在2018年后，随着德国法院承认的跨国代孕案件中的外国亲子关系判决逐渐增多，德国法院对跨国代孕亲子关系认定的相关问题的态度也逐渐宽容和开放。部分德国法院在判决中裁定，应审慎适用

---

① Vgl. § 1741 Abs. 1, Bürgerliches Gesetzbuch (BGB), Zulässigkeit der Annahme.

② Vgl. Hessischer VGH, Beschluss vom 23.12.1987 - 11 TH 3526/87.

③ 参见陈卫佐译注：《德国民法典》，法律出版社2020年版，第1741～1742页。

④ See Voskoboynik, Katherine, *Clipping the Stork's Wings: Commercial Surrogacy Regulation and Its Impact on Fertility Tourism*, 26 Indiana International and Comparative Law Review 336 - 82 (2016). Wellenhofer, Familienrecht und IPR: Eintragung eines im Ausland geborenen Kindes gleichgeschlechtlicher Eltern im Geburtenregister, JuS 2016, S. 942.

⑤ Vgl. Herbert Grziwotz, Stiefkindadoption und Adoptionshilfe-Insellösung oder Neuorientierung?, ZRP 2020, S. 6. Marc Eckebrecht, Anmerkung zu OLG München: Erforderlichkeit einer Adoption bei Leihmutterschaft, NZFam 2018, S. 286.

该款第2句规定的“加强的儿童最大利益”标准,在适用第1句“儿童最大利益”标准时,应考虑到意向父母是否已经和代孕儿童建立起亲子关系,代孕母是否有可能履行母亲责任。如果满足了上述条件,法院则倾向于优先遵循儿童最大利益原则,同意意向父母收养代孕儿童,但目前尚未形成统一的司法规则。①《根据外国法收养儿童效力法》第4条规定,德国鼓励跨国收养无人陪伴的儿童。② 司法实践中,即使德国禁止代孕,但在跨国代孕收养案件中,只要收养有利于儿童的利益,法院往往会同意收养。③

第二节 否定态度

一、拒绝意向母亲收养跨国代孕儿童

如上一章所述,在未取得外国亲子关系判决的情况下,意向母亲根据德国法律没有可能被认定为合法母亲,而只能寄希望于收养。然而,收养作为意向母亲与代孕儿童建立亲子关系的最后途径,也曾被德国法院多次拒绝。

案例三十九:甲乙为德国已婚夫妇。2001年甲乙结婚,婚后无子女。甲乙与美国代孕母丙签订了代孕协议,使用甲的精子和匿名捐卵者的卵子进行代孕。丙于2008年5月17日在美国生下了孩子丁,丁拥有德国和美国双重国籍。2008年5月27日宾夕法尼亚州为丁签发的出生证明上,甲乙为父母。2010年1月20日,巴德奥恩豪森地方法院判决甲是丁的合法父亲。④ 丙同意乙收养丁。2009年1月30日,乙向法院提出收养丁的请求,但一审和二审法院均拒绝乙的收养申请。⑤

案例四十:意向父母甲乙已婚,与乌克兰离异代孕母丙签订代孕协议,使用甲乙的精子和卵子体外受精,甲乙向丙支付3万欧元。代

① Vgl. OLG Düsseldorf, „Stiefkindadoption“ eines im Wege der Leihmutterschaft geborenes Kindes allein am Maßstab der Kindeswohldienlichkeit zu messen, BeckRS 2017, 105401.

② Vgl. § 4 Antragstellung; Reichweite der Entscheidungswirkungen, Gesetz über Wirkungen der Annahme als Kind nach ausländischem Recht (Adoptionswirkungsgesetz-AdWirkG).

③ Vgl. BGH, Beschluss vom 10. 10. 2018 – Ⅻ ZB 231/18. BGH, Anerkennung eines kalifornischen Urteils zur Elternstellung bei Leihmutterschaft, NJW 2015, S. 479. BGH, Anerkennung einer US-Gerichtsentscheidung über Eltern bei Leihmutterschaft, NJW – RR 2018, S. 1473.

④ Vgl. AG Bad Oeynhausen, Beschluss vom 20.01.2010 – 53 F 88/09.

⑤ Vgl. AG Hamm, Beschluss vom 22.02.2011 – XVI 192/08. LG Dortmund, Beschluss vom 08.07.2011 – 9 T 210/11.

孕儿童丁于2016年在乌克兰出生,与甲乙有基因关系。2016年12月5日,代孕母在乌克兰公证人在场的情况下,承认甲丁的父子关系,并同意乙收养丁。德国驻基辅大使馆领事官员据此承认甲的父亲身份,并发表了宣告声明。丁出生后被立即带回德国,与甲乙共同住在德国的家中。2016年乌克兰登记处的出生证明中,甲乙为合法父母。2017年1月12日德国的出生证明中,甲丙为合法父母。乙向地方法院申请收养丁,却被地方法院驳回。①

案例三十九和案例四十均为意向母亲收养代孕儿童的案件,前者没有基因关系,后者有基因关系。虽然案例四十中当事人提起上诉,二审法院进行改判(详见案例四十三),两个案例的最终结果不同,但2011年案例三十九的终审判决和2018年案例四十的一审判决都拒绝意向母亲收养代孕儿童。在这两个案例中,意向父亲身份的认定都相对简单,前者通过一审判决即合法取得父亲身份,后者直接通过德国驻外大使馆承认了父亲身份。但从前文也可以发现,在未取得外国亲子关系判决的情况下,意向母亲的身份难以被认定,只能通过收养来建立亲子关系。这两个案例既体现了德国法院对意向母亲收养跨国代孕儿童的严格限制,希望通过这种方式向外界传达对跨国代孕不友好的态度,但2019年法兰克福高等法院最终同意了案例四十中的意向母亲收养代孕儿童,同时也体现了德国法院的态度在逐渐软化。

首先,这两个案例中德国法院都决定适用德国有关收养的法律。由于收养双方都是德国公民,根据《德国民法典施行法》第22条第1款和第14条第1款第1句的规定,收养应当适用德国法律。根据《德国民法典》第1741条第1款第2句的规定,以收养为目的参与非法或不道德地安置或转移儿童的人,或为此委托或奖励第三方的人,只有在为儿童的福利所必需的情况下才能够收养儿童。这两个案件中存在非法和不道德地转移儿童的行为。根据《德国民法典》第134条第1款和第138条的规定,代孕合同具有违法性或不道德性,具体违反了《胚胎保护法》第1条第1款第2句和第7句。这两个案例中当事人存在违法行为与不道德行为,将儿童降级为商品进行贩卖,将子宫作为货物进行租赁和交易,与德国的道德观念相矛盾。因此,多特蒙德地方中等法院和美因河畔法兰克福地方法院都裁定,在跨国代孕的情况下,只有在收养对儿童的福利是

① Vgl. AG Frankfurt am Main, Beschluss vom 09.04.2018 -470 F 16020/17.

必要的情况下,才可以同意意向母亲收养儿童。

其次,法院认为,跨国代孕案件中不具备收养的必要性。甲乙与丁共同在德国生活,意向母亲乙是丁的主要照顾者,法院预计在孩子成长的过程中,甲乙会共同积极照料和抚养丁。第一,法院认为,即使乙通过收养成为合法母亲,意向母亲与代孕儿童的关系也不会得到改善,因为当事人在事实上建立了家庭,代孕儿童有人照拂,已经实现了针对孩子的最佳生活安排。第二,收养对于改善孩子的法律地位也不是绝对必要的,不存在甲乙认为的如果不收养丁,丁将受到伤害的情形。孩子已经在意向父母的家庭中安全稳定地生活,即使没有收养,身为法定父亲的意向父亲也必须允许意向母亲参与影响孩子的日常生活决策。具体而言,即使不进行收养,乙仍可以按照《德国民法典》第 1687 条第 1 款和第 2 款的规定,与拥有监护权的甲达成协议,获得所谓的配偶监护权,从而有权共同决定与丁日常生活有关的事项,在迫在眉睫的情况下,也有权采取一切必要的法律行动,保障丁的权利。① 第三,代孕儿童的继承权可以通过遗嘱来保障。继承法和税法规定,即使意向母亲不收养代孕儿童,代孕儿童作为意向母亲丈夫的合法子女,在一定条件下也享有继承权。意向母亲也可以通过遗嘱等方式来保障代孕儿童的继承权。《德国民法典》第 2265 条规定了配偶之间的共同遗嘱,旨在让夫妻能够订立共同的、与继承顺序相互协调的遗嘱,也有助于实现一致的经济目标。② 如果出现意外情况,还可以通过家庭法院的决定来保障孩子的福利。第四,由于代孕的不道德和非法性质,法院默认当事人已经接受了孩子仅有合法父亲这个法律事实,因为当事人从决定跨国代孕之时,就明知其父母身份难以被确定,甚至收养也缺乏成功的前景,故意陷入法律上的不确定状态。如果法院同意收养,则在事实上合法化了当事人的非法行为。因此,法院最终判定驳回意向母亲的收养请求。

综上所述,无论与代孕儿童有没有基因关系,作为合法父亲的妻子,意向母亲都被拒绝收养代孕儿童,主要原因是收养对孩子的福利不是必要的。拒绝收养的法院适用了《德国民法典》第 1741 条第 1 款第 2 句中的"加强的儿童最大利益"标准,因为意向父母寻求跨国代孕属于该条款中非法安置儿童的行为,

---

① Vgl. § 1687b Sorgerechtliche Befugnisse des Ehegatten, BGB.

② 参见[德]安雅·阿门特-特劳特:《德国继承法》,李大雪、龚倩倩、龙柯宇译,法律出版社 2015 年版,第 123~127 页;[德]马蒂亚斯·施默克尔:《德国继承法》,吴逸越译,中国人民大学出版社 2020 年版,第 115~117 页。

只有收养对于保护儿童最大利益是必需的时,才可以允许收养。[①] 在这两个案例中,儿童已经通过代孕母的承认与甲建立了合法的父子关系,并与意向父母生活在一个安全稳定的家庭中。意向母亲并非只有收养一个途径才能确保儿童的最大利益,当事人可以通过协议来保护儿童的利益,尤其是财产利益。因此,收养不是保护儿童最大利益的必要条件,无论意向母亲与代孕儿童有否基因关系,法院都拒绝意向母亲收养代孕儿童。

二、拒绝同性伴侣收养跨国代孕儿童

在跨国代孕案件中,被认定为合法父母的同性伴侣之一的配偶,可能需要通过继子女收养(Stiefkindadoption)才能获得父亲或母亲身份。[②] 比如在案例四十一中,即使男性同性伴侣之一在注册登记甚至婚姻期间被认定为代孕儿童的合法父亲,其伴侣也无法被默认为代孕儿童的另一个父亲,而其伴侣在申请收养代孕儿童的司法过程中,却多次被法院以不符合儿童最大利益为由拒绝。

案例四十一:甲乙为男性同性伴侣,于2004年登记为民事伴侣关系。甲1970年出生,拥有美国国籍,乙1962年出生,拥有德国国籍,共同住所在德国。甲乙与美国已婚代孕母丙签订代孕协议,2007年10月8日丁出生,2009年2月9日戊己出生,拥有美国和德国双重国籍。两次代孕均使用匿名捐献者的卵子,丁与甲有基因关系,戊己与乙有基因关系。加利福尼亚州签发的出生证明上,甲为丁的父亲,乙为戊己的父亲,丙为丁戊己的母亲。2009年2月17日,圣地亚哥家庭法院判决,丙的丈夫不是婚内出生的丁戊己的父亲,丁的父亲是甲,戊己的父亲是乙,丙不是丁戊己的母亲。甲乙希望互相收养对方的孩子。2009年4月2日,丙在联邦加利福尼亚州公证处宣布同意甲乙收养其子女。2009年5月18日,甲乙相互公证收养对方的子女。目前3个孩子与甲乙一起生活在德国。甲乙向法院申请,根据《德国民法典》第1741条收养对方子女,法院驳回了其请求。[③]

---

① Vgl. Botthof/Diel, Voraussetzungen für die (Stiefkind -) Adoption, eines Kindes nach Inanspruchnahme einer Leihmutter, StAZ 2013, S. 211.

② Vgl. Herbert Grziwotz, Stiefkindadoption und Adoptionshilfe-Insellösung oder Neuorientierung?, ZRP 2020, S. 6.

③ Vgl. AG Düsseldorf, Beschluss vom 19. 11. 2010 - 96 XVI 21/09. AG Düsseldorf, Beschluss vom 19. 11. 2010 - 96 XVI 23/09.

与案例四十相似,本案一审法院也拒绝当事人收养代孕儿童。一审法院认为,根据《德国民法典施行法》第 22 条和第 23 条的规定,尽管涉案孩子们都拥有美国国籍,本案仍应适用德国收养法。《德国民法典施行法》第 22 条规定,收养儿童适用收养人在收养时的属人法。生活伴侣进行收养应适用约束其伴侣关系一般效力的法律。本案中甲乙的经常居所地和伴侣关系缔结地均为德国,所以,应当适用德国法律。此外,《德国民法典施行法》第 23 条还规定,是否有必要宣布与儿童的亲子关系,适用儿童所属国的法律,但只要是为了儿童的福利,就应适用德国法律。该条款为德国法律的适用留下了充分的空间,具体案件中,儿童的福利如何确定,是由法官进行自由裁量的,本案中法院最终适用德国法律来判定该对伴侣与三个代孕儿童的收养关系。

根据《德国民法典》第 1741 条第 1 款的规定,以收养为目的,参与非法或不道德安置或转移儿童的人,或委托第三方这样做的人,或为此获益的人,只有收养是为了儿童的福利所必需时,才能够收养儿童。① 根据《德国民法典》第 134 条第 1 款和第 138 条第 1 款的规定,法院认为代孕合同因违反道德而无效。代孕合同违反了《胚胎保护法》第 1 条第 1 款第 2 句和第 7 句有关禁止代孕的规定。当事人认为,即使代孕在德国是违法的,但代孕行为实际上是在代孕合法的美国发生的,因此有关各方不能受到起诉。当事人的这种看法站不住脚,在审查交易是否违反公序良俗时,必须适用德国公认的道德观念和价值观。② 目前社会的共识是,代孕在道德上应被特别谴责,因为它使儿童沦为商品,以支付给代孕母巨额资金来换取儿童,还涉嫌非法买卖儿童、非法入境等行为,这样的交易显然与德国的道德观念相矛盾,跨国代孕无可争辩地违反了德国社会的道德和法律。③ 此外,一审法院还认为,当事人在代孕后回到德国申请领养,故意使自己陷入法律上的不确定状态,而且根据孩子们的出生证明,在向德国法院申请收养之前他们已经接受孩子只与各自的亲生父母之间有法律上的联系。当事人向法院申请同意收养,事实上是以儿童的最大利益为幌子将其可追诉的违法行为合法化。正如专家意见指出的,当事人接受了自己的孩子可能面临的

---

① Vgl. § 1741 Zulässigkeit der Annahme, Bürgerliches Gesetzbuch (BGB).

② Vgl. Konrad Duden, Leihmutterschaft im Internationalen Privat-und Verfahrensrecht-Abstammung und ordre public im Spiegel des Verfassungs –, Völker-und Europarechts, Aufl. 2015, S. 655.

③ Vgl. LG Arnsberg, Beschluss vom 26.08.2019 – 2 Qs – 362 Js 118/16 – 78/18.

身份负担,因为他们永远不会认识自己的遗传母亲,而且当事人必须忍受这样一个事实,即自己孩子的基因母亲和生理母亲都是接受现金进行代孕相关商业交易的行为者。因此,甲乙参与到了非法安置儿童的行为中,除非为了儿童最大利益,否则不得收养儿童。但这并非本案的终审判决,甲乙上诉至杜塞尔多夫高等法院,高等法院予以改判,同意了甲乙的收养请求。① 详见案例四十三,此处不再赘述。

三、拒绝承认外国收养判决

案例四十二: 甲拥有俄罗斯和德国国籍,自2001年以来一直居住于德国,2003年9月甲与德国公民乙结婚并于次年决定收养,随后向俄罗斯青少年福利办公室提出收养申请。2007年7月,甲通过朋友获悉,俄罗斯某医院有一名弃婴丁,可以被甲乙收养,甲便立即飞往俄罗斯并定期探望孩子。2007年8月,她被任命为丁的看护人,并从医院接走丁。甲住在俄罗斯的朋友家里照顾丁,并找到了工作。2007年9月11日,俄罗斯联邦法院判决,甲在乙的同意下收养丁。2007年9月25日,俄罗斯当局向甲颁发了证明其母亲身份的收养证书。2007年9月27日,甲带丁进入德国并定居。甲向德国外管局申请登记时表示,丁是代孕母所生,但亲子鉴定报告表明丁与甲乙均不存在基因关系。德国外管局告知甲乙,他们不是丁的合法父母,且丁未办理签证手续,其入境是非法的。甲根据《收养影响法》申请德国法院承认俄罗斯法院作出的收养判决的法律效力,认定甲为丁的合法母亲,经过三次诉讼,其申请均被拒绝。②

本案中,存在意向母亲远赴俄罗斯寻求代孕的可能性,但法院表明,子女是代孕所生并不排除收养。③ 案例四十二中,法院并未如案例二十三一样命令甲澄清丁并非出生于代孕。与之相反,意向母亲一开始即声明儿童为代孕所生,并提交了同意其收养所谓代孕儿童的外国判决。本案中丁是否是俄罗斯代孕母所生无法确认。第一,甲在为丁进行登记时,向外管局说明丁是代孕所生,但

---

① Vgl. LG Düsseldorf, Beschluss vom 15.03.2012 – 25 T 758/10.

② Vgl. AG Nürnberg, Beschluss vom 09.06.2010 – XVI 0123/07; LG Nürnberg-Fürth, Beschluss vom 12.01.2011 – 13 T 5122/10; OLG München, Beschluss vom 05.12.2011 – 31 Wx 83/11.

③ Vgl. AG Nürnberg, Beschluss vom 09.06.2010 – XVI 0123/07.

甲之后解释她不希望让人知道丁是被收养的故而谎称代孕。第二,甲被任命为丁的看护人,但在俄罗斯当局颁发的儿童出生证明上,甲被登记为丁的母亲,存在事实矛盾。第三,根据亲子鉴定证书,甲乙与丁都没有血缘关系,而意向父母极少采用捐献者的精子和卵子进行代孕,孕育一个与自己没有基因关系的孩子,这又与甲所称的丁是俄罗斯朋友介绍的可收养的弃婴相符合。因此,本案中难以断定丁是否为代孕所生,德国法院对案件事实的认定在法律上没有错误,应通过审查俄罗斯判决本身来决定是否承认该收养判决。德国法院经过三审最终认定,不承认该俄罗斯收养判决的理由并非丁可能出生于代孕,而是俄罗斯法院的收养判决中存在对基本事实不真实或不完整的描述,承认该判决不符合儿童的最大利益。

当事人通过隐瞒收养的涉外性质,取得俄罗斯法院的收养判决。第一,甲向俄罗斯当局隐瞒了本可导致审查海外收养的事实。根据俄罗斯法律,当且仅当没有居住在俄罗斯的亲属或其他本国公民收养孩子的情况下,才允许外国公民收养孩子,而且需要在州数据库中经过6个月的等待期。[①] 本案中,申请人隐瞒自己德国公民身份的行为显然违反了俄罗斯法律中关于外国人收养的规定。申请人通过在俄罗斯定居、找到稳定的工作并与丈夫减少联系,从而假装在当地拥有永久居留权。申请人向俄罗斯当地法院提起普通的国内收养申请,法院在不知道孩子在被收养后将立即被带到国外的情况下,同意了国内收养。申请人通过隐瞒收养的涉外性质,省去了关于该夫妇是否可以在俄罗斯收养孩子的强制性检查,特别是省去了6个月的强制等待期。第二,当事人故意隐瞒收养后将把丁带回德国的事实,从而骗取俄罗斯法院的收养判决。1989年的《儿童权利公约》第21条第2款规定,只有在儿童无法与其父母、亲戚共同生活并接受照顾的情况下,才应考虑允许跨国收养。该公约第21条第3款还规定,应确保在与国内收养相当的保护和专业标准的前提下进行国际收养。因此,根据国际公约跨国收养需要对孩子的母国和所在国的情况进行审查。然而,俄罗斯法院未审查在俄罗斯是否还有亲属或其他公民收养被收养人的事实,也未审查收养人在德国的社会状况,如是否有良好的生活条件和稳定的收入,以及申请人的丈夫是否支持收养并对被收养人承担父亲责任。由于申请人的经常居所地在德国,并且孩子的生活中心(Lebensmittelpunkt)也会长久地在德国,因此申请

---

① See Art. 124 Abs. 4 FGB.

人是否有资格收养丁应该由德国专业部门进行审查。法院认为,俄罗斯的判决从上述两个重要方面干扰了儿童的权利,因此决定不予承认俄罗斯判决。

第三节　开放态度

从前两节可以看出,德国法院很可能以收养并非保护儿童最大利益所必需为由,拒绝意向父母收养跨国代孕儿童。但近年来,德国司法实践对收养跨国代孕儿童的态度有逐渐软化的趋势,主要体现在两方面。一方面,降低保护儿童最大利益标准对收养代孕儿童的门槛;另一方面,不再适用"加强的儿童最大利益"标准,转而适用"儿童最大利益"标准。二者共同作用,降低了意向父母收养跨国代孕儿童的门槛,从收养是保护儿童最大利益所必需,转变为收养符合儿童最大利益,为这种新的家庭模式的建立减少了障碍。

一、允许同性伴侣收养跨国代孕儿童

案例四十三:案例四十一中一审判决并非终审判决。甲乙为男性同性伴侣,甲拥有美国国籍,乙拥有德国国籍,共同住所在德国。甲乙与美国已婚代孕母丙签订代孕协议,2007 年 10 月 8 日丁出生,2009 年 2 月 9 日戊己出生,拥有美国和德国双重国籍。两次代孕均使用了匿名捐献者的卵子,丁与甲有基因关系,戊己与乙有基因关系。加利福尼亚州签发的出生证明上,甲为丁的父亲,乙为戊己的父亲,丙为丁戊己的母亲。2009 年 2 月 17 日,圣地亚哥家庭法院判决,丙的丈夫不是婚内出生的丁戊己的父亲,丁的父亲是甲,戊己的父亲是乙,丙不是丁戊己的母亲。甲乙希望互相收养对方的孩子。2009 年 4 月 2 日,丙在联邦加利福尼亚州公证处宣布同意甲乙收养其子女。2009 年 5 月 18 日,甲乙相互公证收养对方的子女。目前三个孩子与甲乙一起生活在德国。甲乙向法院申请,根据《德国民法典》第 1741 条第 2 款收养对方子女,一审法院驳回了其收养请求。甲乙上诉至杜塞尔多夫高等法院,二审法院予以改判,同意了甲乙的收养请求。①

案例四十四:甲乙是德国同性民事伴侣,与美国代孕母签订代孕

① Vgl. AG Düsseldorf, Beschluss vom 19.11.2010 – 96 XVI 21/09; AG Düsseldorf, Beschluss vom 19.11.2010 – 96 XVI 23/09; LG Düsseldorf, Beschluss vom 15.03.2012 – 25 T 758/10.

合同,使用甲的精子和匿名捐赠的卵子体外受精,生育了一对双胞胎。与双胞胎无基因关系的乙申请收养双胞胎作为继子。甲乙自双胞胎出生起就一直照顾他们,一家人共同生活在完整的家庭中。杜塞尔多夫地方法院认为代孕违反《胚胎保护法》第1条和《收养中介法》第14条,侵犯了代孕母和儿童的人的尊严,被法律和道德所禁止。因此,一审法院引用《德国民法典》第1741条第1款第2句,以收养对于保护儿童的最大利益并非必要为由,驳回了乙的收养申请。乙上诉至杜塞尔多夫高等法院,上诉成功,法院支持了乙的收养请求。①

案例四十五:甲乙为德国同性民事伴侣,与乌克兰代孕母丙签订代孕合同,使用甲的精子和匿名捐赠的卵子体外受精,孕育了丁。丁于2014年在乌克兰出生。代孕母宣布同意孩子加入德国国籍,并全面委托甲行使父母监护权。孩子出生后,甲乙将孩子带到德国照顾、共同生活。德国司法行政部门发表声明称,虽然孩子受到父亲双方的爱护,但反对乙根据2015年4月29日的公证书收养丁。乙诉至法院,2017年2月20日,一审法院以收养并非保护儿童最大利益所必需为由拒绝收养请求。② 乙提出上诉,称所申请的收养既非不道德,也非不合法,是为了孩子的福利所必需。2017年8月7日,丙表示同意乙收养丁。2018年1月5日,甲乙在登记机关转为婚姻关系。2018年2月12日,慕尼黑高等法院修改了慕尼黑地方法院的命令,批准了乙的收养申请。③

案例四十三、案例四十四和案例四十五都是男性同性伴侣寻求跨国代孕的案件,代孕目的地均为美国、乌克兰这类德国签证政策对其友好的国家,且都未取得外国亲子关系判决,也都只有与代孕儿童有血缘关系的同性伴侣被认定为合法父亲。在没有血缘关系的同性伴侣申请收养代孕儿童的过程中,从2010年至2018年,一审法院都未曾批准其收养申请,一审法院均认为,代孕违反德国法律和公共政策,收养也并不是保护儿童最大利益所必需,因此拒绝当事人收养代孕儿童。案例都经历过二审,高等法院对一审判决予以撤销,父亲的同性伴侣才成功收养并取得了合法父亲的身份,但这三个案例中二审法院允许同

① Vgl. OLG Düsseldorf, Beschluss vom 17. 03. 2017 – II –1 UF 10/16.

② Vgl. AG München, 20. 02. 2017 –52722 F 7115/15.

③ Vgl. OLG München, 12. 02. 2018 –33 UF 1152/17.

性伴侣收养代孕儿童的理由却不尽相同。因三个案例存在相似性,故在此统一总结,分析法律适用和儿童最大利益保护两个问题。

(一)法律适用问题

在推翻一审法院有关收养必要性的判断的基础上,二审法院还推翻了一审法院的法律适用推理。德国有多条关于收养的法律适用规则,这些冲突规则最终均指向德国法。根据《德国民法典施行法》第 14 条第 1 款第 2 句和第 17 条第 1 款第 1 句的规定,收养涉案跨国代孕儿童应当适用德国法律。① 根据《德国民法典施行法》第 22 条第 1 款第 3 句和第 17 条第 1 款第 1 句的规定,民事伴侣收养儿童应适用管辖民事伴侣关系一般效力的法律,由于申请收养方和合法父亲在德国建立了民事伴侣关系,因此适用德国法律。法院还对德国法的适用进行了更为细致的分析,即根据《德国民法典施行法》第 22 条第 1 款第 1 句的规定,儿童收养适用收养时儿童国籍国法。上述三个案例中,有基因关系的意向父亲自始取得代孕母的同意,被认定为合法父亲,代孕儿童自出生即取得德国国籍,而且德国法也是与上述案例联系最密切的法律。② 根据《德国民法典施行法》第 5 条第 1 款第 2 句的规定,如果冲突规则指引向一个人所属国家的法律,而该人属于一个以上国家,则应适用与该人关系最密切的国家的法律,特别是其经常居所地或与生活最密切联系的国家的法律,如果此人也是德国人,则适用德国法,可以说该规定赋予了多国籍德国公民的子女取得德国公民身份的优先资格。③ 所以,无论根据《德国民法典施行法》第 22 条第 1 款第 1 句还是第 3 句,最终得出的结论都是适用德国法。

案例四十三中,法院做出了一个突破,不再坚持经常居所地法和国籍法均可适用,但婚姻效力法规不适用的意见,④转而支持另一种意见,即在母亲已婚的情况下,确定亲子关系问题也可以适用约束其婚姻效力的法规。⑤ 根据主流

---

① Vgl. Art. 14 Abs. 1 Nr. 2, Allgemeine Ehewirkungen, Art. 17b Abs. 1 Satz 1 Eingetragene Lebenspartnerschaft und gleichgeschlechtliche Ehe Einführungsgesetz BGB.

② Vgl. BGH, Internationale Zuständigkeit für Schutzmaßnahmen gegenüber Kind mit doppelter Staatsangehörigkeit, NJW 1997, S. 3024.

③ Vgl. MüKo/Helms, BGB, 6. Aufl., Art. 23 Rn. 3.

④ Art. 19 Abs. 1 Satz 3 EGBGB. Vgl. Hepting, Konkurrierende Vaterschaften in Auslandsfällen, StAZ 2000, 33, 36. Münchener Kommentar-Klinkhardt, BGB, 5. Aufl., Art. 19 EGBGB, Rn. 12.

⑤ Vgl. Herbert Grziwotz, Kinderwunscherfüllung durch Fortpflanzungsmedizin und Adoption, NZFam 2014, S. 1065.

意见,《德国民法典施行法》第 19 条第 1 款中的三个连结点是替代性连结点,具有相同的优先级。① 采用哪个连结点是由相互竞争的关联因素共存所产生的有利原则(Günstigkeitsprinzip)决定的,在该案中即适用对儿童福利更有利的法律。② 至于哪种方案最适合孩子的利益,则有不同的答案。有一种观点认为,相关的法律制度应在尽可能早的时间,最好是在出生时就为孩子规定好父亲,即在该案中,优先考虑第 3 项中规定的约束婚姻效力的法律。③ 另一种观点认为,最有利于儿童福利的解决办法是帮助其尽快找到亲生父亲,而不产生不必要的费用,即也适用加利福尼亚州法律,因为根据基因检测结果,甲与乙分别是丁与戊己的基因父亲。④

法院还讨论了与孩子有基因关系的意向父亲的父亲身份这一先决问题。根据《德国民法典施行法》第 19 条第 1 款第 1 句的规定,关于亲子关系的法律问题适用子女经常居所地国家的法律。案例四十三中虽然孩子在美国出生,但自 2009 年 3 月 5 日起一直生活在德国,所以应当适用德国法。根据《德国民法典》第 1591 条的规定,代孕母作为生产者毫无争议是合法母亲。根据《德国民法典》第 1592 条第 1 款的规定,代孕母的丈夫是丁戊己的合法父亲,而非甲乙,因为他们在孩子出生时并未与美国代孕母结婚。⑤ 因为该案中丙已婚,所以也

---

① Vgl. OLG Hamm (15. Zivilsenat), Beschluss vom 07. 04. 2008 – 15 Wx 8/08, BeckRS 2008, 10032. OLG Celle (18. Zivilsenat), Beschluss vom 29. 05. 2006 – 18 W 2/06, BeckRS 2007, 4897. BayObLG, Vorrang der gesetzlich vermuteten Vaterschaft bei zwei alternativen Abstammungsstatuten, FGPrax 2002, S. 66.

② Vgl. Walther Siede, Abstammung des von einer Leihmutter ausgetragenen Kindes, FamRB 2019, S. 226. Coester-Waltjen, Die Mitmutterschaft nach südafrikanischem Recht im deutschen Geburtsregister, IPRax 2016, S. 135. Lurger, Das österreichische IPR bei Leihmutterschaft im Ausland das Kindeswohl zwischen Anerkennung, europäischen Grundrechten und inländischem Leihmutterschaftsverbot, IPRax 2013, S. 288. Bettina Heiderhoff, Der gewöhnliche Aufenthalt von Säuglingen, LSK 2012, 480443. OLG Hamm, Beschluss vom 24. 07. 1990 – 15 W 143/89, BeckRS 1990, 4354.

③ Vgl. BayObLG, Vorrang der gesetzlich vermuteten Vaterschaft bei zwei alternativen Abstammungsstatuten, FGPrax 2002, S. 66. Schleswig Holsteinisches, Abstammung des Kindes einer Finnin und eines Deutschen, JuS 2003, S. 713. Palandt/Heldrich, BGB, 70. Aufl., Art. 19 EGBGB, Rn. 6. Münchener Kommentar-Klinkhardt, BGB, 5. Aufl., Art. 19 EGBGB, Rn. 14. Erman/Hohloch, BGB, 13. Aufl., Art. 19 EGBGB, Rn. 17.

④ Vgl. Henrich, Kindschaftsrechtsreformgesetz und IPR, FamRZ 1998, S. 1401 ff.

⑤ Vgl. § 1592 Nr. 1 BGB.

不存在《德国民法典》第 1592 条规定的丙对甲乙父亲身份的承认。[①] 因此根据《家事事件与非讼事件程序法》第 1600 条和第 182 条的规定，该案中父亲身份没有被合法地确立。换个思路，根据《德国民法典施行法》第 19 条第 1 款第 2 句的规定，也可以根据父母所属国家的法律确定亲子关系，但是由于乙只有德国国籍，因此在这方面也将适用德国法律。根据《德国民法典施行法》第 19 条第 1 款第 3 句的规定，如果孩子的母亲已婚，亲子关系也可以适用孩子出生时约束其婚姻的一般效力的法律，因为代孕母丙在孩子出生时已与美国公民结婚，因此适用美国法。根据《加利福尼亚婚姻法》第 7540 条的规定，如果子女的父母结婚，婚姻存续期间出生的孩子被推定为夫妻双方的孩子，但该推定是可以被挑战的。在该案中，圣地亚哥家庭法院 2009 年 2 月 17 日的判决中，法院根据丙的丈夫的挑战，推翻了这一推定，而将甲与乙分别记录为丁与戊己的父亲。因此，有血缘关系的意向父亲的合法身份是可以被认定的。

案例四十四和案例四十五中，根据《德国民法典》第 1743 条第 1 句的规定，甲乙作为在德国注册的同性伴侣，符合收养的法定要求。根据《生活伴侣法》第 9 条第 7 款和《德国民法典》第 1741 条第 1 款第 2 句、第 1754 条第 1 款、第 1755 条第 2 款关于民事伴侣收养另一民事伴侣的未成年子女的规定，如果符合儿童的最大利益，民事伴侣可以收养其民事伴侣的亲生子女，其结果是该子女取得两个民事伴侣的共同子女的地位，与另一个父母的关系终止，上述案件中可以认定收养符合儿童的最大利益，故而满足这一条件。具体见下面关于儿童最大利益的论述。[②] 根据《德国民法典》第 1746 ~ 1750 条的规定，同性伴侣相互收养彼此的孩子需要经过孩子的合法父母、法定代理人还有彼此伴侣的同意，且该同意应有公证人的见证。因此，根据冲突规则，意向父亲的同性伴侣收养代孕儿童最终将指向德国法，上述两个案例中，代孕儿童的合法父亲的同性伴侣收养代孕儿童的行为，符合德国法律关于收养条件的规定。

（二）儿童最大利益的适用

案例四十三中，一审法院认为当事人不满足违法前提下收养儿童的必要条件，并提出了三个拒绝同性伴侣收养代孕儿童的理由。根据《德国民法典》第 1741 条第 1 款第 2 句的规定，如果收养者参与非法或不道德的收养准备工作，除非只有收养才能保障儿童的最大利益，才可以允许收养。首先，该案中代孕

---

① Vgl. § 1592 Vaterschaftsanerkennung, Nr. 2 BGB.

② Vgl. § 9 Abs. 7 LpartG, § § 1754 Abs. 1, 3, 1755 Abs. 2 BGB.

行为是非法或不道德的。代孕母严重忽视照顾和抚养儿童的义务,在孩子最需要保护的时刻将其交给素不相识的意向父母是不负责的行为,意向父母以金钱购买代孕儿童的抚养权和合法父母身份也是违反德国法律和道德的行为。① 其次,该案不满足只有收养才能保障儿童利益的条件。第一,根据青少年福利办公室的报告以及听证的结果,该案无法满足这个前提。根据专家意见,所有孩子和两个申请人一起在安定和欣赏的氛围中成长,甲和保姆一起照顾 3 个孩子,乙上班工作,双方都具有生活经验和责任心,是孩子的实际照料者,已经承担了亲生父母的角色。只要甲乙的伴侣关系持续下去,所有孩子都有两个父亲爱他们并照顾他们,所以即使不收养孩子,也不会伤害孩子。② 3 个儿童与代孕母都没有任何心理和社会关系,这种关系也无法通过收养来改善。第二,法院建议甲乙可以根据《生活伴侣法》第 9 条相互获得所谓的对彼此未成年子女的监护权(kleine Sorgerecht),③从而实现甲乙对 3 个孩子进行共同监护的愿望,但是被甲乙拒绝了。在德国,近乎半数的民事伴侣会解除关系、分居或离婚,在这种情况下,子女们的财产权利可能会受到损失。当事人的意见没有被法院采纳,法院认为,在审查收养要求时,当事人之间是否会解除关系不属于法院考量的范围,如果法院在关于收养的决定中假定这种关系解除了,将损害儿童的福利。父母监护权只是解决法律方面的问题,即主要由谁来决定孩子幸福或不幸的命运(Wohl und Wehe),主要考虑儿童在日常生活中如何与家人互动,如何使儿童在情感上得到照顾等。在案例四十三中,无论收养程序的结果如何,甲乙与 3 个孩子之间的情感纽带已经存在并且可以长期维持,所以收养对于儿童利益保护不是必需的。第三,当事人认为收养可以使儿童有权获得尽可能最佳的经济状况的论点也是站不住脚的。法院认为,就法定继承权问题,当事人应通过订立继承合同并公证为子女取得与法定继承(gesetzlichen Erbrecht)相当的意定继承人(gewillkürte Erbenstellung)身份。综上所述,该案中收养对于保护 3 个孩子的福利而言并不是必需的。

案例四十三中,二审法院对争议内容进行了改判,认为收养对于儿童福祉的保护是必要的,同意甲乙相互收养彼此的孩子,具体做出了如下五点分析:第

---

① Vgl. Bamberger/Roth, Beckscher Online-Kommentar, Aufl. 2010, § 1741 Rd. Nr. 33.

② Vgl. BverfG, Sukzessivadoption durch eingetragene Lebenspartner, NJW 2013, S. 847.

③ Vgl. § 9 Regelungen in Bezug auf Kinder eines Lebenspartners, Gesetz über die Eingetragene Lebenspartnerschaft (Lebenspartnerschaftsgesetz-LPartG).

一,案例要重点关注和考量儿童福利的因素,即愿意收养儿童的人在非法或不道德的方式中已经与儿童形成了实际联系,并且该联系随着时间的推移而加强。[①] 该案中甲乙与丁戊已有深厚的感情,为了儿童的福利,避免未来可能遇到的法律困难,收养是非常必要的。第二,甲乙的确通过代孕造成了法律上的不确定性,然而,甲乙向法庭明确和全面地解释说,甲是美国公民,他们求助的美国机构也并没有指出德国法律中可能存在的问题,他们不知道他们提出的收养请求在德国是不被允许的。而且代孕母也是自愿地将孩子交给意向父亲的,并未侵犯代孕母的人格尊严。[②] 第三,由于甲乙对孩子的主观态度以及对孩子进行法律保护的客观困难,有必要确认收养的必要性。通过收养,《德国基本法》第 6 条第 2 款规定的甲乙的父亲身份将得到保障,这样一来,甲乙都不必担心彼此的民事伴侣不再是彼此孩子的父母,如果一方遇到意外,也不用担心孩子没有亲人照顾。[③] 如果伴侣一方死亡,则与其有基因关系的孩子将失去父母,因为根据圣地亚哥家庭法院 2009 年 2 月 17 日的判决,丙不是孩子的母亲,这将使孩子陷入无父无母的境地。在加利福尼亚州出生证明上,乙被登记为丁的父亲这一事实与确定亲子关系无关,因为这一登记并不构成对父子关系的认定。[④] 即使按照德国法律丙拥有合法母亲身份,但是代孕母远在美国,将有关于丁的各种权利的决策权都交付于和孩子从未有过实际接触的丙手中,孩子的权利会遇到极大的风险。第四,收养将使孩子获得额外的继承权和抚养费。一审地方法院建议通过遗嘱公证与约定抚养费并进行公证,解决孩子继承权与抚养费问题。[⑤] 二审法院认为,找一个公证员来记录这种不寻常的契约有多困难先按下不表,在强制执行或破产的情况下,约定的抚养费债权是否与法定抚养费债权一样得到考虑都是值得怀疑的,在实际操作中会造成额外的困难,孩子的财产权利并不能完全通过公证来保证。第五,关于收养对儿童福利保护的必要性,不仅要考虑到现在,还要考虑到以后的发展。未来存在大量的不可估量的因

---

① Vgl. BT – Drs 13/8511, S. 75.

② Vgl. Anm. Coester-Waltjen, § § 1591 BGB, 108 f. FamFG: Geburtenregistereintragung bei „Leihmutter-Kind“ und mehrfachem Auslandsbezug, FamRZ 2017, S. 1693.

③ Vgl. Hanseatisches Oberlandesgericht Hamburg, Beschluss vom 22. Dezember 2010, – 2 Wx 23/09 –; Stüber, Gesetz zur Überarbeitung des Lebenspartnerschaftsrechts, FamRZ 2005, S. 574 ff.

④ Vgl. VG Berlin, Beschluss vom 15. 04. 2011, 23 L 79. 11.

⑤ Vgl. Marc Eckebrecht, Erforderlichkeit einer Adoption bei Leihmutterschaft, NZFam 2018, S. 286.

素,这种只与父母一方存在法律关系的案例证明了另一生活伴侣收养的必要性。只有在法律保护儿童的基础上,儿童才能在合法家庭的保障下自由发展,无忧无虑。如果不同意收养而只进行约定,会存在很多可预见和不可预见的情况,因此需要大量的合同、委托书、确认书等来保证孩子的安全。然而,这种预见性的合同无法穷尽现实中遇到的所有问题,总会存在一些未来可能出现但当时未预料到的情形。目前,3 个孩子年龄尚小尚未遇到更多的问题,但这些问题在孩子们长大后可能出现。因此,二审法院认为,代孕儿童不应该因为甲乙丙各方在其出生之前的行为而受到惩罚或痛苦,相反,儿童的福利要求给予他们作为双方子女的法律地位保障。总之,在本案中,为了积极改变儿童的生活条件,收养是必要的。

案例四十四中,杜塞尔多夫高等法院直接降低了收养的标准,不再认为当且仅当收养为保护儿童利益所必需时才能允许收养,而认为只要符合儿童利益,便可允许收养。德国法律对先行行为存在违法性的收养作出了特殊规定,但该案不属于这种情形。《德国民法典》第 1741 条第 1 款规定,如果收养儿童符合儿童的最大利益,并且预期收养人与儿童之间将发展出亲子关系,则允许收养。凡参与以收养为目的非法或不道德地安置或带走儿童的人,或委托或奖励第三方这样做的人,除非是为了儿童福利的需要,否则不得收养儿童。① 该条款第 1 句为"儿童最大利益"标准(Kindeswohl),第 2 句为"加强的儿童最大利益"标准(Wohl des Kindes erforderlich),该案适用第 1 句。② 杜塞尔多夫高等法院认为,该案不属于第 2 句规定的情形,"非法或不道德地安置或带走儿童"应被狭义解释,双胞胎在国外通过卵子捐献代孕出生并不符合该句适用的条件。③ 本条款所保护的法益是儿童最大利益,其目的不是防止代孕,并且即使为了防止代孕也不能拒绝意向父母收养代孕儿童,这会使儿童更加不幸。④ 预防代孕不应在处理有关儿童亲子关系的问题时进行,因此,根据对宪法和国际公约作

---

① Vgl. § 1741 Zulässigkeit der Annahme, Bürgerliches Gesetzbuch (BGB).

② Vgl. Staudinger/Frank BGB, Neubearbeitung 2007, § 1741 Rn. 27.

③ Vgl. LG Frankfurt a. M., Beschluss vom 03.08.2012 - 2/09 T 51/11, StAZ 2013, S. 222. BGH, Keine Feststellung der Vaterschaft für im Ausland extrakorporal aufbewahrten Embryo, NJW 2016, S. 3174. Peter Friederici, Unzulässigkeit der Adoption auf Grund eines Leihmuttervertrags, FamFR 2011, S. 551. Staudinger/Frank, a. a. O. Rn. 34. Erman/Saar, BGB, 14. Aufl. § 1741 Rn. 13.

④ Vgl. Staudinger/Frank, a. a. O. Rn. 27. MüKo/Maurer, BGB, 6. Aufl. § 1741 Rn. 16.

出的解释,该标准不适用于收养代孕儿童的情形。[①] 杜塞尔多夫高等法院认为,收养这对双胞胎的条件已被满足。申请人与双胞胎之间已经共同生活形成了亲子关系,收养也符合第1句规定的儿童的最大利益和福祉。允许意向父亲的伴侣收养代孕双胞胎,并非否认该双胞胎是代孕母所生,而是在这种情况下将儿童的父母身份赋予可依赖的意向父母,而非远隔万里重洋无法联络的代孕母,这毫无疑问符合儿童的最大利益。

二、允许意向母亲收养跨国代孕儿童

与第二章中德国法院审理承认外国亲子关系判决案件的发展进程类似,德国法院在同意同性伴侣收养跨国代孕儿童后,同等地将收养有利于儿童最大利益这一项规则适用于异性夫妇收养代孕儿童。

案例四十六:案例四十并非终审判决。意向父母甲乙已婚,与乌克兰离异代孕母丙签订代孕协议,代孕儿童丁于2016年在乌克兰出生,与甲乙有基因关系。出生证明中,甲乙被登记为合法父母。代孕母在乌克兰公证人在场的情况下,承认甲丁的父子关系,德国驻基辅大使馆领事官员据此承认甲的父亲身份,并发表了宣告声明。丁出生后被立即带回德国,与甲乙共同住在德国的家中。乙向地区法院申请收养丁,却被地区法院驳回。[②] 乙上诉至法兰克福高等法院,最终高等法院支持了乙的收养请求,认定收养符合儿童最大利益。[③]

因本案是跨国代孕案件,具有涉外因素,所以首先要解决法律选择的问题。依据《德国民法典施行法》第23条的规定,有关收养的同意、收养必要性、收养程序,应适用被收养子女的国籍国法。本案中丁的国籍国为德国,所以适用对代孕收养规定得非常严格的德国《收养中介法》,即"代孕是一种违法的收养方式,只有在符合儿童最大利益的时候才准许收养"[④]。所以本案主要讨论的就是跨国代孕案件中意向父母对代孕儿童的收养是否符合其最大利益,且是否是必要的。高等法院在具体分析收养是否符合儿童最大利益时,进行了以下四点

① Vgl. BGH, Anerkennung eines kalifornischen Urteils zur Elternstellung bei Leihmutterschaft, NJW 2015, S. 479 = FamRZ 2015, S. 240.

② Vgl. AG Frankfurt am Main, Beschluss vom 09.04.2018 – 470 F 16020/17.

③ Vgl. OLG Frankfurt a. M., Beschluss vom 28.02.2019 – 1 UF 71/18.

④ Vgl. § 1 Abs. 1 Satz 2, § 2, Adoptionsvermittlungsgesetz.

考量。

首先,丁自出生之后便随甲乙回德国居住,乙丁之间已经建立起亲子关系,存在亲密和爱。丁将乙视为自己的母亲,乙也已经扮演了母亲的角色,完成了所有通常属于母亲的任务,并将继续这样做。而且自丁出生后,他从未见到过依照德国法是其合法母亲的丙,两相对比,从保护丁的情感的角度出发,认定乙是其合法母亲更加符合儿童最大利益。

其次,年龄差距的存在并不妨碍亲子关系的建立。鉴于社会的发展变化和现代生殖医学的发展,妇女越来越晚成为母亲。所以本案中的年龄差异用今天的标准来看并没有那么明显。因此,在目前的情况下,就亲子关系的建立而言,年龄差距作为一个非决定性标准,并非本案需要考量的重要因素,①故而并不能以乙年龄较大为由拒绝其收养丁。

再次,最重要的考量因素应该是儿童的成长、生活和发展条件。本案中,乙对丁进行收养,可以使双方有合法稳定的亲子关系,更有利于乙无后顾之忧地抚养丁,为丁提供良好的生活和成长条件。更何况,拒绝乙收养丁的后果是让丁和素昧平生且早已主动放弃母亲身份的丙共同生活,而依据乌克兰法律,代孕母甚至无权申请成为代孕儿童的合法母亲,②这将导致儿童实际上无法享受到母亲的关怀。因此,由乙对其收养、照顾、教育,更符合儿童最大利益。

最后,德国立法者对代孕收养进行限制,其目的是防止买卖儿童的情况发生。在本案中,儿童已经出生,且已经被与其有基因关系的意向父母带回德国抚养,该限制不应该成为儿童获得完整的家庭、最大利益受到保护的障碍。而且,《根据外国法收养儿童效力法》(Adoptionswirkungsgesetz)具体规定了跨国收养的条件和程序,鼓励跨国收养无人陪伴儿童。③ 因此,就跨国代孕而言,即使在德国代孕是被禁止的,只要收养的事实有利于儿童的利益,法院依旧会认可该收养。④ 基于以上理由,法兰克福高等法院最终判决允许乙对丁进行收养。

---

① Vgl. OLG Frankfurt a. M., Beschluss vom 12.06.2003 – 20 W 264/02, BeckRS 2003, 9753. AG Köln (Abteilung 308), Beschluss vom 19.11.2014 – 308 F 90/14, BeckRS 2015, 00166.

② Vgl. Art 139(2) of the Family Code of Ukraine.

③ Vgl. § 4, Antragstellung, Reichweite der Entscheidungswirkungen, Gesetz über Wirkungen der Annahme als Kind nach ausländischem Recht (Adoptionswirkungsgesetz).

④ Vgl. Herbert Grziwotz, Stiefkindadoption und Adoptionshilfe-Insellösung oder Neuorientierung?, ZRP 2020, S.6.

第四节　利弊分析

一、跨国代孕收养的益处

（一）建立稳定的家庭关系

法院允许意向父母收养代孕儿童，是在意向父母未取得外国亲子关系判决、根据德国法律无法被认定为代孕儿童的合法父母时，为意向父母和代孕儿童合法建立家庭的最后一个方案。如果法院拒绝意向父母收养代孕儿童，很可能导致代孕儿童无家可归并处于无国籍的状态，根据代孕目的国法，代孕母往往已经合法地放弃了母亲身份，如果德国法院坚持认定生产者为母，并排除意向父母的父母身份，会导致跛脚亲子关系。法院同意意向父母收养代孕儿童后，可以产生类似于承认外国亲子关系判决或者依法认定意向父母与代孕儿童之间的亲子关系的法律效果，即代孕儿童能够生活在稳定的家庭中。司法实践中，意向父母与代孕儿童之间往往已经产生深厚的感情，并且该联系将随着时间的推移而加强。意向母亲或者同性伴侣收养代孕儿童后，才拥有了合法的父母身份，使当事人都身处稳定的亲子关系中，代孕儿童也可以享受到更为全心全意的照顾和抚养。

（二）保护儿童最大利益

如果法院既拒绝认定意向父母和代孕儿童的亲子关系，又拒绝意向母亲或同性伴侣收养代孕儿童，很可能为代孕儿童造成额外的风险。比如，被认定为合法父母的伴侣一方死亡，代孕儿童即失去父母成为孤儿，因为根据外国法律，代孕母已经合法地放弃了母亲身份。即使按照德国法代孕儿童拥有合法母亲，但是代孕母远在国外，将有关于代孕儿童的各种权利的决策权都交付于和孩子从未有过实际接触的代孕母手中，不利于儿童最大利益的保护。只有在法律保护儿童的基础上，儿童才能在合法家庭的保障下自由发展，无忧无虑。

财产约定和遗嘱公证不能作为收养的替代选项。部分法院认为，申请人可以通过约定或拟定遗嘱并公证的方式，保障代孕儿童的抚养权请求权和继承权。但是孩子的财产权利并不能完全通过约定来解决。第一，公证员很可能没有处理过类似的不寻常的契约，这会造成公证上额外的困难。第二，在强制执行或破产的情况下，约定的抚养费债权是否与法定抚养费债权一样得到考虑，在实际操作中可能存在疑虑。第三，如果不同意收养而只进行约定，会存在很多可预见和不可预见的情况，因此需要大量的合同、委托书、确认书等来保证孩子的安全。然而，这种预见性的合同无法穷尽现实中遇到的所有问题，总会存在一些未来可能出现但当时未预料到的情形。

二、跨国代孕收养的弊端

（一）可能产生额外的风险

法院认可通过收养方式确认亲子关系，也可能为代孕儿童带来额外的风险。在未获得外国判决的跨国代孕案件中，意向母亲成为合法母亲的途径只剩下收养，这就意味着，在孩子出生后，意向母亲还可以选择是否接受这个孩子。尤其是，代孕儿童可能残疾、发育不全或有其他严重的先天性疾病，意向父母可能会后悔代孕并拒绝收养该儿童，这样的结果势必会侵犯代孕儿童享受家庭生活的权利。① 如果意向父母否认父母身份，拒绝带代孕儿童回家，代孕儿童将会滞留在其出生国，无人照拂。因为通常情况下，依据代孕儿童出生国法律，代孕母会预先通过法院或公证放弃母亲权利，代孕儿童不能合法地与其建立亲子关系。② 因此，允许意向父母通过收养获得合法父母身份，会导致在代孕儿童的生命中实际扮演着重要角色的意向父母逃脱父母责任的风险。当然，这是跨国代孕案件中各国法律规定不同导致的跛脚亲子关系，如果要最终解决这个问题，只能依靠多边的亲子关系认定公约，但因为各国立法差异过大，该公约的形成与签署仍任重道远。③

（二）不可完全替代其他途径

允许意向父母收养代孕儿童不能代替承认外国判决的后果。收养的效果不能完全取代承认外国判决。虽然通过收养也可以建立亲子关系，但是如果该亲子关系已经通过外国判决有效地建立起来了，在这种情况下，承认外国判决会导致根据德国法无法获得的结果，即意向母亲或同性伴侣未经过收养程序即

---

① See Art 10 of the United Nations Convention on the Rights of the Child (1989). Baby Gammy, *Surrogacy row Family Cleared of Abandoning Child with Down Syndrome in Thailand*, Duke Science and Society (4 August 2014), https://scienceandsociety.duke.edu/baby-gammy-surrogacy-and-safeguards/.

② See Claire Fenton-Glynn, *International Surrogacy before the European Court of Human Rights*, 13-3 Journal of Private International Law 546-567 (2017).

③ See HCCH, *Report of the Experts' Group on the Parentage / Surrogacy Project*, 29 October to 1 November 2019.

可被登记为共同父母。因此,部分法院认为,意向父母也可以通过收养毫无问题地取得父母身份的观点并不令人信服,这也是第二章中德国法院承认外国判决的理由之一。因为如果只有通过进一步的收养诉讼程序才能带来与承认外国判决相同的结果,毫无疑问违背了儿童最大利益。如前所述,与出生前已经根据外国判决确定亲子关系相比,通过收养建立亲子关系会给儿童带来额外的危险,给儿童身份带来很大的不确定性。如果按照部分德国法院的观点,意向父母可以通过收养建立与代孕儿童的亲子关系,那么意向父母在代孕儿童最需要照顾的时候可以被免除父母责任,因为只要没有收养,代孕儿童在法律上就还不是意向父母的合法子女。① 与此同时,根据代孕目的国法律和司法判决,代孕儿童的合法父母是意向父母,其在出生国是无父无母的,德国法院也无法强制代孕母及其丈夫履行抚养义务。② 因此,收养并不能替代承认外国判决建立意向父母与代孕儿童的亲子关系。

此外,通过约定保障代孕儿童的人身和财产权利不现实,事实上约定不可能穷尽所有可能,万一代孕儿童的合法父母意外死亡,代孕儿童很可能要么陷入无父无母的境地,要么需要让远在千里之外的代孕母承担其并不希望和应当承担的监护责任。因此,德国法院承认外国判决以直接建立亲子关系的结果,不仅有利于亲子关系的稳定,还有利于儿童最大利益,也不会对代孕母的基本权利造成重大侵害。因此在意向父母获得外国亲子关系判决的跨国代孕案件中,德国法院逐渐不再以收养是承认外国判决的替代性解决方案为由拒绝承认外国判决。

本章小结

与承认外国亲子关系判决的司法实践类似,在判断是否准许意向父母收养代孕儿童的问题上,德国各级法院之间存在冲突。2010 年的案例二十六是意向父母顺利收养代孕儿童的第一个案件,但是该案并未形成允许意向父母收养代孕儿童的司法规则。2010 年的案例四十一、2011 年的案例三十九、2018 年的案

---

① Vgl. BGH, Anerkennung eines kalifornischen Urteils zur Elternstellung bei Leihmutterschaft, Neue Juristische Wochenschrift, NJW 2015, S. 479 = NZFam 2015, S. 112, Rn. 59, 60.

② Vgl. Helms, Leihmutterschaft-ein rechtsvergleichender Überblick, StAZ 2013, S. 114. Benicke, Kollisionsrechtliche Fragen der Leihmutterschaft, StAZ 2013, S. 101.

例四十中,德国法院依旧没有批准意向母亲或同性伴侣的收养请求。德国法院就跨国代孕收养的问题没有达成完全的共识,法院之间的判决并不一致,允许收养的条件和理由并非完全统一的、可预测的。即使德国司法机关内部存在一些紧张关系,但近年来仍然可以发现法院对跨国代孕收养的态度逐渐宽松。在2012年的案例四十三、2017年的案例四十四、2018年的案例四十五中,德国法院准许了男性同性伴侣收养对方代孕出生的子女;在2019年的案例四十六中,法兰克福高等法院还批准了有基因关系的意向母亲收养其与丈夫共同决定代孕所生的子女。

德国法院审理跨国代孕收养案件的态度逐渐宽松。《德国民法典》第1741条第1款第1句和第2句分别规定了"儿童最大利益"标准和"加强的儿童最大利益"标准。德国法院在最初通过适用后者,以收养并非保护儿童最大利益所必需为由,拒绝意向母亲或同性伴侣收养代孕儿童。德国法院认为,通过拟定财产协议和遗嘱公证,同样可以保障儿童的利益,同时,代孕儿童已经与意向父母共同生活,收养也不会对儿童的家庭生活产生实质性影响,因此,收养并非保护儿童最大利益所必需,不符合"加强的儿童最大利益"标准,即收养不是保护儿童最大利益的必要条件,无论意向母亲与代孕儿童有否基因关系,法院都拒绝意向母亲收养代孕儿童。但随着司法实践中不断承认外国亲子关系判决以及适用德国法认可意向父亲的合法身份,德国法院对儿童最大利益更加重视,对跨国代孕亲子关系逐渐宽容,这也体现在收养跨国代孕儿童的问题上。一是德国法院倾向于认定收养是保护儿童最大利益所必需的行为,意向父母的收养申请符合"加强的儿童最大利益"标准;二是德国法院在后期选择适用"儿童最大利益"标准,即只要收养符合儿童最大利益,法院就同意意向母亲或同性伴侣收养代孕儿童。

第五章　德国法院认定跨国代孕儿童亲子关系的经验

在对前文提出的承认外国判决、亲子关系认定、跨国收养这三种模式进行逐个分析后，可以发现，德国法院在多种法益之间找到了平衡。在这三种模式中，德国法院做出了两种分割，坚持一个原则，在跨国代孕亲子关系认定领域态度日渐开放。

第一节　两种不同的分割方法

德国法院在跨国代孕亲子关系问题相关的领域实现了两种分割：一是在国内法禁止代孕的条件下承认外国亲子关系判决的分割；二是跨国代孕案件中是否存在外国法院判决的分割。这两种分割实质意义上都是德国法院在公共政策与儿童最大利益这两个原则中进行权衡的结果，第一种分割认为儿童最大利益有更高的优先级，第二种分割认为公共政策更需要被保障。

一、第一种分割

（一）历史演进

德国法院做出的第一种分割，是指在德国国内法禁止代孕的情况下，德国法院承认外国法院作出的认定德国意向父母与跨国代孕儿童亲子关系的判决。这种分割实质上是国内法禁止代孕和生产者为母的规定在为儿童最大利益让步。2013 年以前，德国法院以代孕违反德国法律中的公共政策、禁止性规定以及亲子关系认定规则为由，拒绝承认多种类型的外国亲子关系判决，向外界传达德国对跨国代孕的威慑和不友好的态度。但随着儿童最大利益原则在司法实践中的发展，德国法院逐渐积累了新的司法经验，做出了一系列突破，赋予该原则更高的优先级，并承认了认定意向父母和跨国代孕儿童亲子关系的外国判决。

2013 年后，德国法院对外国亲子关系判决的态度逐渐宽松。从 2013 年弗里德贝格地方法院承认外国亲子关系判决并认定意向父母的合法父母身份，到 2014 年年底德国联邦最高法院作出里程碑式的判决认定同性伴侣的合法父母身份，各级和各地方法院逐步承认了认定同性伴侣、异性伴侣、单身意向父亲与代孕儿童亲子关系的外国判决。从 2015 年至 2021 年，经过一段时间司法实践的积累，德国法院对基因关系的要求逐渐宽松，更加重视儿童福祉的保护，部分一审地方法院也开始承认外国亲子关系判决。这意味着德国法院进一步放开外国亲子关系判决的承认标准，而且进一步简化和降低承认外国判决的程序和审级，意向父母不再需要上诉至高等法院或德国联邦最高法院即可确立与代孕儿童的亲子关系。

（二）影响因素

首先，该分割很大程度上受到德国签订的国际公约的影响。德国作为《儿童权利公约》的成员国，需要履行公约义务，在批准该公约后 2 年内以及此后每 5 年提交初次报告和定期报告，具体说明对儿童权利保护的落实情况。[①] 德国与其他缔约国一起将儿童利益置于首位，以表达对儿童福祉的关切，将儿童最大利益原则作为一项指导原则，在立法、行政和司法等领域实现一体化，并在具体的公约施行过程中，将儿童最大利益原则落实到儿童在自己国家、社区、学校和家庭的生活中。此外，德国还签订了《欧洲人权公约》、《公民权利和政治权利国际公约》（International Covenant on Civil and Political Rights）、《经济、社会及文化权利国际公约》，这些公约在不同程度上都强调了对儿童权利的保护，儿

---

① 参见何海澜：《善待儿童：儿童最大利益原则及其在教育、家庭、刑事制度中的运用》，中国法制出版社 2016 年版，第 43 页。

童不仅有权享受家庭生活，而且有权享受达到一定质量水平的家庭生活。① 因此，德国在司法实践中需要考量其以违反公共政策为由拒绝承认外国亲子关系判决、否认意向父母与代孕儿童的亲子关系是否违反其签订的公约的义务。事实上，欧洲人权法院在2014年已明确指出，拒绝承认外国亲子关系判决违反了《欧洲人权公约》第8条对儿童最大利益保护的规定。因此，德国法院将儿童最大利益原则置于公共政策之上，承认外国判决，认定意向父母、同性伴侣、单身父亲与代孕儿童的亲子关系，一定程度上是在履行其签署的国际公约的义务。

其次，该分割是对欧洲人权法院判决的扬弃。一方面，德国联邦最高法院决定参考欧洲人权法院的先例，承认了外国亲子关系判决。2014年，欧洲人权法院在蒙森案和拉巴塞案中认定，完全禁止意向父母与代孕儿童建立亲子关系，尤其是在意向父亲与代孕儿童有基因关系的情况下拒绝承认外国亲子关系判决，违反了《欧洲人权公约》第8条对儿童最大利益保护的规定。② 另一方面，德国法院在欧洲人权法院先例的基础上进一步发展出了自己的规则。2018～2019年，德国法院便不再将基因关系作为承认外国亲子关系判决的必要条件之一。这一改变是站在德国亲子关系认定规则的基础上做出的修正，因为依据德国国内法，基因关系并非父亲或母亲与子女建立亲子关系的条件。德国立法中已明确“去基因化”，母亲身份基于生产，父亲身份基于母亲的认可、婚生子的推定以及法院的判决，此时再严格效仿欧洲人权法院的先例不符合德国国情。此外，与孩子没有基因关系的意向父亲的妻子或伴侣，事实上也可以通过继子女收养成为代孕儿童的合法父母，因此承认外国判决的结果与依据国内法作出判决的结果一致，并不会违反公共政策。

最后，该分割受到德国极度重视保护儿童最大利益的文化习惯的影响。德国家庭法重视保护儿童最大利益。自20世纪70年代以来，儿童的最大利益已成为德国和欧洲父母与儿童法中最重要的范畴。德国部分学者认为，儿童最大利益应具有最高优先级，主张儿童法应以儿童为中心，而非以父母为中心。换言之，孩子从客体变成主体，父母对孩子从亲权变成亲情，父母必须在符合儿童

---

① See Elisabeth Gording Stang, *The Child's Right to Protection of Private Life and Family Life*, in Said Mahmoudi, Pernilla Leviner, Anna Kaldal & Katrin Lainpelto eds., Child-friendly Justice, a Quarter of a Century of the UN Convention on the Rights of the Child, Brill, 2010, p. 256－257.

② See ECtHR, Mennesson vs. France, app. no. 65192/11, at no. 100, judgment of June 26, 2014; ECtHR, Labassee vs. France, app no. 65941/11, judgment of June 26, 2014.

最大利益的前提下对子女进行监护。德国家庭法院会议儿童权利委员会认为，幼儿和青春期的儿童和青少年尤其需要连续的、稳定的亲情，因此法院在确定监护权时应尤其考虑这类儿童的最大利益。[①] 在承认外国亲子关系判决的案件中，代孕儿童作为意向父母违反法律和道德的行为所衍生的生命，其自身权利和利益仍然具有最高的优先级且应获得保障，再加之儿童最大利益已发展成为公共政策的一部分，承认外国亲子关系判决不再违反德国公共政策。因此，承认外国判决，认定意向父母与代孕儿童的亲子关系，有利于保障儿童拥有稳定的、连续的家庭生活，符合儿童最大利益作为文化习惯在立法和司法中的地位。

二、第二种分割

德国法院做出的第二种分割是，以意向父母是否取得外国判决为分水岭，作出截然相反的亲子关系判决。与第一种分割中存在外国判决的情形不同，如果意向父母没有获得外国法院的判决，直接向德国法院请求认定亲子关系，即使意向父母双方和代孕儿童都有基因关系，德国法院在审理时也会严格适用德国法认定代孕母为合法母亲，其丈夫为法定父亲，而拒绝承认意向父母的合法父母身份。与之相对，如果当事人取得了外国判决，即使意向父母与代孕儿童没有基因关系，德国法院仍然会承认外国判决，并认定意向父母与代孕儿童的亲子关系。是否取得外国亲子关系判决是意向父母身份能否被认可的决定性因素。

导致第二种分割的根本性原因在于，承认外国判决和适用外国法律领域的公共政策有所区别。第一种分割的法律依据是承认外国判决的公共政策。《家事事件与非讼事件程序法》第 109 条第 1 款第 4 句规定，如果承认外国判决导致的结果明显不符合德国法律的基本原则，特别是承认该判决侵犯基本权利，则不得承认该外国判决。第二种分割的法律依据是适用外国法律的公共政策。《德国民法典施行法》第 6 条规定，如果适用另一国的法律规范导致的结果明显不符合德国法律的基本原则，尤其是侵犯基本权利，则不得适用该外国法律。这两条法律规定中关于公共政策（wesentlichen Grundsätzen）的用词完全一致，但在具体司法实践中却存在不同。承认外国判决时，德国法院并不会对外国判决进行实质性审查，而主要审查其程序上的公正性问题，即适用所谓的宽松的

---

① Vgl. Martin Löhnig, Pendelkinder-Kindeswohl und gleichberechtigte, geteilte elterliche Verantwortung, NZFam 2016, S. 817.

国际公共政策。而且承认外国判决属于司法协助的一部分，拒绝承认外国判决可能会导致采取互惠主义的国家拒绝承认德国判决的不利后果。与之相比，在适用外国法律时，德国法院会审查适用该法律的结果是否违反德国公共政策，如果根据外国法律认可了意向父母与代孕儿童的亲子关系，事实上即承认了跨国代孕的合法性，会产生鼓励德国意向父母远赴国外进行代孕的后果，与第一章第二节中所明确的代孕在德国法上的违法性背道而驰。

有学者认为，德国立法和司法都在限缩公共政策，因此第二种分割中的外国法律仍有适用的可能性。1986 年修订以前的《德国民法典施行法》第 30 条规定，如果外国法律的适用有悖于道德或德国法律的宗旨，则排除其适用。“道德”与“宗旨”显然宽泛于“公共政策”，可以看出，德国有限缩公共政策的立法趋势。同样，在司法领域，德国联邦宪法法院在 1971 年即明确指出，每一种侵犯基本权利的行为都需要公共政策但书的干预，而对可容忍和不可容忍的侵权行为进行区分是不允许的，必须考虑到该涉外案件与外国有关的事实的特殊性，在每个案件中具体分析基本权利与外国事实相关的程度，甚至需要考虑到《德国基本法》在接受其他法律体系的价值决定方面对国际法的友好态度。[①] 因此，意向父母在未取得外国亲子关系判决的情况下，申请为代孕儿童签发德国护照、签证或进行事后认证，德国法院在决定跨国代孕亲子关系这一先决问题时，应具体分析该案件与国外事实相关的程度，以及在拒绝适用外国法律后产生的对国内和国际人权的不利影响。适用外国法律和承认外国判决一样，都需要司法实践中法院对公共政策的不断解释，德国法院经过近 10 年的发展，基本形成了承认外国亲子关系判决的司法规则。笔者认为，随着儿童利益的发展和公共政策的弱化，德国法院在日后有可能通过冲突规则的指引，适用更有利于保护儿童利益的代孕目的国法认定意向父母和代孕儿童之间的亲子关系。

此外，德国法院实际上还做出了其他三种分割。一是宽松认定意向父亲的父亲身份，但严格限制意向母亲成为合法母亲。二是在德国法规定代孕是一种违法的收养方式的前提下，依据儿童最大利益原则批准意向父母收养代孕儿童。换言之，在意向父母未取得外国亲子关系判决无法在德国建立合法的亲子关系的情况下，德国法院倾向于同意意向母亲或同性伴侣收养代孕儿童，以保护儿童最大利益。三是德国法院将亲子关系与基因关系分割开来，并不根据意

① Vgl. BverfG, Beschluss vom 04.05.1971 – 636/68.

向父母与代孕儿童是否有血缘关系来确定其法律上的亲子关系。但这三种分割因其并非跨国代孕案件特殊具备的,国内代孕也会遇到同样的问题,所以并非本书的核心要点,此处不再赘述。

三、分割方法的弊端

德国法院在跨国代孕亲子关系认定问题上,已形成一套成体系的规则,但该套规则并非无可挑剔,仍有进一步发展的空间。具体而言,在德国国内法禁止代孕的情况下,法院承认外国亲子关系判决,但拒绝适用外国法认定意向父母与跨国代孕儿童的亲子关系,会导致以下两个弊端。

第一,判决标准不一致,可能造成事实上的不公平。同样是跨国代孕,如果取得了外国亲子关系判决,德国法院就可以认定亲子关系,如果没有取得外国亲子关系判决,德国法院就拒绝认定亲子关系。在事实层面上,这两种情况下意向父母的行为几乎完全相同,均为规避德国对代孕的禁止性规定,远赴代孕合法的国家寻求代孕,区别仅在于是否取得外国判决。这一分割不仅对跨国代孕未取得亲子关系判决的意向父母不公平,也无益于德国法院尝试宣告对跨国代孕的消极态度。随着国际代孕市场对德国司法实践的进一步了解,代孕中介和寻求跨国代孕的意向父母可以通过向代孕目的国法院申请一纸亲子关系判决,来保障其亲子关系可以顺利在德国建立。这种禁止方法并不能消灭数量庞大的跨国代孕。

第二,拒绝认定意向父母的合法身份不利于保护代孕儿童的最大利益。首先,代孕儿童与其实际照顾者意向父母建立亲子关系,符合儿童最大利益。跨国代孕产生跛脚亲子关系的根源在于德国与代孕目的国之间关于代孕问题的立法冲突。案件审理之时,代孕行为已经结束,代孕儿童已经出生,其不应为意向父母的行为承担不利后果。只要能证明代孕母自愿代孕并将代孕儿童交给意向父母,即可证明其不愿抚养代孕儿童。如果德国法院严格根据德国法判决代孕母为合法母亲,反而会不利于意向父母与代孕儿童组建的新家庭的稳定,甚至会使代孕儿童处于无人照顾的境地。其次,收养并不能替代亲子关系的认定。最后,通过收养建立亲子关系可能会产生额外的风险。正如第四章第四节所指出的,如果在孩子出生后,意向母亲还可以选择是否接受这个孩子,在代孕儿童残疾、发育不全等情况下,很可能会导致意向父母拒绝收养,从而侵犯代孕儿童享受家庭生活的权利。

第二节　三种模式及其相互关系

德国法院审理跨国代孕产生的亲子关系问题的历史，也是意向父母为了亲子关系能被认可与德国法院的博弈史，还是公共政策与儿童最大利益的平衡史。从申请通过临时命令为代孕儿童签发护照，到申请免签使儿童进入德国，再到申请承认外国亲子关系判决，最后是先申请认可意向父亲的合法身份，意向母亲或伴侣再通过收养建立亲子关系，跨国代孕亲子关系的确认方式随着德国司法判决不断变化。

一、承认外国判决促进司法开放

2013 年至 2021 年，德国法院逐渐承认外国亲子关系判决，促进了德国司法开放。在跨国代孕事实已经发生，代孕儿童已经出生的情况下，德国法院选择适用宽松的公共政策，承认外国亲子关系判决，认定意向父母与代孕儿童之间的亲子关系，体现了德国法院的开放性和包容性，保护了儿童最大利益，避免了跛脚亲子关系，保证了国际判决的一致性，遵循了欧洲人权法院的先例，履行了德国参加的与保护儿童利益相关的公约的义务。

通过承认外国判决，德国法院避免了跛脚亲子关系的出现。如果德国法院拒绝承认外国亲子关系判决，拒绝承认意向父母的合法身份，将会导致儿童根据德国法的合法父母身在外国，而根据外国法的合法父母身在德国的跛脚亲子关系，这将导致儿童不管在哪个国家，根据该国法律都无法保障其受到合法父母的照顾。因此，德国法院选择承认外国判决的首要目标是保证国际判决的一致性，尤其是在与民事身份相关的问题上，为了保证判决的一致性，公共政策被狭义解释，避免跛脚法律关系的出现。

通过承认外国判决，德国法院与欧洲人权法院的判决保持了一致，也履行了与保护儿童利益相关的公约的义务。德国联邦最高法院承认跨国代孕亲子关系，受到了 2014 年欧洲人权法院蒙森案和拉巴塞案的影响，即完全禁止意向父母与代孕儿童建立亲子关系，尤其是在意向父亲与代孕儿童有基因关系的情况下，拒绝承认外国亲子关系判决，违反了《欧洲人权公约》第 8 条对儿童最大利益保护的规定。在符合儿童最大利益原则的情况下，承认外国亲子关系判决，符合德国签署的《公民权利和政治权利国际公约》《经济、社会及文化权利国际公约》规定,也符合联邦宪法法院和欧洲人权法院的准则,即无论亲子关系是由哪个国家确立的,儿童被照顾和保护的权利、建立合法亲子关系的权利都应得到保障。①

二、认定亲子关系体现司法局限

德国法院在涉外代孕亲子关系认定的法律适用过程中存在局限。德国法院倾向于认定意向父亲的合法父亲身份,但在很多案件中拒绝认定意向父母的伴侣的合法父母身份,在部分案件中甚至拒绝认定意向父母双方与代孕儿童的亲子关系。拒绝认定亲子关系的主要理由是,根据《德国民法典施行法》第6条的规定,如果适用另一国的法律规范导致的结果明显不符合德国法律的基本原则,尤其是侵犯基本权利,则不得适用该外国法律。在判断相关外国法律可否适用时,不仅要考虑作为连结因素的儿童的利益,也要考虑有关的基本权利是否受到侵犯,此处主要是代孕母的母亲权利是否被剥夺的问题。就该问题而言,德国法院应具体分析该案件与国外事实相关的程度,以及在拒绝适用外国法律后产生的对国内和国际人权的不利影响。如果可以证明代孕母自愿代孕并自愿将代孕儿童交付给意向父母,且不愿抚养代孕儿童,此时适用外国法律的结果并未侵犯其基本权利。笔者认为,适用外国法律和承认外国判决一样,都需要司法实践中法院对公共政策的不断解释,德国法院经过近10年的发展,基本形成了承认外国亲子关系判决的司法规则。随着儿童利益的发展和公共政策的弱化,德国法院应更加注重保护案件的涉外性以及对儿童最大利益的保护,而不是故步自封于公共政策原则。放宽外国法的适用条件,不仅有利于保护儿童最大利益,还能保证当事人取得和未取得外国判决的案件有一致的判决结果。

儿童最大利益在涉外亲子关系认定上的适用非常有限。目前,尚无根据儿童最大利益适用外国法律并认定意向父母合法父母身份的案件。德国法院拒绝认定意向父母尤其是意向母亲的合法身份,不利于保护儿童最大利益。德国法院以意向父母可以收养代孕儿童为由,拒绝以判决形式认定亲子关系并不利于儿童最大利益的保护。一旦法院认为意向父母只能通过收养建立亲子关系,意向父母就拥有了是否收养代孕儿童的选择权,这为意向父母在后悔代孕的情

① See Art. 24 (2) of the International Covenant on Civil and Political Rights. Art. 12 of International Covenant on Economic, Social and Cultural Rights.

况下逃脱抚养儿童的义务提供了机会。

德国法院区别对待意向父亲和意向母亲的身份，未体现性别平等。出于女性的生理特征，已婚女性同性伴侣事实上可以孕育与对方有血缘关系的孩子，但德国法院拒绝像认定已婚夫妇婚生子一样，认定该儿童是女性同性伴侣共同的婚生子女，女性同性伴侣也无权像与孩子有血缘关系的男性一样，向法院提起婚生子挑战，而只能通过收养建立亲子关系。吊诡之处在于，女性同性伴侣共同决定使用捐献精子的情况下，法院认为同性父母可以和异性父母一样，促进孩子健康成长，并判决该伴侣为合法父母。德国法院的判决在事实上造成了不公平，有基因关系的同性伴侣的母亲身份无法得到承认，没有基因关系的同性伴侣的母亲身份却被顺利承认。笔者认为，当事人很可能会选择规避这种现状，即隐瞒另一方提供精子或者卵子的事实，仅以普通的人工授精向德国法院提出亲子关系认定申请，反而有很大可能会被法院支持。

以是否取得外国判决为标准作出相反判决，可能造成事实上的不公平。同样是跨国代孕，如果取得了外国亲子关系判决，德国法院就可以认定亲子关系，如果没有取得外国亲子关系判决，德国法院就拒绝认定亲子关系。在事实层面上，这两种情况下意向父母的行为几乎完全相同，均为规避德国对代孕的禁止性规定，远赴代孕合法的国家寻求代孕，区别就在于是否取得外国判决。这不仅对跨国代孕未取得亲子关系判决的意向父母不公平，以这种形式体现德国法院对跨国代孕的消极态度也没有意义。随着国际代孕市场对德国司法实践的逐步了解，代孕中介和寻求跨国代孕的意向父母可以通过向代孕目的国申请一纸亲子关系判决，来保障其亲子关系可以顺利在德国建立。这种禁止方法并不能消灭数量庞大的跨国代孕。

三、收养代孕儿童作为最后保障

在德国法院拒绝承认外国判决、拒绝认定跨国代孕亲子关系的情况下，收养是保护代孕儿童利益的最后一道屏障。第一，承认外国亲子关系判决的理由和条件并非完全统一的、可预测的，意向父母并不能根据德国联邦最高法院的判决书，确认自己获得的同样或类似的判决书会被德国法院承认。第二，在代孕母已婚的情况下，如果意向父母未取得外国亲子关系判决，德国法院很可能根据德国法认定代孕母夫妇为合法父母。在上述两种情形中，意向父母都不能直接建立与代孕儿童的亲子关系，而只能通过收养来建立拟制血亲，这也成为保护代孕儿童的最后一道屏障。德国法院从最初适用的“加强的儿童最大利益”标准逐渐软化,转而适用“儿童最大利益”标准,并允许意向父母收养代孕儿童,在一定程度上保障了代孕儿童的合法权利。

法院判决意向父母通过收养建立亲子关系有利有弊。虽然意向父母收养代孕儿童有利于建立稳定的家庭关系,保护儿童的人身和财产利益,但也存在一些弊端。在未获得外国判决且代孕母已婚的跨国代孕案件中,意向父母成为合法父母的途径只剩下收养,这就意味着,在孩子出生后,意向父母还可以选择是否接受这个孩子。而通常情况下,依据代孕儿童出生国法律,代孕母预先通过法院或公证放弃了母亲权利,代孕儿童不能合法地与其建立亲子关系。① 如果意向父母拒绝收养代孕儿童,代孕儿童将陷入无父无母的境地,也会导致在代孕儿童的生命中实际扮演着重要角色的意向父母逃脱父母责任的风险。此外,以收养方式建立拟制血亲只能是个案中妥协的方案,不能完全替代承认外国判决和亲子关系认定的后果。因为意向父母申请承认外国判决比申请收养代孕儿童简单,如果只有通过进一步的收养诉讼程序才能带来与承认外国判决相同的结果,这毫无疑问违背儿童最大利益。

第三节　儿童最大利益原则的适用方法

儿童最大利益原则在上述三种模式中的适用并不完全相同,其受到德国签署的国际公约、欧洲人权法院的先例、德国家庭法价值体系等影响。

一、优先适用于承认外国判决

(一) 儿童最大利益原则的历史背景

罗马法和日耳曼法强调家父的父权,在德国传统的家庭法中,子女处于家长权力之下。从 20 世纪开始,德国家庭法开始逐步重视对子女权利的保护,具体体现为 1921 年《子女宗教教育法》(Gesetz über die religiöse Kindererziehung)和 1922 年《帝国青少年福利法》(Reichsjugendwohlfahrtsgesetz)。1949 年子女本位原则真正确立,《德国基本法》第 6 条第 2 款规定父母必须根据子女最大利益履行教育义务,从而确立了子女有独立的人格尊严和权利。

---

① See Claire Fenton-Glynn, *International Surrogacy before the European Court of Human Rights*, 13 - 3 Journal of Private International Law 546 - 567 (2017).

自20世纪70年代以来,儿童的最大利益已成为德国和欧洲父母与儿童法中最重要的范畴。1979年《关于重新规定父母照顾的法律》(Gesetz zur Neuregelung der elterlichen Sorge)以父母照顾(elterliche Sorge)取代了父母权力(elterliche Gewalt),1997年《儿童权利改革法》(Kindschaftsreformgesetz)进一步强调子女权利并重新规定了子女交往权。2008年《子女最大利益受到危害时简化家事法院措施的法律》(Gesetz zur Erleitung famiengerichtlicher Maßnahmen bei Gefährdung des kindeswohls)和《关于改革家事事件与非讼事件的程序的法律》(Gesetz über das Verfahren in Famiensachen und in den Angelegenheiten der freiwilligen Gerichtsbarkeit)进一步体现亲子关系重心从父母权利转到子女权利,并逐步实现儿童最大利益原则。

儿童最大利益在德国的发展还有赖于德国签订的国际和区际公约。德国加入了1989年《儿童权利公约》,将儿童最大利益原则确立为处理儿童相关事项的基本原则。① 在确定亲子关系相关的问题上,儿童最大利益应具有最高优先级,以儿童为中心,而非以父母为中心。换言之,孩子从客体变成主体,父母对孩子从亲权变成亲情,父母必须在符合儿童最大利益的前提下对子女进行监护。德国家庭法院会议儿童权利委员会认为,幼儿和青春期的儿童和青少年尤其需要连续的、稳定的亲情,因此法院在确定监护权时应尤其考虑这类儿童的最大利益。②

(二)儿童最大利益原则的具体体现

儿童最大利益在承认外国判决的司法实践中至关重要。如第二章第三节所述,德国法院在决定是否承认外国亲子关系判决时,认为儿童最大利益具有最高优先级,优先于德国法中的一般性禁止性规定,优先于较为宽松的国际公共政策,优先于欧洲人权法院所要求的基因关系,优先于收养等替代性解决方案。

儿童的最大利益包括在法律上为儿童确认可靠的父母。父母是儿童福利和福祉的第一责任人。③ 在代孕案件中,尤其是意向父母与代孕儿童有基因关

---

① 参见王葆莳:《德国联邦最高法院典型判例研究·家庭法篇》,法律出版社2019年版,第301~306页。

② Vgl. Martin Löhnig, Pendelkinder-Kindeswohl und gleichberechtigte, geteilte elterliche Verantwortung, NZFam 2016, S. 817.

③ Vgl. BVerfG, Sukzessivadoption durch eingetragene Lebenspartner, NJW 2013, S. 847. BGH, Anerkennung eines kalifornischen Urteils zur Elternstellung bei Leihmutterschaft, NJW 2015, S. 479 = NZFam 2015, S. 112 Rn. 57.

系的情况下，如果拒绝将孩子分配给意向父母，则涉嫌干涉儿童根据《欧洲人权公约》第8条第1款享有的能够建立合法的父母子女关系的权利。通常情况下符合代孕儿童最大利益的做法是尽快地承认其与意向父母的亲子关系，以保证孩子不被置于无国籍和无父母的境地。如果拒绝承认意向母亲的合法身份，将会导致儿童德国的合法母亲在国外，而国外的合法母亲在德国的跛脚亲子关系。

儿童最大利益是公共政策的重要组成部分。根据《儿童权利公约》第3条的规定，在一切有关儿童的行动中，无论是公共或私人的社会福利机构、法院、行政当局还是立法机构采取的行动，均应首先考虑儿童的最大利益。① 不管社会对代孕的道德评价如何，不论每个孩子的出身如何，其都有权生活在一个完整的、稳定的社会家庭环境中，获得父母的关爱和照顾。② 德国法院倾向于效仿德国联邦最高法院和欧洲人权法院的做法，以务实的态度接受跨国代孕的事实，一旦孩子出生，则认为保护孩子福祉比防止规避德国法律有更高的优先级，将儿童最大利益置于公共政策之上，在有利于儿童最大利益的情况下，承认外国亲子关系判决。③

儿童最大利益包括亲子关系认定的去基因化。欧洲人权法院的判决曾经认为，意向父母与代孕儿童有基因关系的情况下，拒绝承认外国判决违反了儿童最大利益原则。在德国司法实践中，该司法规则不断软化，承认外国判决的标准逐渐放宽，判决书中不再强调基因关系，而更着重考虑儿童最大利益。2018年以后，德国法院不再将基因关系作为承认外国判决的硬性标准，法院认为导致外国亲子关系判决被承认的决定性因素并非亲子鉴定证书，而是意向父母对儿童的抚养有助于儿童健康成长。④ 而且通常情况下，代孕儿童事实上由意向父母抚养，故而承认外国亲子关系判决，对代孕儿童进行事后认证并在出

---

① Vgl. UN-Übereinkommen über die Rechte des Kindes vom 20.11.1989, BGBl. Band II, Aufl. 1992, S.122.

② Vgl. Hennemann, Entzug der elterlichen Sorge nur bei konkreter Kindeswohlgefahr, FamFR 2013, S.455.

③ Vgl. BGH, Anerkennung eines kalifornischen Urteils zur Elternstellung bei Leihmutterschaft, NJW 2015, S.479.

④ Vgl. BverG, Beschluss vom 19.12.2013 – BvL 1/11, 1 BvR 3247/09, at no. 80 – 81. BGH, Beschluss vom 10.12.2014 – XII ZB 463/13, at no. 44. BverfG, Sukzessivadoption durch eingetragene Lebenspartner, NJW 2013, S.847.

生证明上登记意向父母为父母,才符合儿童最大利益。① 这是德国法院关于承认外国亲子关系判决的重要发展,也标志着儿童最大利益取得了更高的优先级。②

因此,在承认外国亲子关系判决的案件中,代孕儿童作为意向父母违反法律和道德的行为所衍生的生命,其自身权利和利益仍然具有最高的优先级且应获得保障,再加之儿童最大利益已发展成为公共政策的一部分,承认外国亲子关系判决不再违反德国公共政策。因此,承认外国判决,认定意向父母与代孕儿童的亲子关系,有利于保障儿童拥有稳定的、连续的家庭生活,符合儿童最大利益作为文化习惯在立法和司法中的地位。

二、有限适用于认定亲子关系

儿童最大利益原则在认定跨国代孕亲子关系案件中的适用相对有限。德国法院在认定跨国代孕亲子关系时,并未和承认外国亲子关系判决一样,以儿童最大利益为首要考量因素。承认外国判决的公共政策规定在《家事事件与非讼事件程序法》第 109 条,适用外国法律的公共政策规定在《德国民法典施行法》第 6 条,二者适用的条件并不完全相同,导致司法实践中儿童最大利益可优先于前者,而并不能优先于后者。

儿童最大利益原则适用于法院挑选准据法的阶段。在德国法院选择《德国民法典施行法》第 19 条第 1 款规定的三项优先级相同的替代性连结点时,儿童最大利益是非常重要的考量因素。德国法院曾在赴俄罗斯代孕的案件中适用俄罗斯法律,在赴中国代孕的案件中认为德国法律更有利于保护儿童最大利益而适用德国法律,法官在具体案件中,可以依据其自由裁量权决定哪个连结点可以指向有利于儿童最大利益的准据法。在司法实践中,德国法院较少根据儿童最大利益原则选择代孕母国籍国法,即代孕目的国法,并认定意向父母为合法父母。

儿童最大利益原则适用于法院确定儿童经常居所地的阶段。前述三个替

---

① See Nicholas Barthel, Molly O'Brien, Andrew Vorzimer & Evie Jeang, *International in Vitro: the Legal Complexities of Cross-Border Family Formation*, 17 Whittier J. Child. & Fam. Advoc. 188 (2018).

② Vgl. OLG Düsseldorf, Beschluss vom 28.2.2018 – II – 6 UF 175/17. AG Frankfurt, Beschluss vom 09.04.2018 – 470 F 16020/17 AD. BGH, Beschluss vom 05.09.2018 – XII ZB 224/17. BGH, Leihmutterschaft und Elternstellung, DNotZ 2019, S.54.

代性连结点之一是代孕儿童的经常居所地,法院在确定儿童经常居所地时,会重点考虑儿童最大利益。比如,儿童出生在代孕目的国但因护照或签证问题无法入境德国,或者已经入境德国但在代孕出生国居留时间更长,此时法院会考虑到所有当事人都希望意向儿童返回德国经常居住,最终认定德国才是代孕儿童的经常居所地。

法院并不会根据儿童最大利益认定意向父母的合法身份。即使德国法院根据儿童最大利益原则,选择了对其有利的连结点及儿童经常居所地,适用代孕目的国法律,认定意向父母与代孕儿童的亲子关系,但该亲子关系的确立仍会因为违反了《德国民法典施行法》第6条规定的公共政策而无效。可以发现,德国法院在审理跨国代孕亲子关系认定案件时,并未像承认外国判决案件一样,赋予儿童最大利益高于公共政策的优先级。

三、广泛适用于收养代孕儿童

儿童最大利益原则也同样适用于跨国代孕收养案件。与承认外国亲子关系判决的司法实践类似,在判断是否准许意向父母收养代孕儿童的问题上,德国各级法院之间存在冲突。2010年年底,德国法院首次批准意向父母收养代孕儿童,但是该案并未形成允许意向父母收养代孕儿童的司法规则。2012年开始,部分德国法院允许男性同性伴侣收养对方代孕出生的子女,但直到2018年仍有部分法院因循守旧作出了相反判决,虽然该判决最后被上级法院修正,但判决本身同样体现了德国法院之间的紧张关系。可以发现近年来德国法院对跨国代孕收养的态度逐渐宽松。2019年,法兰克福高等法院还批准了有基因关系的意向母亲收养其与丈夫共同决定代孕所生的子女。

随着司法实践中不断承认外国亲子关系判决,德国法院对儿童最大利益更加重视,对认定跨国代孕亲子关系逐渐宽容。一是德国法院倾向于认定收养是保护儿童利益所必需的行为,意向父母的收养申请符合"加强的儿童最大利益"标准;二是德国法院在后期选择适用"儿童最大利益"标准,即只要收养符合儿童最大利益,法院就同意意向母亲或同性伴侣收养代孕儿童。法院在权衡收养是否符合儿童最大利益时,需要考察代孕儿童和意向父母是否事实上已建立起亲密的亲子关系,意向父母是否良好地履行了抚养孩子的义务,意向父母能否为孩子提供良好的生活和成长环境等因素。但是,允许意向父母以收养方式建立亲子关系,也并不能保障儿童最大利益,甚至可能造成意向父母逃脱父母责任的风险,如意向父母在代孕儿童有生理缺陷时放弃收养,也可能会使儿童陷入无人照顾的境地。这种跨国代孕产生的跛脚亲子关系问题,需要多国协作制定出多边的亲子关系认定公约才能得以最终解决。

综上所述,笔者认为,儿童最大利益原则的适用范围应更加广泛。德国法院在承认外国亲子关系判决和批准意向父母收养跨国代孕儿童问题上,对儿童最大利益原则有了最新的发展,但在认定亲子关系问题上仍有进步的空间。在适用外国法律认定意向父母与跨国代孕儿童亲子关系的问题上,应效仿在承认外国亲子关系判决领域内德国法院已经做出的突破,以保护儿童最大利益为最高优先级,进一步弱化公共政策在亲子关系领域的安全阀作用。德国法院应更加注重保护案件的涉外性以及对儿童最大利益的保护,而不是故步自封于公共政策原则。放宽外国法的适用条件,不仅有利于保护儿童最大利益,还能保证当事人取得和未取得外国判决的案件有一致的判决结果。因此,笔者主张,德国法院在审理跨国代孕亲子关系认定的案件中,将儿童最大利益作为广泛适用的、具有最高优先级的原则,适用于承认外国亲子关系判决、根据外国法律认定意向父母与跨国代孕儿童亲子关系、批准意向父母收养跨国代孕儿童这三种建立亲子关系的模式。

本章小结

综上所述,德国法院在审理跨国代孕亲子关系案件中实现了两种分割:一是在德国法禁止代孕的情况下承认了外国亲子关系判决,即公共政策与儿童最大利益的分割;二是在当事人未取得外国判决的情况下拒绝认定意向父母与跨国代孕儿童的亲子关系,即承认外国判决和适用外国法律环节公共政策的分割。这两种分割体现了儿童最大利益原则的适用范围,以及承认外国判决和适用外国法律时公共政策的适用标准不一致,可能造成事实上的不公平。但总体而言,德国法院逐渐承认外国判决,认可意向父亲的合法父亲身份,可以体现司法在认定跨国代孕亲子关系领域逐渐开放的趋势。

目前为止,德国法院建立跨国代孕亲子关系存在三种模式,除了前述两种分割中的承认外国亲子关系判决和认定涉外亲子关系这两种模式之外,还有一项兜底方式,即通过收养建立拟制血亲。德国法院在适用外国法和德国法得出的结论一致的情况下,承认德国意向父亲的合法父亲身份,但目前为止尚未根据儿童最大利益原则适用外国法并认可意向父亲妻子或同性伴侣的合法父母身份。在承认外国亲子关系判决方面,德国法院则认为儿童最大利益原则优先于德国公共政策,承认了认定意向父亲、意向母亲、同性伴侣、单身意向父亲合法父母身份的外国判决。在意向父母收养跨国代孕儿童方面,德国法院从最开始严格适用“加强的儿童最大利益”标准,以收养并非保护儿童利益所必需为由拒绝收养,逐渐修正为适用宽松的“儿童最大利益”标准,在收养符合儿童最大利益的情况下,允许意向父母收养代孕儿童。

儿童最大利益原则不同程度地适用于上述三种模式。该原则在承认外国亲子关系判决案件中具有最高优先级,优先于国内法的一般性禁止性规定、宽松的国际公共政策、基因关系、收养等替代性解决方案。类似地,儿童最大利益原则也较为普遍地适用于意向父母收养代孕儿童的案件中,近年来德国法院基本上会根据儿童最大利益原则同意意向父母收养代孕儿童。但在认定跨国代孕亲子关系案件中,儿童最大利益原则的适用则非常有限,仅适用于连结点的挑选、儿童经常居所地的认定等方面,而且即使冲突规则指向代孕目的国法律,也会因违反德国公共政策而无法适用,此时法院并未像承认外国判决案件那样认为儿童最大利益有更高的优先级,并认可意向父母与代孕儿童之间的亲子关系。总体上看,德国法院对跨国代孕亲子关系的建立持逐渐开放的态度,但仍需缓解司法机关内部的紧张关系,实现各级和各地方法院类案判决的一致性,进一步扩大儿童最大利益原则的适用范围。

结　论

行文至此，德国跨国代孕亲子关系的基本法律问题已在前文中加以论证。概括起来，本书得出以下三点结论。

一、德国法院倾向于承认外国亲子关系判决

(一)承认外国判决的理由

德国联邦最高法院决定承认外国亲子关系判决的标志性判决受到了欧洲人权法院的影响。2014年欧洲人权法院蒙森案和拉巴塞案的判决显示，完全禁止意向父母与代孕儿童建立亲子关系，尤其是在意向父亲与代孕儿童有基因关系的情况下，拒绝承认外国亲子关系判决，违反了《欧洲人权公约》第8条对儿童最大利益保护的规定。德国法院吸取了欧洲人权法院的经验，承认外国亲子关系判决时，在一般性禁止性规定和儿童最大利益之间做出了平衡，认为一般性禁止性规定和德国公共政策应当为儿童最大利益让步，从而在国内立法禁止代孕的情况下承认了外国亲子关系判决。

德国法院非常重视儿童最大利益的保护。德国法院在承认外国判决时，赋予该原则最高优先级，认为其优先于德国法律对代孕的一般性禁止性规定，优先于德国公共政策，优先于欧洲人权法院设立的基因标准，优先于跨国收养等替代性解决方案。通常情况下符合代孕儿童最大利益的做法是尽快承认其与意向父母的亲

子关系，以保证孩子不被置于无国籍和无父母的境地。如果拒绝承认意向母亲的合法身份，将会导致儿童在德国的合法母亲在国外，而在国外的合法母亲在德国的跛脚亲子关系。而且，德国法院基于本国亲子关系认定的规则，发展了欧洲人权法院的先例，在判决中逐渐放弃基因关系这一标准。在没有确定意向父亲和代孕儿童的基因关系的情况下，德国法院基于儿童最大利益原则，仍然承认了外国判决中意向父亲和代孕儿童的亲子关系。

承认外国亲子关系判决并不违反德国公共政策。首先，根据《家事事件与非讼事件程序法》第 109 条的规定，德国法院会适用更为宽松的国际公共政策，德国法院仅在形式上审查外国判决，并不会实质性审查外国判决的法律适用，也并不要求德国法院依据德国法律也必然作出相同判决。其次，儿童最大利益原则也逐渐发展为德国公共政策的重要组成部分，再加之承认外国判决的结果与依据国内法作出判决的结果实际上一致，在这种情况下承认外国亲子关系判决并不违反德国公共政策。强行以违反公共政策为由拒绝承认外国亲子关系判决，反而会导致代孕儿童无法与其实际照顾者意向父母建立亲子关系，不利于保护儿童最大利益，在某种程度上违反了德国公共政策。因此，德国法院为了保证国际判决的一致性，狭义解释公共政策，认为作出判决的外国法院的管辖权具有优先级，以更加注重儿童最大利益的保护为由承认了外国亲子关系判决，并认可意向父母与代孕儿童的亲子关系，从而避免了跛脚亲子关系的出现。

（二）承认外国判决的条件

德国法院逐步确立了承认外国亲子关系判决的具体条件。第一，外国判决必须宣布或确认合法亲子关系，宣布生物学亲子关系的外国判决对德国法院承认意向父母与代孕儿童的亲子关系没有意义。第二，外国判决应当是具有既判力的外国法院作出的司法判决，外国行政当局作出的出生证明或公证文书都不属于可以被承认的外国判决。第三，意向父母与代孕儿童有基因关系不再是承认外国判决的必要条件。德国法院最初认为至少意向父母之一与代孕儿童有基因关系，代孕母与代孕儿童没有基因关系的情况下，承认外国判决才不违反德国公共政策。但后来德国法院选择更加重视儿童利益的保护，不再严格要求意向父母与代孕儿童存在基因关系。这一点是对欧洲人权法院强调基因关系对建立亲子关系的重要性的发展。第四，代孕母必须自愿同意代孕，并自愿交出婴儿，为了确认所需的自愿性，法院要求提供有关代孕母的身份和协议内容的文件。

但是，承认外国亲子关系判决的理由和条件并非完全统一的、可预测的。

意向父母并不能根据德国联邦最高法院的判决书，确认自己获得的同样或类似的判决书会被德国法院承认。在2017年之后的案件中，尽管事实上当事人取得的外国判决符合德国联邦最高法院之前判决中对承认外国判决的要求，德国法院也不一定会承认外国亲子关系判决。有些法官批评跨国代孕为"生殖旅游"，是对德国法律的规避，认为德国联邦最高法院和欧洲人权法院为组织富裕公民跨国代孕、规避德国对代孕的禁止性规定打开了大门，并违反了德国公共政策，以此为由拒绝承认外国亲子关系判决并给予意向父母合法的父母身份。尽管这些判决可能不是案件最终的结果，部分案件经过当事人的上诉之后，高等法院或联邦最高法院最终承认了外国亲子关系判决，但是这揭示了司法机关内部的紧张关系，即使在德国联邦最高法院有先例的情况下，也并非所有的德国法官都愿意承认外国法院作出的与德国法律立场相矛盾的判决。

二、德国法院拒绝认定意向父母的合法身份

德国法院倾向于认定意向父亲的合法父亲身份。德国法律对父亲身份要求较为宽松，德国法院审理国内代孕案件时，只要意向父亲取得单身代孕母的同意，即可合法取得父亲身份。所以在跨国代孕案件中，即使适用禁止代孕的德国法律，意向父亲的身份也相对容易获得承认，适用允许代孕的代孕目的国法律认可意向父亲的身份，也不会因为违反德国公共政策而无效。但是德国法院拒绝认定意向父亲的同性伴侣与代孕儿童的亲子关系，即使其伴侣与代孕儿童有基因关系，其同性伴侣也无法根据代孕目的国的法律，取代代孕母的合法母亲身份。

德国法院对合法母亲的认定尤其严格。德国法院在很多案件中拒绝认定意向母亲和意向父亲的同性伴侣与代孕儿童的亲子关系。德国法律明确规定生产者为母，代孕母的母亲身份毋庸置疑，这也限制了意向母亲身份被合法承认。无论意向母亲是已婚、未婚，还是女性同性伴侣，至今尚无认定意向母亲为合法母亲的案例，即使意向母亲和代孕儿童有基因关系。甚至较为早期的部分判决以代孕违反德国公共政策为由拒绝认可已婚意向父母的合法父母身份，包括意向父亲的父亲身份。可以发现，德国对意向父亲和意向母亲身份的认定也存在一种分割，基于德国法律对认定父母身份的不同规定，宽松地认定意向父亲的父亲身份，严格地限制意向母亲的母亲身份，但这一分割并非跨国代孕独有，德国国内代孕也同样面临这个问题，所以并未将其归纳为本书中的另一种

分割。

笔者认为,德国法院拒绝认定意向父母的合法身份,可能不利于保护代孕儿童的利益。在代孕母已婚的情况下,法院强行认定代孕儿童的合法父母为代孕母及其丈夫,与儿童心理上的父母不一致,也和儿童生活中面临的现实不一致。德国法院以意向父母可以收养代孕儿童为由,拒绝认定亲子关系,并不利于儿童最大利益的保护。意向父母申请收养代孕儿童手续复杂且不一定成功先按下不表,一旦法院认为意向父母只能通过收养建立亲子关系,意向父母便拥有了是否收养代孕儿童的选择权,在代孕儿童患有先天性疾病或意向父母伴侣关系发生意外的情况下,意向父母如果后悔代孕,很有可能放弃收养以逃脱抚养代孕儿童的义务。因此,笔者认为,严格适用德国法,拒绝认定意向父母的合法身份,不符合儿童最大利益原则。

三、德国法院倾向于允许意向父母收养代孕儿童

德国法院曾以收养并非为保护儿童最大利益所必须为由拒绝意向父母收养跨国代孕儿童。在德国,代孕案件中的收养是一种产生于违法行为的收养方式,只有在符合儿童最大利益时,收养才被允许。《德国民法典》第 1741 条第 1 款第 1 句和第 2 句分别规定了“儿童最大利益”标准和“加强的儿童最大利益”标准。德国法院最初以收养并非保护儿童最大利益所必需为由,拒绝意向母亲或同性伴侣收养代孕儿童。德国法院认为,通过拟定财产协议和遗嘱公证,同样可以保障儿童的财产利益,同时,代孕儿童已经与意向父母共同生活,收养也不会对儿童的家庭生活产生实质性影响。因此,收养并非保护儿童最大利益所必需,不符合“加强的儿童最大利益”标准,即收养不是保护儿童最大利益的必要条件,无论意向母亲与代孕儿童有否基因关系,法院都拒绝意向母亲收养代孕儿童。

近年来,德国法院审理跨国代孕收养的案件标准逐渐宽松。随着司法实践中不断承认外国亲子关系判决,德国法院对儿童最大利益更加重视,对认定跨国代孕亲子关系逐渐宽容,这也体现在收养跨国代孕儿童的问题上。一是德国法院倾向于认定收养是保护儿童利益所必需的行为,意向父母的收养申请符合“加强的儿童最大利益”标准;二是德国法院在后期放弃“加强的儿童最大利益”标准,转而选择适用“儿童最大利益”标准,即只要收养符合儿童最大利益,法院就同意意向母亲或同性伴侣收养代孕儿童。法院在权衡收养是否符合儿

童最大利益时，需要考察代孕儿童和意向父母是否事实上已建立起亲密的亲子关系，意向父母是否良好地履行了抚养孩子的义务，意向父母能否为孩子提供良好的生活和成长环境等因素。但是，允许意向父母以收养方式建立亲子关系，可能造成意向父母逃脱父母责任的风险，如意向父母在代孕儿童有生理缺陷时放弃收养，也可能会违背儿童最大利益原则。这种跨国代孕产生的跛脚亲子关系问题，需要多国协作制定出多边的亲子关系认定公约才能得以最终解决。

笔者认为，更合理的做法是与承认外国判决的结果保持一致，在审理跨国代孕亲子关系认定的案件时，依据儿童最大利益原则适用有利于意向父母和代孕儿童建立亲子关系的准据法，而且不以公共政策这一逃避阀排除外国准据法的适用。总之，笔者认为，儿童最大利益原则应当同样重要地适用于外国判决的承认、涉外亲子关系认定，以及跨国代孕收养案件中。

参考文献

一、中文文献

(一)著作

1. 陈卫佐译注:《德国民法典》,法律出版社2020年版。

2. [德]卡尔-海茵茨·费策、伊娃·伊内斯·奥博格菲尔:《德国民法总则案例研习》,王剑一译,中国法制出版社2020年版。

3. [德]马蒂亚斯·施默克尔:《德国继承法》,吴逸越译,中国人民大学出版社2020年版。

4. [德]汉斯·布洛克斯、沃尔夫·迪特里希·瓦尔克:《德国民法总论》,张艳译,中国人民大学出版社2019年版。

5. 孙宪忠编译:《德语民法学精读译文集》,北京大学出版社2019年版。

6. 王葆莳:《德国联邦最高法院典型判例研究·家庭法篇》,法律出版社2019年版。

7. 王葆莳:《德国联邦最高法院典型判例研究·国际私法篇》,法律出版社2015年版。

8. [德]本德·吕特斯、阿斯特丽德·施塔德勒:《德国民法总论》,于馨淼、张姝译,法律出版社2017年版。

9. [德]汉斯-约哈希姆·慕斯拉克、沃夫冈·豪:《德国民法概论》,刘志阳译,中国人民大学出版社2016

年版。

10. 何海澜:《善待儿童:儿童最大利益原则及其在教育、家庭、刑事制度中的运用》,中国法制出版社 2016 年版。

11. 国家法官学院德国国际合作机构:《法律适用方法:侵权法案例分析方法》(第 2 版),中国法制出版社 2015 年版。

12. 曹贤余:《儿童最大利益原则下的亲子法研究》,群众出版社 2015 年版。

13. [德]安雅·阿门特－特劳特:《德国继承法》,李大雪、龚倩倩、龙柯宇译,法律出版社 2015 年版。

14. 杜景林、卢谌:《德国民法典——全条文注释》,中国政法大学出版社 2015 年版。

15. [德]哈里·韦斯特曼:《德国民法基本概念》,张定军、葛平亮、唐晓琳译,中国人民大学出版社 2014 年版。

16. [德]克里斯蒂娜·埃贝尔－博格斯:《德国民法遗产分割(§§2042～2057a BGB)诺莫斯注解——2014 年最新版诺莫斯德国民法典继承法(§§1922～2385 BGB)注解之一部分》,王强译,中国政法大学出版社 2014 年版。

17. 吴香香:《民法的演进:以德国近代私法理念与方法为线索》,世界知识出版社 2012 年版。

18. 邹国勇译注:《外国国际私法立法精选》,中国政法大学出版社 2011 年版。

19. 周云涛:《论宪法人格权与民法人格权——以德国法为中心的考察》,中国人民大学出版社 2010 年版。

20. [德]迪特尔·施瓦布:《德国家庭法》,王葆莳译,法律出版社 2010 年版。

21. 邹国勇:《德国国际私法的欧盟化》,法律出版社 2007 年版。

22. 杜涛:《德国国际私法:理论、方法和立法的变迁》,法律出版社 2006 年版。

23. 孙宪忠主编:《制定科学的民法典:中德民法典立法研讨会文集》,法律出版社 2003 年版。

(二)论文

1. 袁泉、罗颖仪:《跨境代孕中的法律冲突及其解决路径——〈跨国收养方面保护儿童及合作公约〉的经验》,载《国际法研究》2019 年第 2 期。

2. 王洪根、闫星宇:《跨国代孕法定亲子关系承认问题研究》,载《河南财经政法大学学报》2019 年第 1 期。

3. 刘阳:《论国际私法公共政策之人权内涵》,载《国际法研究》2019 年第 1 期。

4. 汤霞:《国际代孕亲子关系认定中的儿童最大利益原则》,载梁慧星主编:《民商法论丛》第 67 卷,社会科学文献出版社 2018 年版。

5. 王艺:《外国判决承认中公共秩序保留的怪圈与突围——以一起跨国代孕案件为中心》,载《法商研究》2018 年第 1 期。

6. 王吉文:《儿童最大利益原则在跨国代孕判决承认中的适用问题——以德国的判例为例》,载《青少年犯罪问题》2018 年第 4 期。

7. 王洪根:《论跨国代孕法定父母身份承认中的公共秩序》,载《西部法学评论》2018 年第 1 期。

8. 严红:《跨国代孕亲子关系认定的实践与发展》,载《时代法学》2017 年第 6 期。

9. 彭诚信:《确定代孕子女监护人的现实法律路径——"全国首例代孕子女监护权案"评析》,载《法商研究》2017 年第 1 期。

10. 高升、王洪根:《论跨国代孕中法定父母身份认定的法律冲突》,载《河南财经政法大学学报》2017 年第 4 期。

11. 袁泉、罗颖仪:《跨境代孕亲子关系认定所涉及的若干国际私法问题》,载《国际法研究》2016 年第 6 期。

12. 曾琦:《谁为人母——德国法视角下与"适度放开代孕"的争锋》,载方小敏主编:《中德法学论坛》第 13 辑,法律出版社 2016 年版。

13. 杜涛:《跨国代孕引发国际私法问题》,载《中国妇女报》2016 年 3 月 2 日,第 3 版。

14. 汤瑜:《国外代孕游走在法律边缘》,载《民主与法制时报》2015 年 5 月 17 日,第 8 版。

15. 任巍:《论完全代孕中子女身份归属的法律认定——从"子女最佳利益"原则出发》,载《学术探索》2014 年第 8 期。

16. 徐国建:《德国司法实践中的"公共政策"问题:现状与趋势》,载徐国建:《全球化背景下私法的冲突、协调和统一——国际私法与比较法论集》,法律出版社 2010 年版。

17. 王吉文:《公共秩序保留的二维发展走向》,载李明发主编:《安徽大学法律评论》总第 18 辑,安徽人民出版社 2010 年版。

18. 马永梅:《外国法院判决承认与执行中的公共秩序》,载《政法论坛》2010 年第 5 期。

19. 罗满景:《中国代孕制度之立法重构——以无偿的完全代孕为对象》,载《时代法学》2009 年第 4 期。

20. 王贵松:《中国代孕规制的模式选择》,载《法制与社会发展》2009 年第 4 期。

21. 张燕玲:《生育自由及其保障范围——兼论人工生殖的理论基础》,载《中南民族大学学报(人文社会科学版)》2007 年第 5 期。

二、德文文献

(一)著作

1. Jan-Robert Schmidt, Will Das Kind Sein Wohl?, Aufl. 2020.

2. Stefanie Hösel, Grenzüberschreitende Leihmutterschaft als Herausforderung im Internationalen Privat-und Verfahrensrecht, Ein Vergleich des deutschen, österreichischen und niederländischen Kollisions-und Verfahrensrechts, Aufl. 2020.

3. James Lansing/Jens Landwehr/Leihmutter, Eimutter und zwei Väter-Greta und Henri starten ins Leben: Unsere Reise ins Familienglück, Aufl. 2020.

4. Henrike Von Scheliha, Familiäre Autonomie Und Autonome Familie, Aufl. 2019.

5. Edwin Gitschthaler, Familien-Und Erbrechtliche Entscheidungen, Aufl. 2019.

6. Marek Kneis, Die Anfechtbarkeit und die Feststellbarkeit der Mutterschaft, Aufl. 2019.

7. Claudia Mayer, Familienrecht und Religion: Europäische Perspektiven, Aufl. 2019.

8. Marianne Andrae, Internationales Familienrecht, Aufl. 2019.

9. Susanne Baer/Ute Sacksofsky, Autonomie im Recht-Geschlechtertheoretisch Vermessen, Aufl. 2018.

10. Edward Schramm/Michael Wermke, Leihmutterschaft und Familie: Impulse aus Recht, Theologie und Medizin, Aufl. 2018.

11. Karolina Wróblewska, Die Recheliche Stellung des Biologischen Vaters im

Lichte der Zuordnungsregeln, Eine rechtsvergleichende Untersuchung zum deutschen und polnischen Abstammungsrecht, Aufl. 2018.

12. Dethloff Nina, Familienrecht: Ein Studienbuch, Aufl. 2018.

13. Herdegen Matthias, Europarecht, Aufl. 2018.

14. Herdegen Matthias, Völkerrecht, Aufl. 2018.

15. Alexander Bergmann, Murad Ferid, Dieter Henrich, Internationales Ehe- und Kindschaftsrecht mit Staatsangehörigkeitsrecht, Aufl. 2018.

16. Falcone Tommaso, Hurd William W., Clinical Reproductive Medicine and Surgery, Aufl. 2017.

17. Marina Wellenhofer, Familienrecht, Aufl. 2017.

18. Sophie Catherine Sitter, Grenzüberschreitende Leihmutterschaft-Eine Untersuchung des materiellen und internationalen Abstammungsrechts Deutschland und der USA, Aufl. 2017.

19. Roman Lammers, Leihmutterschaft in Deutschland, Aufl. 2017.

20. Marek Kneis, Die Anfenchtbarkeit und die Feststellbarkeit der Mutterschaft de lege lata und de lege ferenda, Aufl. 2018.

21. Dolzer Rudolph, Bonner Kommentar zum Grundgesetz, Aufl. 2017.

22. Calliess Christian/Ruffert Matthias, Das Verfassungsrecht der Europäischen Union mit Europäischer Grundrechtecharta, Aufl. 2016.

23. Embryospende, Embryoadoption und elterliche Verantwortung, Aufl. 2016.

24. Tobias Helms, Gutachten Teil F: Rechtliche, biologische und soziale Elternschaft-Herausforderungen durch neue Familienformen/Verhandlungen des 71. Deutschen Juristentages Essen 2016 Bd. 1/F, Aufl. 2016.

25. Konrad Duden, Leihmutterschaft im Internationalen Privat-und Verfahrensrecht-Abstammung und ordre public im Spiegel des Verfassungs-, Völker-und Europarechts, Aufl. 2015.

26. Anatol Dutta/Dieter Schwab/Dieter Henrich/Peter Gottwald/Martin Löhnig, Künstliche Fortpflanzung und Europäisches Familienrecht, Aufl. 2015.

27. Andreas Bernard, Kinder machen-Neue Reproduktionstechnologien und die Ordnung der Familie-Samenspender, Leihmütter, Künstliche Befruchtung, Aufl. 2014.

28. Nora Bertschi/Konrad Duden, Leihmutterschaft-Theorien, Praxis und rechtliche Perspektiven in der Schweiz, den USA und Indien, Aufl. 2014.

29. Alexander Diel, Leihmutterschaft und Reproduktionstourismus, Schriften zum deutschen und ausländischen Familien-und Erbrecht, Aufl. 2014.

30. Günther, H. -L. /Taupitz, J. /Kaiser, P., Embryonenschutzgesetz-Juristischer Kommentar mit medizinisch-naturwissenschaftlichen Grundlagen, Aufl. 2014.

31. Gassner, U. u. a., Fortpfanzungsmedizingesetz, Augsburg-Münchner Entwurf, Aufl. 2013.

32. Wilfried Schlüter, BGB-Familienrecht, Aufl. 2013.

33. June Young Lee, Unterhaltsverpflichtungen Bei Leihmutterschaft, Aufl. 1996.

34. Alexandra Goeldel, Leihmutterschaft-Eine rechtsvergleichende Studie, Aufl. 1994.

35. Dietrich, Silvia, Mutterschaft für Dritte: Rechtliche Probleme der Leihmutterschaft unter Berücksichtigung entwicklungspsychologischer und familiensoziologischer Erkenntnisse und rechtsvergleichender Erfahrungen, Aufl. 1989.

36. Hass, G. /Grossmann, W. /Kallert, H. Leihmutterschaft Psychische und psycho-soziale Folgen, Aufl. 1988.

(二)论文

1. Kammergericht, Gewöhnlicher Aufenthalt iSv Art. 19 Abs. 1 EGBGB bei Neugeborenen, FGPrax 2021, S. 47.

2. Christian Bruns, Die Entwicklung des Familienverfahrensrechts im Jahr 2020, NZFam 2021, S. 101.

3. Wolfram Eberbach, Eine kurze Geschichte der Fortpflanzungsmedizin bis zur Eizellspende, MedR 2020, S. 167.

4. KG, Geburtseintrag nach Leihmutterschaft und Geburt in Kalifornien, BeckRS 2020, S. 635.

5. Christian Bruns, Die Entwicklung des Familienverfahrensrechts seit Mitte 2018, NZFam 2020, S. 97.

6. AG Köln, Beurkundung alleiniger Elternschaft des Vaters bei Geburt durch Leihmutter im Ausland, FF 2019, S. 376 = NJOZ 2020, S. 777.

7. Marc Eckebrecht, Anerkennung einer kalifornischen Wunschelternschaft unabhängig von genetischer Abstammung, NZFam 2020, S. 227.

8. Herbert Grziwotz, Stiefkindadoption und Adoptionshilfe-Insellösung oder Neuorientierung? ZRP 2020, S. 6.

9. Bruns, Die Entwicklung des Familienverfahrensrechts seit Mitte 2018, NZFam 2020, S. 54.

10. Sven Loose, Familienrecht kompakt-ein Überblick nicht nur für Studienanfänger zum vierten Buch des BGB, JA 2020, S. 814.

11. Helen Lindenberg, Das Recht auf Fortpflanzung 2.0 – Das Recht auf das bestmögliche Kind? NZFam 2019, S. 941.

12. Alexander Schwonberg, Diskussionsteilentwurf für ein Gesetz zur Reform des Abstammungsrechts, FamRZ 2019, S. 1303.

13. BGH, Leihmutterschaft und Elternstellung, DNotZ 2019, S. 54.

14. Rechtsanwalt Rolf Behrentin und Christoph Grünenwald, Leihmutterschaft im Ausland und die deutsche Rechtsordnung, NJW 2019, S. 15.

15. BGH: Gewöhnlicher Aufenthalt von Leihmutterkindern, NZFam 2019, S. 428.

16. Rolf Wagner, Internationales Abstammungsrecht in der Haager Konferenz für Internationales Privatrecht, StAZ 2019, S. 321.

17. Walther Siede, Abstammung des von einer Leihmutter ausgetragenen Kindes, FamRB 2019, S. 225.

18. Marina Wellenhofer, Familienrecht und IPR: Gewönlicher Aufenthalt eines im Ausland von einer Leihmutter geborenen Kindes, JuS 2019, S. 717 = NJW 2019, S. 1607.

19. Andrea Volpp/Franz Linnartz, Aufenthaltsstatut: Gewöhnlicher Aufenthalt eines in der Ukraine von einer Leihmutter geborenen und von den Wunscheltern nach Deutschland verbrachten Kindes, jurisPR-FamR 2019, S. 15.

20. Urs Peter Gruber, Der gwöhnliche Aufenthalt von Säuglingen und Kleinkindern, zu EuGH, 28.6.2018 – C – 512/17, IPRax 2019, S. 217.

21. Walther Siede, Abstammung des von einer Leihmutter ausgetragenen Kindes, FamRB 2019, S. 224.

22. Martin Löhnig, Gewöhnlicher Aufenthalt eines im Ausland von einer

Leihmutter geborennen Kindes, Anmerkung zu BGH, Beschluss vom 20. 3. 2019 – XII ZB 530/17, NJW 2019, S. 1605.

23. Martin Löhnig, Gewöhnlicher Aufenthalt von einer Leihmutterkindern, Anmerkung zur des BGH, Beschluss vom 20. 3. 2019, XII ZB 530/17, NZFam 2019, S. 430.

24. Konrad Duden, Grenzüberschreitende Leihmutterschaft-Eine Untersuchung des materiellen und internationalen Abstammungsrechts Deutschlands und der USA, ZEuP 2018, S. 716.

25. Möller B/Güldenring A/Wiesemann C/Romer G., Geschlechtsdysphorie im Kindes-und Jugendalter: Behandlung und Entwicklungsförderung im Spannungsfeld von gesellschaftlichen Kontroversen, Wertewandel und Kindeswohl, Kinderanalyse 2018, S. 228.

26. BGH, Anerkennung einer US-Gerichtsentscheidung über Eltern bei Leihmutterschaft, NJW-RR 2018, S. 1473.

27. BGH, Statuswechsel bei Vaterschaft des geschiedenen Ehemanns nach rumänischem Recht, NJW 2018, S. 2642.

28. Walther Siede, Beurkundung der Geburt eines von einer indischen Leihmutter ausgetragenen Kindes bei mehrfachem Auslandsbezug, FamRB 2018, S. 101.

29. Elisabeth Unger/Quo vadis, Abstammungsrecht? -Ein Blick auf den Abschlussbericht des Arbeitskreises für Abstammungsrecht, FamRZ 2018, S. 663.

30. Campbell, Das Verbot der Leihmutterschaft, NJW-Spezial 2018, S. 196.

31. Birgit Frie, Ausländische standesamtliche Beurkundung der Abstammung eines Leihmutterschaftskindes als „Entscheidung" iSv § 108 I FamFG? NZFam 2018, S. 97.

32. Marc Eckebrecht, Anmerkung zu OLG München: Erforderlichkeit einer Adoption bei Leihmutterschaft, NZFam 2018, S. 286.

33. Martin Löhnig, OLG München: Eintragung einer nichtleiblichen Mutter in das ukrainische Geburtenregister keine anerkennungsfähige Entscheidung im Inländischen Nachbeurkundungsverfahren, NZFam 2018, S. 36.

34. Michael Komuczky, Dogmatishce Einordnung von ausländischen Leihmutterschaft in Österreich, IPRax 2018, S. 282.

35. Konrad Duden, Leihmutterschaft-Aktuelle Entwicklung in der Rechtsprechung, StAZ 2018, S. 137.

36. Susanne Lilian Gössl, Ein weiterer Mosaikstein bei der Anerkennung ausländischer Status-Änderungen in der EU oder: Wann ist ein Name rechtmäßig erworben?, IPRax 2018, S. 376.

37. Konrad Duden, Zweifel an der Elternschaft bei internationaler Leihmutterschaft, StAZ 2017, S. 225.

38. KG, Anerkennungsfähigkeit einer ausländischen Gerichtsentscheidung über die Feststellung der Vaterschaft eines einzelnen Wunschelternteils, NZFam 2017, S. 919.

39. OLG Düsseldorf, Leihmutterschaft steht Kindeswohlentsprechung der Annahme des anderen Wunschelternteiles regelmäßig nicht entgegen, NZFam 2017, S. 404.

40. Anatol Dutta, Der gewöhnliche Aufenthalt-Bewährung und Perspektiven eines Anknüpfungsmoments im Lichte der Europäisierung des Kollisionsrechts, IPRax 2017, S. 139.

41. Anm. Coester-Waltjen, § § 1591 BGB, 108 f. FamFG : Geburtenregistereintragung bei „Leihmutter-Kind" und mehrfachem Auslandsbezug, FamRZ 2017, S. 1693.

42. Stefanie Hösel, Verstärkte Rechtsunsicherheit bei grenzüberschreitenden Leihmutterschaften, StAZ 2017, S. 162.

43. Anne Sanders, Was ist eine Familie? Der EGMR und die Mehrelternschaft, NJW 2017, S. 925.

44. Valerius, B., Kinderwunschbehandlungen im Ausland: Zeitschrift für Medizinstrafrecht, 2017(3), S. 20.

45. Bastian Biermann, Anmerkung zu KG, Beschluss v. 4. 7. 2017 – III 354/15, NZFam 2017, S. 923.

46. Bastian Biermann, Anmerkung zu OLG Celle, Beschluss v. 22. 5. 2017 – 17 W 8/16, NZFam 2017, S. 662.

47. Bastian Biermann, Anmerkung zu OLG Düsseldorf, Beschluss v. 17. 3. 2017 – II – 1 UF 10/16, NZFam 2017, S. 404.

48. OLG Düsseldorf, „Stiefkindadoption" eines im Wege der Leihmutterschaft

geborenes Kindes allein am Maßstab der Kindeswohldienlichkeit zu messen, BeckRS 2017, 105401.

49. Bastian Biermann, Simon Apel, OLG Braunschweig: Kindeswohl gebieter nicht grundsätylich Anerkennung von im Ausland erworbener Elternschaft aus Leihmutterverhältnis, NZFam 2017, S. 522 = FamRZ 2017, S. 972.

50. BGH, Beschluss vom 6. 9. 2017 – XII ZB 660/14. BGH, Eintragung eines Frau-zu-Mann-Transsexuellen als Mutter im Geburtenregister, NJW 2017, S. 3379 = FamRZ 2017, S. 1855.

51. AG Heidenheim, Anerkennung einer ausländischen Entscheidung bei Leihmutterschaft, BeckRS 2017, 110021.

52. Peter Mankowski, Das Gesetz über die „Ehe für alle", seine Folgen und sein europäisches Umfeld im Internationalen Privat-und Prozessrecht, IPRax 2017, S. 541.

53. KG, Eintragung als alleiniger Elternteil bei indischer Leihmutter und Vorentscheidung in Israel, NJW 2017, S. 3241.

54. Chris Thomale, Das Kinderwohl ex ante-Straßburger zeitgemäße Betrachtungen zur Leihmutterschaft, IPRax 2017, S. 583 = LSK 2017, 45124326.

55. Peter Mankowski, Die Reaktion des Internationalen Privatrechts auf neue Erscheinungsformen der Migration, Praxis des Internationalen Privat-und Verfahrensrechts, IPRax 2017, S. 40.

56. Christian Gomille, Die verfahrensrechtliche Anerkennung einer ausländischen standesamtlichen Eintragung-Besprechung von OLG Celle, Beschluss vom 22. 5. 2017, StAZ 2017, S. 321.

57. OLG Celle: Anerkennungsfähigkeit einer standesamtlichen Eintragung der biologischen Eltern im Falle einer Leihmutterschaft, NZFam 2017, S. 658.

58. Bettina Heiderhof, Das autonome IPR in familienrechtlichen Fragen, IPRax 2017, S. 160.

59. Anton Geier, Ein anderes Leben als Schaden: vertauschte Kinder und Schadensersatz, ZEuP 2017, S. 180.

60. EGMR, Herausgabe eines in Russland von einer Leihmutter geborenen Kindes, NJW 2017, S. 941.

61. Martin Löhnig, Die Leihmutterschaft in der aktuellen Rechtsprechung,

NZFam 2017, S. 546.

62. Alexander Diel, Leihmutterschaft im Internationalen Privat-und Verfahrensrecht-Abstammung und ordre public im Spiegel des Verfassungs –, Völker-und Europarechts, ZEuP 2016, S. 1022.

63. Dagmar Coester-Waltjen, Die Leihmutterschaft nach südafrikanischem Recht im deutschen Geburtsregister, IPrax 2016, S. 132.

64. Peter Mankowski, BGH: Anknüpfung der Vaterschaftsfeststellung bei heterologer Insemination, LMK 2016, 382308.

65. BverfG, Keine Pflicht des Gesetzgebers zur Bereitstellung eines Verfahrens zur isolierten, rechtsfolgenlosen Klärung der Abstammung, NZFam 2016, S. 400.

66. Andreas Spickhoff, Anmerkung zu BVerfG, Urteil vom 19. 4. 2016 – Az. 1 BvR3309/13 (BVerfGE 141, 186), FamRZ 2016, S. 885.

67. Bettina Heiderhof, Anmerkung zu BVerfG, Urteil von 10. 12. 2014 – Az. 1 BvR 2209/13 (BVerGE 141, 186), NJW 2016, S. 1918.

68. BGH, Keine Feststellung der Vaterschaft für im Ausland extrakorporal aufbewahrten Embryo, NJW 2016, S. 3174.

69. Alexander Schwonberg, Anmerkung zu BVerfG, Urteil vom 19. 4. 2016 – Az. 1 BvR 3309/13 (BVerfGE 141, 186), FamRZ 2016, S. 230.

70. Müller-Terpitz, R., 'ESchG 2.0': Plädoyer für eine partielle Reform des Embryonen-schutzgesetzes, Zeitschrift für Rechtspolitik 2016, S. 49.

71. BGH, Bestimmung des Namens bei einer im Ausland geschlossenen gleichgeschlechtlichen Ehe, NZFam 2016, S. 1031 = FamRZ 2016, S. 1761.

72. Marina Wellenhofer, Kindschaftsrecht auf dem PrüfstandßVorschau auf den 71. Deutschen Juristentag 2016, FamRZ 2016, S. 1333.

73. Dorett Funcke, Leihmutterschaftsfamilien-Rechtsbeschlüsse und soziale Praktiken, NZFam 2016, S. 207.

74. Nadine Lederer, Grenzenloser Kinderwunsch: Leihmutterschaft im nationalen, europäischen und globalen rechtlichen Spannungsfeld, RabelsZ 2016 (82), S. 506.

75. Marina Wellenhofer, Rechtsprechungsübersicht zum Abstammungsrecht (2014 – 2016), NZFam 2016, S. 731.

76. Schliesser, C., Körperlichkeit und Kommerzialisierung: Zur theologisch-

ethischen Problematik der Leihmutterschaft. Zeitschrift für medizinische Ethik, 2016, S. 107.

77. Marina Wellenhofer, Familienrecht und IPR: Eintragung eines im Ausland geborenen Kindes gleichgeschlechtlicher Eltern im Geburtenregister, JuS 2016, S. 942.

78. OLG München, Günstigkeitsprinzip bei alternativen Abstammungsstatuten, FGPrax 2016, S. 220 = FamRZ 2016, S. 1599.

79. OVG Münster (19. Senat), Urteil vom 14. 07. 2016 – 19 A 2/14, FamRZ 2016, S. 2130 = BeckRS 2016, 48534.

80. Frank Rainer, Personenstandsrechtliche Fragen bei der Vertauschung von Kindern, StAZ 2015, S. 225.

81. OLG Düsseldorf, Anerkennung einer US-Entscheidung über Elternschaft bei Geburt durch Leihmutter, NJW 2015, S. 3382.

82. BGH, Anerkennung eines kalifornischen Urteils zur Elternstellung bei Leihmutterschaft, Neue Juristische Wochenschrift NJW 2015, S. 479 = NZFam 2015, S. 112.

83. Wolf Sieberichs, Gleichgeschlechtliche Elternschaft im deutschen IPR und Personenstandsrecht am Beispiel der belgischen Mitmutter, StAZ 2015, S. 1.

84. Bettina Heiderhof, Anmerkung zu BGH, Beschluss vom 10. 12. 2014 – Az. XII ZB 463/13 (BGHZ 203, 350), NJW 2015, S. 485.

85. BGH: Anerkennung ausländischer Gerichtsentscheidung zur rechtlichen Verwandtsschaft, DNotZ 2015, S. 296.

86. Helms, Leihmutterschaft-ein rechtsvergleichender Überblick, LSK 2013, S. 170685 = StAZ 2013, S. 114.

87. Frie Birgit, Die Mitmutter kraft auslädischen Rechts, FamRZ 2015, S. 889.

88. Frank Rainer, Vertauschte Kinder, FamRZ 2015, S. 1149.

89. Hubert Hüppe, Legalisierung der Eizellspende?, ZRP 2015, S. 126.

90. Tobias Helm, Anmerkung zu BGH, Beschluss vom 10. 12. 2014 – Az. XII ZB 463/13 (BGHZ 203, 305), FamRZ 2015, S. 245.

91. Alexander Schwonberg, Anmerkung zu BGH, Beschluss vom 10. 12. 2014 – Az. XII ZB 463/13 (BGHZ 203, 350), FamRZ 2015, S. 55.

92. Claudia Mayer, Procedural recognition of a foreign decision on legal parentage in favor of registered partners in surrogacy cases. Annotation of Federal Court of Justice (Bundesgerichtshof), 10. 12. 2014 – Ⅻ ZB 463/13 (civil status proceedings), StAZ 2015, S. 33.

93. Thomas Rauscher, Anmerkung zu BVerfG, Beschluss vom 24. 2. 2015 – Az. 1 BerR472/14 (BVerfGE 138, 377), JZ 2015, S. 624.

94. Evelzn Woitge, Der Status von Kindern ausländischer Leihmütter in Deutschland-Zugleich Anmerkung zu BGH, Beschluss vom 10. Dezember 2014 – Az. Ⅻ ZB 463/13 (BGHZ 203, 350), Jura 2015, S. 496.

95. Finn Zwißler, Anmerkung zu BGH, Beschluss vom 10. 12. 2014 – Az. XII ZB 463/13 (BGHZ 203, 350), NZFam 2015, S. 118.

96. Konrad Duden, International Surrogate Motherhood-Shifting the Focus to the Child, Judgments of the European Court of Human Rights of 26 June 2014 and of the German Bundesgerichtshof of 10 December 2014, ZEuP 2015, S. 637.

97. Claudia Mayer, Procedural recognition of a foreign decision on legal parentage in favor of registered partners in surrogacy cases. Annotation of Federal Court of Justice (Bundesgerichtshof), 10. 12. 2014 – Ⅻ ZB 463/13 (civil status proceedings), StAZ 2015, S. 33.

98. Christian Schall, Anmerkung zu BGH, Beschluss vom 10. 12. 2014 – Az. Ⅻ ZB 463/13 (BGHZ 203, 350), DNotZ 2015, S. 306.

99. EGMR, Französisches Kindschaftsverhältnis bei Leihmutterschaft in Kalifornien-Anerkennung, NJW 2015, S. 3211.

100. Henrich, DIeter, Leimütterkinder: Wessen Kinder?, IPRax 2015, S. 229.

101. Marina Wellenhofer, Vereinbarkeit einer ausländischen gerichtlichen Elternfeststellung mit dem ordre public, JuS 2015, S. 841.

102. Konrad Duden, Internationale Leihmutterschaft: Der frühe Schutz der tatsächlichen Familie, Zur Entscheidung Paradiso und Campanelli v. Italien des EGMR, StAZ 2015, S. 201.

103. Reinhard Giesen, Leichgeschlechtliche Elternschaft in Skandinavien, StAZ 2015, S. 193.

104. Susanne Lilian Gössl, Materiellprivatrechtliche Angleichung der personen-

standsrechtlichen Eintragung bei hinkenden Statusverhältnissen, IPRax 2015, S. 273.

105. Christoph Grünenwald, Im Ausland durchgeführte Leihmutterschaften: automatische Zuordnung zu den Wunscheltern oder Adoptionserfordernis?, StAZ 2015, S. 217.

106. Paul Lagarde, Die Leihmutterschaft: Probleme des Sach-und des Kollisionsrechts, ZEuP 2015, S. 234.

107. EGMR, Entscheidung vom 27. 01. 2015 - 25358/12, FamRZ 2015, S. 561.

108. Rixe, Anwendbarkeit deutschen Sachrechts für die Regelung der elterlichen Sorge bei chinesischer Leihmutterschaft, NZFam 2015, S. 142.

109. Konrad Duden, European Court of Human Rights: International Surrogate Motherhood-Shifting the Focus to the Child, ZEuP 2015, S. 637.

110. Kurt Siehr, Das Internationale Abstammungsrecht im EGBGB, Borschläge zur Reform der Art. 19 - 20, 23 EBGBG, StAZ 2015, S. 258.

111. BGH, Anerkennung eines kalifornischen Urteils zur Elternstellung bei Leihmutterschaft, NJW 2015, S. 479 = FamRZ 2015, S. 240.

112. AG Düsseldorf, Adoption, Leihmutterschaft, Leihmuttervermittlung, Sittenwidrigkeit, Eizellspende, Menschenwürde, Identitätsfindung, BeckRS 2015, 118528.

113. Bettina Heiderhoff, Rechtliche Abstammung im Ausland geborener Leihmutterkinder, NJW 2014, S. 2673.

114. Claudia Mayer, Ordre public und Anerkennung der rechtlichen Elternschaft in internationalen Leihmutterschaftsfällen, Rabelz 2014(78), S. 551.

115. Claudia Mayer, Sachwidrige Differenzierungen in internationalen Leihmutterschaftsfällen, IPRax 2014, S. 57.

116. EGMR: Französisches Kindschaftsverhältnis bei Leihmutterschaft in Kalifornien-Anerkennung, FamRZ 2014, S. 1527.

117. EGMR, Mennesson. /. Frankreich, Urteil vom 26. 06. 2014 - 65941/11, BeckRS 2014, 16292.

118. Martin Engel, Internationale Leihmutterschaft und Kindeswohl, ZEuP 2014, 538.

119. Konrad Duden, Ausländische Leihmutterschaft Elternschaft durch verfahrensrechtliche Anerkennung, StAZ 2014, S. 164.

120. Anke Schewe, Mater semper certa est?, FamRZ 2014, S. 90.

121. Herbert Grziwotz, Kinderwunscherfüllung durch Fortpflanzungsmedizin und Adoption, NZFam 2014, S. 1065.

122. Heidi Gmür, Empörung über Leihmutter-Fall, in: Neue Zürcher Zeitung V. 4. 8. 2014.

123. Marina Wellenhofer, Beweiserhebung bei der Klärung der leiblichen Abstamung, NZFam 2014, S. 117.

124. Brigitte Zypries/Monika Zeeb, Samenspende und das Recht auf Kenntnis der eigenen Abstammung, ZRP 2014, S. 54.

125. Claudia Mayer, Inappropriate differentiations in international surrogacy cases. Annotation of Administrative Court Berlin (Verwaltungsgericht), 5. 9. 2012 – 23 L 283. 12, Higher Regional Court Düsseldorf (Oberlandesgericht), 26. 4. 2013 – 3 Wx 211/12 and Higher Regional Court Berlin (Kammergericht), 1. 8. 2013 – 1 W 413/12, IPRax 2014, S. 57.

126. Nina Dethloff, Leihmütter, Wunscheltern und ihre Kinder, JZ 2014, S. 922.

127. Dagmar Waltjen-Coester, Ausländische Leihmütter-Deutsche Wunscheltern, Zur Entscheidung des BGH vom 10. 12. 2014 – XII ZB 463/13, FF 2015, S. 186.

128. Konrad Duden, Leihmutterschaften-Abschlussveranstaltung der Jahres-fachtagung des Bundesverbandes der Deutschen Standesbeamtinnen und Standes-beamten, IPRax 2013, S. 196.

129. Fink Sandra/Grün Klaus Jürgen, Der Auskunftsanspruch überdie Abstammung des durch heterologe Insemination gezeugten Kindes gegen den Arzt, NJW 2013, S. 1913.

130. Diel Botthof, Voraussetzungen für die (Stiefkind –) Adoption eines Kindes nach Inanspruchnahme einer Leihmutter, LSK 2013, 310740.

131. Breidenstein, Anerkennung ausländischer Urteile, ordre-public-Vorbe-halt, FamFR 2013, S. 480.

132. Hartmut Kreß, Samenspende und Leihmutterschaft-Problemstand, Rechtsunsicherheiten, Regelungsansätze, FPR 2013, S. 240.

133. AG Düsseldorf, Beschluss vom 29. 11. 2013 – 270 F 214/13, BeckRS 2015, 14226.

134. Andreas Botthoff, Alexander Diel, Voraussetzungen für die (Stiefkind-) Adoption eines Kindes nach Inanspruchnahme einer Leihmutter-Zugleich Anmerkung zur Entscheidung des LG Frankfurt am Main Vom 3. 8. 2012, StAZ 2013, S. 211.

135. Andreas Bernard, Samenspende, Leihmütter, Retortenbabies: Neue Reproduktionstechnologien und die Ordnung der Familie, StAZ 2013, S. 136.

136. Frank Rainer, Zumr Mutterschaftsanerkennung in Frankreich, StAZ 2012, S. 190.

137. Michael Coester, Art. 17b EGBGB unter dem Einfluss des Europäischen Kollisionsrechts, IPRax 2013, S. 114.

138. Helene Bubrowski, Behörden unterlaufen Verbot der Leihmutterschaft, Frankfurter Allgemeine Zeitung, 31. 5. 2013, S. 1.

139. AG Friedberg, Urteil vom 01. 03. 2013 – 700 F 1142/12, FamRZ 2013, S. 1995 = BeckRS 2013, 22504.

140. EGMR, Einvernehmliche sexuelle Handlungen zwischen Geschwistern als Straftat, NJW 2013, S. 215.

141. BVerfG, Sukzessivadoption durch eingetragene Lebenspartner, NJW 2013, 847.

142. Christoph Benicke, Kollisionsrechtliche Fragen der Leihmutterschaft, StAZ 2013, S. 101 = LSK 2013, S. 170684.

143. Dominik Balze, Die genetische Vaterschaft im Familien-, Familienverfahrens-und Personenstandsrecht, StAZ 2012, S. 364.

144. Erwin Bernat, Kommentar zu VFGH 14. 12. 2011 – B 13/11 – 10, ZUr Frage, ob das Rechtsinstitut der Leihmutterschaft gegen den österreichischen ordre public verstößt, RdM 2012, S. 104.

145. Rolf Wagner, Abstammungsfragen bei Leihmutterschaften in internationalen Sachverhalten, StAZ 2012, S. 294.

146. LG Frankfurt a. M. , Adoption des durch eine Leihmutter ausgetragenen Kindes, BeckRS 2012, S. 17482.

147. OLG Stuttgart, Nachbeurkundung einer Auslandsgeburt bei Leihmutterschaft,

FamRZ 2012, 1740. = StAZ 2012, S. 209.

148. Pia Maria Schulze, Das deutsche Kindschafts-und Abstammungsrecht und die Rechtsprechung, EGMR 2012, S. 22.

149. Ferdinand Wollenschläger, Das Verbot der heterologen In-vitro-Fertilisation und der Eizellspende auf dem Prüfstand der EMRK, MedR 2011, S. 21.

150. Katharina Boele-Woelki, Ersatzmutterschaft und Kalter Ausschluss im Bermögensrecht von Ehegatten und nichtehelichen Partnern in den Niederlanden, FamRZ 2011, S. 1455.

151. BGH, Anerkennung eines ausländischen Scheidungsurteils bei diplomatischer Immunität des Antragstellers, NJW – RR 2011, S. 721.

152. Barbara Veit, Katharina Hinz, Vertauschte Kinder, FamRZ 2010, S. 505.

153. OLG Köln, Eintragung als Vater im Geburtsregister nach Wechsel der Geschlechtszugehörigkeit und nachfolgender Anerkennung der Vaterschaft, FGPrax 2010, S. 71 = FamRZ, S. 741.

154. Henrich, Entwicklungen des Familienrechts in Ost und West, LSK 2010, 100886 = FamRZ 2010, S. 333.

155. Torn, P./Wischmann, T., Leitlinien des BkiD „Psychosoziale Beratung für Frauen und Männer, die eine Kinderwunschbehandlung im Ausland beabsichtigen“, Journal für Reproduktionsmedizin und Endokrinologie 2010, S. 394.

156. Michael Zimmermann, Anmerkung zu BVerfG, Beschluss vom 13. 10. 2008 – Az. BvR 1548/03, NJW 2009, S. 424.

157. Marina Wellenhofer, Das neue Gesetz zur Klärung der Vaterschaft unabhängig vom Anfechtungsverfahren, NJW 2008, S. 1185.

158. BverfG, Grundrechte: Bedeutung der erfolgreichen Vaterschaftsanfechtung für den Bestand der deutschen Staatsangehörigkeit des Kindes, StAZ 2007, S. 138 = JuS 2007, S. 476.

159. Stüber, Gesetz zur Überarbeitung des Lebenspartnerschaftsrechts, FamRZ 2005, S. 574.

160. EGMR, Auskunftsverlangen über leibliche Verwandte nach anonymer

Geburt, NJW 2003, S. 2145.

161. Jan L. Backmann, Künstliche Fortpflanzung und Internationales Privatrecht, unterbesonderer Berücksichtigung des Persönlichkeitsschutzes, Münchener Universitätsschriften Band 2002, S. 167.

162. Krömer, Eintrag von Kindern in Spalte 9 des Familienbuches bei Leihmutterschaft, StAZ 2000, S. 310.

163. BGH, Internationale Zuständigkeit für Schutzmaßnahmen gegenüber Kind mit doppelter Staatsangehörigkeit, NJW 1997, S. 3024.

164. LG Freiburg, Kein Schmerzensgeldanspruch bei Täuschung durch „ Leihmutter", NJW 1987, S. 1486.

165. OLG Hamm, Sittenwidrigkeit eines sogenannten „Leihmutter Vertrages", NJW 1986, S. 781.

166. KG, Keine Sorgerechtsentziehung nur wegen „Mietmutterschaft", NJW 1985, S. 2201.

167. BGH, Anfechtungsrecht des Ehemannes bei heterologer Insemination, JZ 1983, S. 552.

168. Coester-Waltjen, D., Rechtliche Probleme der für andere übernommenen Mutterschaft, NJW 1982, S. 2528.

169. BGH, Wirksamkeit einer Ehegattenstiftung durch Erbvertrag, NJW 1978, S. 943.

170. BverfG, Grundrecht der freien Meinungsäußerung, Kollision mit Zivilrecht NJW 1958, S. 257.

三、英文文献

（一）著作

1. Jens M. Scherpe, Claire Fenton-Glynn & Terry Kaan eds., *Estern and Western Perspective on Surrogacy*, Cambridge University Press, 2019.

2. Piotr Mostowik ed., *Fundamental Legal Problems of Surrogate Motherhood Global Perspective*, Wydawnictwo Instytutu Wymiaru Sprawiedliwości, 2019.

3. Margaret Brinig, *International Survey of Family Law*, Intersentia, 2019.

4. Elisabetta Bergamini & Chiara Ragni, *Fundemental Rights and Best Interests*

of the Child in Transnational Families, Intersentia, 2019.

5. Barbarastark & Jacqueline Heaton, *Routledge Handbook of International Family Law*, Routledge, 2019.

6. Margaret Brinig, *International Survey of Family Law*, Intersentia, 2019.

7. Tulsi Patel, Sayani Mitra & Silke Schicktanz eds., *Cross-Cultural Comparisons on Surrogacy and Egg Donation, Interdisciplinary Perspectives from India, Germany and Israel*, Springer Press, 2018.

8. Elizabeth Brake & Lucinda Ferguson, *Philosophical Foundations of Children's and Family Law*, Oxford University Press, 2018.

9. Ruth Cabeza, Victoria Flowers, Eirwen Pierrot, Anita Rao, Barry O'Leary & Lillian Odze, *Surrogacy Law, Practice and Policy in England and Wales*, Family Law, 2018.

10. Sheela Saravanan, *A Transnational Feminist View of Surrogacy Biomarkets in India*, Springer, 2018.

11. Michael Wells-Greco, *The Status of Children Arising from Inter-Country Surrogacy Arrangements: the Past, the Present, the Future*, Eleven International publishing, 2016.

12. Ann Laquer Estin, *International Family Law*, Edward Elgar Publishing Limited, 2016.

13. E. Scott Sills, *Handbook of Gestational Surrogacy*, Cambridge University Press, 2016.

14. Jens M. Scherpe, *The Present and Future of European Family Law*, Edward Elgar Publishing Limited, 2016.

15. Jens M. Scherpe, *European Family Law*, Edward Elgar Publishing Limited, 2016.

16. Raz, A. E. & Schicktanz, S., *Comparative Empirical Bioethics: Dilemmas of Genetic Testing and Euthanasia in Israel and Germany*, Springer, 2016.

17. Aiex Finkelsten, Sarah Macdougall, Angela Kintominas & Anya Olsen, *Surrogacy Law and Policy in the U. S.: A National Conversation Informed by Global Lawmaking*, Report of the Columbia Law School Sexuality & Gender Law Clinic, 2016.

18. Peter R Brinsden, *A Textbook of in Vitro Fertilization and Assisted*

Reproduction, Informa Healthcare, 2015.

19. Sharmila Rudrappa, *Discounted Life: the Price of Global Surrogacy in India*, NYU Press, 2015.

20. Paula Gerber & Katie O'Byrne, *Surrogacy, Law and Human Rights*, Routledge, 2015.

21. Katharina Beole-Woelki, Nina Dethloff & Werner Gephart, *Family Law and Culture in Europe*, Intersentia, 2014.

22. Katarina Trimminggs & Paul Beaumont eds., *International Surrogacy Arrangements: Legal Regulation at the International Level*, Hart Publishing, 2013.

23. Anil Malhotra & Ranjit Malhotra, *Surrogacy in India, A Law in the Making*, Universal Law Publishing, 2013.

24. Katharina Boele-Woelki & Angelika Fuchs, *Legal Recognition of Same-Sex Relationships in Europe*, Intersentia, 2012.

25. Karen B. Brown & David V. Snyder, *General Reports of the XVIIIth Congress of the International Academy of Comparative Law/Rapports Généraux du XVIIIème Congrès de l'Académie Internationale de Droit Comparé*, Springer, 2012.

26. Kees Jan Saarloos, *European Private International Law on Legal Parentage? Thoughts on A European Instrument Implementing the Principle of Mutual Recognition in Legal Parentage*, Maastricht University Press, 2010.

27. Said Mahmoudi, Pernilla Leviner, Anna Kaldal & Katrin Lainpelto, *Child-friendly Justice, A Quarter of a Century of the UN Convention on the Rights of the Child* 256 - 257, Brill, 2010.

(二)论文

1. Yongping Xiao, Jue Li & Lei Zhu, *Surrogacy in China, A Dilemma Between Public Policy and the Best Interest of Children*, 34 International Journal of Law, Policy and Family (2020).

2. Yongping Xiao & Jue Li, *Transnational Surrogacy in China: From the Perspective of Private International Law*, 1 China & WTO Rev. 81 - 108 (2020).

3. John Lucas M. Taylor, *International Commercial Surrogacy as A New Head of Tortious Damage: xx v Whittington Hospital NHS Trust* [2018] *EWCA CIV* 2832, 28 Medical Law Review 197 - 207 (2020).

4. Svetlana M. Sylkina, Nurlaiym K. Mynbatyrova, Zhuldyz B. Umbetbayeva, Gulmira K. Shulanbekova & Dana U. Baitukayeva, *Surrogacy: An International Comparative Analysis of the Fundamental Legislative Principles of Ukraine*, 60 Medicine, Science and the Law 37 – 44 (2020).

5. Vasanti Jadva, Natalie Gamble, Helen Prosser & Susan Imrie, *Parents' Relationship with their Surrogate in Cross-border and Domestic Surrogacy Arrangements: Comparisons by Sexual Orientation and Location*, 111 Fertility and Sterility 568 (2019).

6. HCCH, *Report of the Experts' Group on the Parentage / Surrogacy Project* (2019).

7. Yasmine Ergas, *Surrogacy: Women's Bodies between Globalization and National Reform*, 15 International Journal of Law 226 – 229 (2019).

8. Elisabetta Bergamini & Chiara Ragni, *Fundamental Rights and Best Interests of the Child in Transnational Families*, *International Journal of Law*, 35 Policy and the Family 19 (2019).

9. Gillian Douglas, *Transnational Reproduction Services ' Globordered Hypocrisy ' in Legalized Families in the Era of Bordered Globalization*, 20 Jerusalem Review of Legal Studies 1 – 12 (2019).

10. Roxana Banu, *A Relational Feminist Perspective on Conflict of Laws*, 24 Mich. J. Gender & L. 1, 8 – 10, 47 – 48 (2017).

11. Juan Antonio Flores Hernandez & Gabriela Aguado Romero, *International Gestational Surrogacy: Reflections between a Constitutionally Valid Legislative Restriction regarding How the Birth is Registered and the Margin of State Appreciation*, 76 Revista Temas Socio-Juridicos 99 (2019).

12. Chelsea E. Caldwell, *Baby Got Back: Enforcing Guardianship in International Surrogacy Agreements When Tragedy Strikes*, 49 U. Mem. L. Rev. 847 (2019).

13. Eleni Zervogianni, *Lessons Drawn from the Regulation of Surrogacy in Greece, Cyprus, and Portugal, or a Plea for the Regulation of Commercial Gestational Surrogacy*, 33 Int J Law Policy Family 160 (2019).

14. The Permanent Bureau of the Hague Conference on Private International Law, *News from the Hague Conference on Private International Law*, 25 Uniform

Law Review 618 - 626 (2020).

15. University of Chicago, *International Human Rights Clinic*, *Human Rights Implications of Global Surrogacy* (2019).

16. Máire Ní Shúilleabháin, *Surrogacy*, *System Shopping*, *and Article* 8 *of the European Convention on Human Rights*, 33 (1) Int J Law Policy Family 104 (2019).

17. Sonja van Wichelen, *Moving Children Through Private International Law*: *Institutions and the Enactment of Ethics*, 53 Law & Society Review 671 - 705 (2019).

18. Sahana Reddy & Arkalgud Ramaprasad, *Reframing the Problem of Statelessness*: *Quest for a Supra-Legal Perspective*, 20 Or. Rev. Int'l L. 361 (2019).

19. Guillaume Kessler, *The Parentage Disruption*: *A Comparative Approach*, International Journal of Law, 33 Policy and The Family 316 - 336 (2019).

20. Ruth Zafran & Daphna Hacker, *Who will Safeguard Transnational Surrogates' Interests*? *Lessons from the Israeli Case Study*, 44 Law & Social Inquiry 1141 - 1173 (2019).

21. Anatol Dutta, *Surrogacy in Germany*, in Jens M. Scherpe, Claire Fenton-Glynn & Terry Kaan eds., Estern and Western Perspective on Surrogacy, Cambridge University Press, 2019, p. 35 - 48.

22. Kellen Trilha, *Surrogacy in the Context of Private International Law*? *Cross-border Effects of International Reproductive Agreements*, in Horatia Muir Watt, Lucia Bíziková, Agatha Brandão de Oliveira & Diego P. Fernández Arroyo eds., Global Private International Law, Edward Elgar 2019, p. 495 - 504.

23. Dagmar Coester-Waltjen, *A Case for Harmonization of Private International Law*? *Juggling between Surrogacy*, *Interest of a Child and Parenthood*, in Horatia Muir Watt, Lucia Bíziková, Agatha Brandão de Oliveira & Diego P. Fernández Arroyo eds., Global Private International Law, Edward Elgar 2019, p. 404 - 510.

24. Frank Klinkhammer, *Surrogacy Motherhood under German National and International Private International Law*, *a Judicial Perspective*, in Jens M. Scherpe, Claire Fenton-Glynn & Terry Kaan eds., Estern and Western Perspective

on Surrogacy, Cambridge University Press, 2019, p. 49 – 56.

25. Naomi Cahn & June Carbone, *Surrogacy in the United States of America*, in Jens M. Scherpe, Claire Fenton-Glynn & Terry Kaan eds., Estern and Western Perspective on Surrogacy, Cambridge University Press, 2019, p. 307 – 328.

26. Paul Beaumont & Katarina Trimmings, *Surrogacy before the European Court of Human Rights*, in Jens M. Scherpe, Claire Fenton-Glynn & Terry Kaan eds., Estern and Western Perspective on Surrogacy, Cambridge University Press, 2019, p. 331 – 354.

27. Claire Fenton-Glynn, *Surrogacy in a Globalised World: Comparative Analysis and Thoughts on Regulation*, in Jens M. Scherpe, Claire Fenton-Glynn & Terry Kaan eds., Estern and Western Perspective on Surrogacy, Cambridge University Press, 2019, p. 515 – 593.

28. Jamie Cooperman, *International Mother of Mystery: Protecting Surrogate Mothers' Participation in International Commercial Surrogacy Contract*, 48 Golden Gate U. L. Rev. 161 (2018).

29. Sydney H. Willmann, *Commercial Surrogacy and the Sale of Children under the Revised Uniform Parentage Act of* 2017, 49 Cumb. L. Rev. 157 (2018).

30. Nicholas Barthel, Molly O'Brien, Andrew Vorzimer & Evie Jeang, *International in Vitro: the Legal Complexities of Cross-Border Family Formation*, 17 Whittier J. Child. & Fam. Advoc. 163 (2018).

31. Adeline A. Allen, *Surrogacy and Limitations to Freedom of Contract: Toward Being More Fully Human*, 41 Harv. J. L. & Pub. Pol'y 753 (2018).

32. Sayani Mitra, *Cross-Border Reprofows: Comparing the Cases of India, Germany, and Israel*, in Tulsi Patel, Sayani Mitra & Silke Schicktanz eds., Cross-Cultural Comparisons on Surrogacy and Egg Donation, Interdisciplinary Perspectives from India, Germany and Israel, Springer Press, 2018.

33. Silke Schicktanz, *Beyond Relativism: Comparing the Practice and Norms of Surrogacy in India, Israel, and Germany*, in Tulsi Patel, Sayani Mitra & Silke Schicktanz eds., Cross-Cultural Comparisons on Surrogacy and Egg Donation, Interdisciplinary Perspectives from India, Germany and Israel, Springer Press, 2018.

34. Nishtha Lamba Vasanti Jadva, *Indian Surrogates: Their Psychological*

Well-Being and Experiences, in Tulsi Patel, Sayani Mitra & Silke Schicktanz eds., Cross-Cultural Comparisons on Surrogacy and Egg Donation, Interdisciplinary Perspectives from India, Germany and Israel, Springer Press, 2018.

35. Sabrina Dücker & Tatjana Hörnle, *German Law on Surrogacy and Egg Donation: the Legal Logic of Restrictions*, in Tulsi Patel, Sayani Mitra & Silke Schicktanz eds., Cross-Cultural Comparisons on Surrogacy and Egg Donation, Interdisciplinary Perspectives from India, Germany and Israel, Springer Press, 2018.

36. Gabriele Werner-Felmayer, *Globalisation and Market Orientation: A Challenge Within Reproductive Medicine*, in Tulsi Patel, Sayani Mitra & Silke Schicktanz eds., Cross-Cultural Comparisons on Surrogacy and Egg Donation, Interdisciplinary Perspectives from India, Germany and Israel, Springer Press, 2018.

37. Judit Sándor, *Transnational Surrogacy: An Overview of Legal and Ethical Issues*, in Tulsi Patel, Sayani Mitra & Silke Schicktanz eds., Cross-Cultural Comparisons on Surrogacy and Egg Donation, Interdisciplinary Perspectives from India, Germany and Israel, Springer Press, 2018.

38. Katharina Beier, *Ethical Objections about Surrogacy in German Debates: A Critical Analysis*, in Tulsi Patel, Sayani Mitra & Silke Schicktanz eds., Cross-Cultural Comparisons on Surrogacy and Egg Donation, Interdisciplinary Perspectives from India, Germany and Israel, Springer Press, 2018.

39. Anika König, *Parents on the Move: German Intended Parents' Experiences with Transnational Surrogacy*, in Tulsi Patel, Sayani Mitra & Silke Schicktanz eds., Cross-Cultural Comparisons on Surrogacy and Egg Donation, Interdisciplinary Perspectives from India, Germany and Israel, Springer Press, 2018.

40. Julia Teschlade, *Conceiving before Conception: Gay Couples Searching for an Egg Donor on Teir Journey to Parenthood*, in Tulsi Patel, Sayani Mitra & Silke Schicktanz eds., Cross-Cultural Comparisons on Surrogacy and Egg Donation, Interdisciplinary Perspectives from India, Germany and Israel, Springer Press, 2018.

41. Sharmila Rudrappa, *Why is India's Ban on Commercial Surrogacy Badfor*

Women? 43 N. C. J. INT'L L. 70 (2018).

42. Claire Fenton-Glynn, *International Surrogacy before the European Court of Human Rights*, 13 Journal of Private International Law 546 – 567 (2017).

43. Linda D. Elrod, *The Best Interests of the Child When there is Conflict About Contact*, in Elaine E. Sutherland & Lesley-Anne Barnes Macfarlane eds., Implementing Article 3 of the United Nations Convention on the Rights of the Child: Best Interests, Welfare and Well-Being Cambridge University Press, 2017, p. 265 – 279.

44. Ursula Kilkelly, *The Best Interests of the Child: A Gateway to Children's Rights*?, in Elaine E. Sutherland & Lesley-Anne Barnes Macfarlane eds., Implementing Article 3 of the United Nations Convention on the Rights of the Child: Best Interests, Welfare and Well-Being Cambridge University Press, 2017, p. 51 – 66.

45. Nancy E. Dowd, *A Developmental Equality Model for the Best Interests of Children*, in Elaine E. Sutherland & Lesley-Anne Barnes Macfarlane eds., Implementing Article 3 of the United Nations Convention on the Rights of the Child: Best Interests, Welfare and Well-Being Cambridge University Press, 2017, p. 112 – 130.

46. Janys M. Scott, *Conflict between Human Rights and Best Interests of Children: Myth or Reality*?, in Elaine E. Sutherland & Lesley-Anne Barnes Macfarlane eds., Implementing Article 3 of the United Nations Convention on the Rights of the Child: Best Interests, Welfare and Well-Being Cambridge University Press, 2017, p. 67 – 80.

47. Nicola Taylor, *Relocation Disputes Following Parental Separation: Determining the Best Interests of the Child*, in Elaine E. Sutherland & Lesley-Anne Barnes Macfarlane eds., Implementing Article 3 of the United Nations Convention on the Rights of the Child: Best Interests, Welfare and Well-Being Cambridge University Press, 2017, p. 280 – 292.

48. Anne E. H. Sanders, *When, if not now? An Update on Civil Partnership in Germany*, 17 German Law Journal 487 – 508 (2016).

49. Palacios-Gonzúlez & César, *Mitochondrial Replacement Techniques: Egg Donation, Genealogy and Eugenics*, Monash Biothics Review 37 – 51 (2016).

50. Claire Fenton-Glynn, *Outsourcing Ethical Dilemmas: Regulating International Surrogacy Arrangements*, 24 Medical Law Review 59 – 75 (2016).

51. Aviad E. Raz & Silke Schicktanz, *Making Responsible Life Plans: Cultural Differences in Lay Attitudes in Germany and Israel Towards Predictive Genetic Testing for Late-Onset Diseases*, in Raz, A. E. & Schicktanz, S. eds. , Comparative Empirical Bioethics: Dilemmas of Genetic Testing and Euthanasia in Israel and Germany, Springer, 2016, p. 55 – 66.

52. Joshua Baker, *Eastern and Western Perspectives of Surrogacy: out with the Old, in with the Best Interests?*, 4 International Family Law Journal 338 (2016).

53. Crowley-Matoka, M. & Hamdy, S. F. , *Gendering the Gift of Life: Family Politics and Kidney Donation in Egypt and Mexico*, 35(1) Medical Anthropology 31 – 44 (2016).

54. Katarina Trimmings & Paul Beaumont, *Parentage and Surrogacy in a European Perspective*, in Jens M. Scherpe ed. , European Family Law, Edward Elgar Publishing Limited, 2016, p. 232.

55. Dieter Martiny, *The Changing Concept of 'Family' and Challenges for Family Law in Germany*, in Jens M. Scherpe ed. , European Family Law, Edward Elgar Publishing Limited, 2016, p. 65.

56. Voskoboynik Katherine, *Clipping the Stork's Wings: Commercial Surrogacy Regulation and its Impact on Fertility Tourism*, 26 Indiana International and Comparative Law Review 336 (2016).

57. Hart. Coester-Waltjen, D. , *Family Forms and Parenthood in Germany*, in A. Büchler & H. Keller eds. , Family Forms and Parenthood Theory and Practice of Article 8 ECHR in Europe, Intersentia 2016, p. 209 – 213.

58. Amy Parker, *Reproductive Labor or Trafficking: the Effect of Disparate Power on Consent in Transnational Surrogacy Agreements*, 25 J. Transnat'l L. & Pol'y 155 (2015 – 2016).

59. Nina Dethloff, *Changing Family Forms: Challenges for German Law*, 46 Vict. U. Wellington L. Rev. 671 (2015).

60. Ruth Cabeza, *The Habitual Residence of Newborn Babies-how if at all does the Whereabouts of the Mother during Her Pregnancy Feature in the Analysis*

of the Factual Matrix?, 4 International Family Law Journal 328 (2015).

61. Susanne Lilian Gössl, *The Recognition of a "Judgment of Paternity" in a Case of Cross-border Surrogacy under German Law-Comentary to BGH, 10 December* 2014, *AZ. XII ZB* 463/13, 7 Cuadernos de Derecho Transnacional 448 - 465 (2015).

62. Katie O'Byrne & Paula Gerber, *Surrogacy and Human Rights: Contemporary, Complex, Contested and Controversial*, in Paula Gerber & Katie O'Byrne eds., Surrogacy, Law and Human Rights, Routledge, 2015, p.1 -9.

63. Nora Makard, *German Supreme Court Recognizes Same-Sex Parents after Californian Surrogacy*, Sexual Orientation Law(11. January 2015), http://www.sexualorientationlaw.eu/102 - german-supreme-court-recognizes-same-sex-parents-after-californian-surrogacy-germany.

64. Anita Stuhmcke, *Extra-Territoriality and Surrogacy: the Problem of State and Territory Moral Sovereignty*, in Paula Gerber & Katie O'Byrne eds., Surrogacy, Law and Human Rights, Routledge, 2015, p.65 -80.

65. Paula Gerber & Katie O'Byrne, *Souls in the House of Tomorrow: the Rights of Children Born via Surrogacy*, in Paula Gerber & Katie O'Byrne eds., Surrogacy, Law and Human Rights, Routledge, 2015, p.185.

66. Norman Witzleb & Anurag Chawla, *Surrogacy in India: Strong Demand, Weak Laws*, in Paula Gerber & Katie O'Byrne eds., Surrogacy, Law and Human Rights, Routledge, 2015, p.167 -192.

67. Mrinal Vijay, *Commercial Surrogacy Arrangements: the Unresolved Dilemmas*, 3(1) UCL J. L. and J. 200 -236 (2014).

68. Engel, M., *Cross-border Surrogacy: Time for a Convention*, in K. Boele-Woelki, N. Dethlof & W. Gephart eds., Family Law and Culture in Europe: Developments, Challenges and Opportunities, Cambridge University Press 2014, p.205.

69. Teoh, P. J. & Maheshwari, A., *Low-cost in Vitro Fertilization: Current Insights*, 6 International Journal of Women's Health 817 -827 (2014).

70. Susanne Lilian Gössl, *Germany*, in Katarina Trimminggs & Paul Beaumont eds., International Surrogacy Arrangements: Legal Regulation at the International Level, Hart Publishing, 2013, p.131.

71. Gennadiy Druzenko, *Ukraine*, in Katarina Trimminggs & Paul Beaumont eds., International Surrogacy Arrangements: Legal Regulation at the International Level, Hart Publishing, 2013, p. 357.

72. Charles P. Kindregan & Danielle White, *International Fertility Tourism: The Potential for Stateless Children in Cross-Border Commercial Surrogacy Arrangements*, 36 Suffolk Transnational Law Review (2013).

73. Anika Keys Boyce, *Protecting the Voiceless: Rights of the Child in Transnational Surrogacy Agreements*, 36 Suffolk Transnat'l L. Rev. 649 (2013).

74. Klotz, M., *Genetic Knowledge and Family Identity: Managing Gamete Donation in Britain and Germany*, 47(5) Sociology 939 – 956 (2013).

75. Dieter Martiny, *Private International Law Aspects of Same-Sex Couples Under German Law*, in Katharina Boele-Woelki & Angelika Fuchs eds., Legal Recognition of Same-Sex Relationships in Europe, Intersentia, 2012, p. 189.

76. Natalie Gamble & Louisa Chevaert, *International Surrogacy: Payments, and Media Hype*, 7 Public Policy Fam. Law 504 (2011).

77. Trimmings, K. & Beaumont, P., *International Surrogacy Arrangements: An Urgent Need for Legal Regulation at the International Level.* 7(3) Journal of Private International Law 631 (2011).

78. Elisabeth Gording Stang, *The Child's Right to Protection of Private Life and Family Life*, in Said Mahmoudi, Pernilla Leviner, Anna Kaldal & Katrin Lainpelto eds., Child-friendly Justice, A Quarter of a Century of the UN Convention on the Rights of the Child, Brill, 2010, p. 256 – 257.

79. S. Kamei, *Partitioning Paternity: The German Approach to a Disjuncture between Genetic and Legal Paternity with Implications for American Courts*, 11 San Diego International Law Journal 509 (2010).

80. Shenfeld, F., De Mouzon, J., Pennings, G., Ferraretti, A. P., Nyboe Andersen, A. & De Wert, G., *Cross Border Reproductive Care in Six European Countries*, 25(6) Human Reproduction 1361 – 1368 (2010).

81. Mahapatra, *German or Indian? Surrogate Twins in Legal No-man's Land, Mahapatra*, 27 The Times of India 5 (2010).

82. Ankita Goel de Mallik, *Surrogacy in India: A Dilemma*, The In-House Lawyer 43 (2010).

83. A. K. Sharma, *DNA Profiling: Social, Legal, or Biological Parentage*, 13 Indian Journal of Human Genetics 88 – 92 (2007).

84. Stöbel-Richter, Y., Beutel, M. E., Finck, C. & Brähler, E., *The 'Wish to Have a Child', Childlessness and Infertility in Germany*, 20 (10) Human Reproduction 2850 – 2857 (2005).

85. Resnik, D. B., *Regulating the Market for Human Eggs*, 15 Bioethics 25 (2001).

86. Penor Ceglian, C. & Gardner, S., *Attachment Style and the "Wicked Stepmother" Spiral*, 34Journal of Divorce & Remarriage 111 – 112 (2000).

87. Shalev, C., *A Man's Right to be equal: the Abortion Issue*, 18 Israel Law Review 391 (1984).

88. Duncker & Humblot. Birnbacher, D., *Ambiguities in the Concept of Menschenwürde*, in K. Bayertz ed., Sanctity of Life and Human Dignity, Springer Press1996, p. 107 – 121.

附录:德国判决汇总

1. BGH, Beschl. v. 12.01.2022 – Ⅻ ZB 142/20.

2. AG Nürnberg, Beschl. v. 18.01.2021 – UR Ⅲ 106/20.

3. KG, Beschl. v. 17.11.2020 – 1 W 1037/20 + 1 W 1277/20.

4. OVG Berlin-Brandenburg, Beschl. v. 07.07.2020 – OVG 10 S 30/20.

5. OVG Berlin-Brandenburg, Beschl. v. 30.06.2020 – OVG 10 S 28/20.

6. KG Berlin, Beschl. v. 17.03.2020 – 1 W 298 + 300/19.

7. KG, Beschl. v. 21.01.2020 – 1 W 47/19.

8. OLG Hamm, Beschl. v. 17.12.2019 – 15 W 324/19.

9. OLG Hamm, Beschl. v. 25.11.2019 – 8 U 86/15.

10. LG Arnsberg, Beschl. v. 26.08.2019 – 78/18.

11. AG Potsdam, Beschl. v. 14.08.2019 – 421 F 54/19.

12. AG Köln, Beschl. v. 05.07.2019 – 378 Ⅲ 41/19.

13. AG Fürth, Beschl. v. 28.06.2019 – 4 F 144/19 AB.

14. AG Bielefeld, Beschluss vom 15.04.2019 – 3 Ⅲ

59/18.

15. BGH, Beschl. v. 20. 03. 2019 – Ⅻ ZB 530/17.

16. BGH, Beschl. v. 20. 03. 2019 – Ⅻ ZB 320/17.

17. OLG Frankfurt, Beschl. v. 28. 02. 2019 – 1 UF 71/18.

18. AG Berlin-Schöneberg, 21. 12. 2018 – Ⅲ 122/18.

19. BGH, Beschl. v. 10. 10. 2018 – Ⅻ ZB 231/18.

20. BGH, Beschl. v. 05. 09. 2018 – Ⅻ ZB 224/17.

21. AG Gummersbach, Beschl. v. 04. 07. 2018 – 23 F /18.

22. OLG Dresden, Beschl. v. 02. 05. 2018 – 3 W 292/18.

23. OLG Dresden, Beschl. v. 29. 04. 2018 – 3 W 292/18.

24. OLG Dresden, Beschl. v. 27. 04. 2018 – 3 W 292/18.

25. AG Frankfurt, Beschl. v. 09. 04. 2018 – 470 F 16020/17 AD.

26. OLG Düsseldorf, Beschl. v. 28. 02. 2018 – Ⅱ – 6 UF 175/17.

27. AG Chemnitz, Beschl. v. 26. 02. 2018 – 8 UR Ⅲ 38/17.

28. AG Chemnitz, Beschl. v. 21. 02. 2018 – 8 UR Ⅲ 38/17.

29. OLG München, 12. 02. 2018 – 33 UF 1152/17.

30. AG Frankfurt am Main, Beschl. v. 06. 02. 2018 – 42 Ⅲ 4/17.

31. BGH, Beschl. v. 29. 11. 2017 – Ⅻ ZB 459/16.

32. AG München, 20. 02. 2017 – 52722 F 7115/15.

33. AG Wuppertal, Beschl. v. 03. 11. 2017 – 67 FH 6/16.

34. OLG München, Beschl. v. 12. 10. 2017 – 31 Wx 243/16.

35. OLG Hamm, Beschl. v. 26. 09. 2017 – 15 W 413/16.

36. BGH, Beschl. v. 06. 09. 2017 – Ⅻ ZB 660/14.

37. OVG Berlin-Brandenburg, Beschl. v. 01. 09. 2017 – OVG 5 S 9. 17.

38. BGH, Beschl. v. 14. 07. 2017 – Ⅳ ZR 141/16.

39. KG, Beschl. v. 04. 07. 2017 – Ⅻ 354/15.

40. KG, Beschl. v. 04. 07. 2017 – 1 W 153/16.

41. OLG Celle, Beschl. v. 22. 05. 2017 – 17 W 8/16.

42. OLG Braunschweig, Beschl. v. 12. 04. 2017 – 1 UF 83/13.

43. AG Heidenheim, Beschl. v. 11. 04. 2017 – 9 F 191/17.

44. OLG Düsseldorf, Beschl. v. 17. 03. 2017 – Ⅱ – 1 UF 10/16.

45. ECtHR, Beschl. v. 24. 01. 2017 – 25358/12.

46. BVerfG, Beschl. v. 11.01.2017 – 1 BvR 2322/16.
47. KG, Beschl. v. 06.09.2016 – 1 W 109/16.
48. AG Verden, Beschl. v. 29.08.2016 – 5 Ⅲ 38/15.
49. BGH, Beschl. v. 24.08.2016 – Ⅻ ZB 351/15.
50. BGH, Beschl. v. 03.08.2016 – Ⅻ ZB 110/16.
51. AG Dortmund, Beschl. v. 01.08.2016 – 312 Ⅲ 5/16.
52. BGH, Beschl. v. 20.07.2016 – Ⅻ ZB 609/14.
53. OVG Nordrhein-Westfalen, Beschl. v. 14.07.2016 – 19 A 2/14.
54. OLG München, Beschl. v. 13.05.2016 – 25 U 4688/15.
55. BGH, Beschl. v. 20.04.2016 – Ⅻ ZB 15/15.
56. AG Berlin-Schöneberg, Beschl. v. 07.03.2016 – 71a Ⅲ 354/15.
57. AG Berlin-Schöneberg, Beschl. v. 11.01.2016 – 71b Ⅲ 426/15.
58. München Beschl. v. 24.11.2015 – 23 O 14874/14.
59. OVG Nordrhein-Westfalen, Beschl. v. 20.11.2015 – 19 A 1585/13.
60. OVG Berlin-Brandenburg, Beschl. v. 03.08.2015 – 5 S 9.15.
61. OLG Düsseldorf, Beschl. v. 31.07.2015 – 1 UF 83/14.
62. BGH, Beschl. v. 17.06.2015 – Ⅻ ZB 730/12.
63. AG Konstanz, Beschl. v. 23.04.2015 – UR Ⅲ 4/14.
64. OLG Düsseldorf, Beschl. v. 07.04.2015 – Ⅱ – 1 UF 258/13.
65. OLG Köln, Beschl. v. 26.03.2015 – 14 UF 181/14.
66. BGH, Beschl. v. 18.02.2015 – Ⅻ ZB 473/13.
67. FG Berlin-Brandenburg, Beschl. v. 11.02.2015 – 2 K 2323/12.
68. BGH, Beschl. v. 10.12.2014 – Ⅻ ZB 463/13.
69. KG, Beschl. v. 02.12.2014 – 1 W 562/13.
70. OLG Frankfurt am Main, Beschl. v. 14.07.2014 – 20 W 374/13.
71. ECtHR, Beschl. v. 26.06.2014 – 65941/11.
72. ECtHR, Beschl. v. 26.06.2014 – 65192/11.
73. AG Köln, Beschl. v. 30.05.2014 – 378 Ⅲ 35/14.
74. AG Regensburg, Beschl. v. 02.05.2014 – 201 F 1955/13.
75. EuGH, Urteil vom 18.03.2014 – C – 363/12.
76. AG Neuss, Beschl. v. 26.02.2014 – 45 F 386/13.
77. BverG, Beschl. v. 19.12.2013 – BvL 1/11, 1 BvR 3247/09.

78. AG Düsseldorf, Beschl. v. 29. 11. 2013 – 270 F 214/13.

79. VG Köln, Urteil vom 13. 11. 2013 – 10 K 2043/12.

80. AG Berlin-Schöneberg, Beschl. v. 08. 11. 2013 – 71 Ⅲ 250/13.

81. AG Gießen, Beschl. v. 07. 11. 2013 – 22 Ⅲ 9/13.

82. AG-Familiengericht-Regensburg, Beschl. v. 16. 10. 2013 – 201 F 692/13.

83. OLG Düsseldorf, Beschl. v. 13. 08. 2013 – 19 K 3153/13.

84. KG, Beschl. v. 01. 08. 2013 – 1 W 413/12.

85. KG, Beschl. v. 30. 07. 2013 – 19 UF 17/13.

86. AG Neuss, Beschl. v. 13. 5. 2013 – 45 F 74/13.

87. OLG Düsseldorf, Beschl. v. 26. 04. 2013 – I – 3 Wx 211/12.

88. AG Friedberg, Beschl. v. 01. 03. 2013 – 700 F 1204/12 AB.

89. AG Friedberg, Beschl. v. 01. 03. 2013 – 700 F 1142/12 RI.

90. VG Köln, Urteil vom 20. 02. 2013 – 10 K 6710/11.

91. BVerfG, Beschl. v. 19. 02. 2013 – 1 BvL 1/11.

92. AG Berlin-Tempelhof/Kreuzberg, Beschl. v. 25. 01. 2013 – 140 F 4500/11.

93. BVerwG, Beschl. v. 29. 11. 2012 – 10 C 4. 12.

94. VG Berlin, Beschl. v. 05. 09. 2012 – 23 L 283. 12.

95. BVerfG, Beschl. v. 22. 08. 2012 – 1 BvR 573/12.

96. LG Frankfurt, Beschl. v. 03. 08. 2012 – 2/09 T 50/1.

97. ECtHR, Beschl. v. 22. 03. 2012 – 45071/09.

98. LG Düsseldorf, Beschl. v. 15. 03. 2012 – 25 T 758/10.

99. OLG Stuttgart, Beschl. v. 13. 02. 2012 – 8 W 46/12.

100. OLG Stuttgart, Beschl. v. 07. 02. 2012 – 8 W 46/12.

101. OLG München, Beschl. v. 05. 12. 2011 – 31 Wx 83/11.

102. AG Stuttgart, Beschl. v. 21. 11. 2011 – F 5 UR Ⅲ 589/10.

103. LG Dortmund, Beschl. v. 08. 07. 2011 – 9 T 210/11.

104. OVG Berlin-Brandenburg, Beschl. v. 06. 07. 2011 – OVG 5 S 13. 11.

105. VG Berlin, Beschl. v. 15. 04. 2011 – 23 L 79. 11.

106. BGH, Beschl. v. 30. 03. 2011 – Ⅻ ZB 300/10.

107. OLG Celle, Beschl. v. 03. 03. 2011 – 17 W 48/10.

108. AG Hamm, Beschl. v. 22. 02. 2011 – ⅩⅥ 192/08.

109. LG Nürnberg-Fürth, Beschl. v. 12. 01. 2011 – 13 T 5122/10.
110. OLG Hamburg, Beschl. v. 22. 12. 2010, – 2 Wx 23/09.
111. AG Düsseldorf, Beschl. v. 19. 11. 2010 – 96 XVI 21/09.
112. AG Düsseldorf, Beschl. v. 19. 11. 2010 – 96 XVI 23/09.
113. OVG Nordrhein-Westfalen, Beschl. v. 18. 08. 2010 – 19 A 1211/09.
114. KG, Beschl. v. 10. 06. 2010 – 1 VA 8/10.
115. AG Nürnberg, Beschl. v. 09. 06. 2010 – XVI 0123/07.
116. BVerwG, Beschl. v. 25. 03. 2010 – 5 C 12. 09.
117. AG Bad Oeynhausen, Beschl. v. 20. 01. 2010 – 53 F 88/09.
118. AG Nürnberg, Beschl. v. 14. 12. 2009 – UR III 0264/09.
119. OLG Hamm, Beschl. v. 01. 12. 2009 – 15 Wx 236/09.
120. VG Berlin, Beschl. v. 26. 11. 2009 – 11 L 396. 09.
121. OLG Ahmedabad, Beschl. v. 11. 11. 2009 – 3020/2008.
122. OVG Berlin-Brandenburg, Beschl. v. 30. 09. 2009 – 5 S 17. 09.
123. OVG Nordrhein-Westfalen, Beschl. v. 30. 06. 2009 – 19 B 801/09.
124. VG Düsseldorf, Beschl. v. 22. 04. 2009 – 18 K 489/09.
125. LG Münster, Beschl. v. 16. 03. 2009 – 5 T 775/08.
126. LG Hamburg, Beschl. v. 16. 02. 2009 – 301 T 527/08.
127. BVerfG, Beschl. v. 13. 10. 2008 – 1 BvR 1548/03.
128. AG Münster, Beschl. v. 30. 09. 2008 – 105 XVI 5/08.
129. AG Hamburg, Beschl. v. 16. 06. 2008 – 60 XVI 80/05.
130. EGMR, Beschl. v. 15. 05. 2008 – 58364/00.
131. LG Köln, Beschl. v. 04. 07. 2007 – 23 O 347/06.
132. BVerfG, Beschl. v. 24. 10. 2006 – 2 BvR 696/04.
133. OVG Hamburg, Beschl. v. 10. 02. 2004 – 3 Bf 238/03.
134. BVerfG, Beschl. v. 30. 09. 2003 – 1 BvR 1493/96.
135. FG Düsseldorf, Beschl. v. 09. 05. 2003 – 18 K 7931/00 E.
136. BVerfG, Beschl. v. 09. 04. 2003 – 1 BvR 1493/96, 1 BvR 1724/01.
137. BVerfG, Beschl. v. 01. 07. 2002 – 2 BvR 578/02.
138. EGMR, Beschl. v. 13. 06. 2002 – 58364/00.
139. AG Leverkusen, Beschl. v. 28. 02. 2001 – 30 F 223/00.
140. OLG Köln, Beschl. v. 30. 08. 2001 – 14 UF 119/01.

141. FG München, Beschl. v. 21. 02. 2000 – 16 V 5568/99.
142. OLG Köln, Beschl. v. 14. 06. 1996 – 16 Wx 105/96.
143. LG Köln, Beschl. v. 05. 09. 1995 – 1 T 657/94.
144. AG Köln, Beschl. v. 25. 01. 1994 – 52 X 138/93.
145. BVerfG, Beschl. v. 31. 01. 1989 – 1 BvL 17/87.
146. Hessischer VGH, Beschl. v. 23. 12. 1987 – 11 TH 3526/87.
147. AG Gütersloh, Beschl. v. 17. 12. 1985 – 5 XVI 7/85.
148. OLG Hamm, Beschl. v. 02. 12. 1985 – 11 W 18/85.
149. BVerfG, Beschl. v. 06. 12. 1983 – 2 BvR 878/83.
150. OLG Hamm, Beschl. v. 07. 04. 1983 – 3 Ss OWi 2007/82.
151. BverfG, Beschluss vom 04. 05. 1971 – 636/68.

后 记

珞珈四季风物，可爱者甚蕃。春游者独爱樱，粉白嫣红，燃霞吐玉。夏读者偏爱梧，绿叶摇扇，轻送书声。予独爱秋之姹紫嫣红开遍，层林丛草尽染，赤枫醉山，银杏蔽舍，金桂牵风，香樟沐月，可纵览亦可细玩焉。

——致珞珈山

本书是在我的博士学位论文基础上经过修改而成的。论文在德国汉堡完成了初稿，回国后根据各位老师的建议和最近的司法实践，做了一些补充和修改。虽然顺利通过了答辩，但我对论文中存在的瑕疵一直心怀惴惴。利用此次出版的机会，我对论文中存在问题的文字和表达进行了订正，对近两年出现的判决进行了补充更新，全书整体的框架、体系和结论未做大的调整。本书凝结了许多老师的心血，是在很多亲友的关怀和帮助下完成的，在此郑重表示感谢。

感谢传道授业解惑的良师。自壬辰至辛丑，从学士到博士，我在珞珈山度过了9年的光阴。珞珈山于我，较之我于珞珈山，重之甚矣。借此良机，谨向一路引导我的师长和陪伴我的同辈致以诚挚的谢忱。首先，我的导师肖永平教授，是我最想感谢的人。其思甚敏，心向往之；其学如海，探之弥深；其德如山，仰之弥高。肖老师平日工作繁忙，但非常在乎对学生的指导，总会挤出时间在山上的老别墅二楼组织我们开读书会，在我们的论文上倾注了大量心血。令我印象深刻的是，在妇女节和劳动节的清晨被肖老师叫去讨论论文，非常励志、应景，与导师合作的 SSCI、ESCI 论文和本书都是在这样一次次的修改中逐渐成型的。其次，要感谢我在汉堡大学联合培养期间的合作教授彼得·曼科夫斯基（Peter Mankowski）、在马普所访问学习期间结识的研究员康拉德·杜登（Konrad Duden），以及组建“跨国代孕与国际私法”研讨会的教授伊万娜·伊赛洛维奇（Ivana Isailovic）和拉尔夫·迈克尔（Ralf Michael），他们的研究领域与本书有诸多交集，和他们的讨论开阔了我的视野，帮助我从多维度更深入地了解德国意向父母寻求跨国代孕相关的立法和司法实践。此外，还要感谢一位印度律师阿努拉格·查瓦拉（Anurag Chawla），印度是德国意向父母曾经选择的代孕目的地，他邮件提供的最新的一手信息对本书的完成颇有助益。最后，衷心感谢在武汉大学图书馆和马普所地下密集书库里浩如烟海的著作中每一位与我神交的作者，他们深耕于自己的研究领域，每一本书都凝结了他们的智慧、知识和心血，真诚感谢每一位为本书提供过参考的学术前辈。

感谢充分信任、宽博、包容我的家人。家有丁香树，我离家求学之年吾父手植也，今已亭亭如盖矣。从山西到武汉，从武汉到德国，父母爱之深远，没有束缚，只有支持与牵挂。父亲是本书的第一位读者，他逐字逐句帮我审稿，力求使文字臻于纯正、流畅、洗练。母亲为我做可口的饭菜，提供舒适安静的学习和写作环境，在我写作瓶颈期焦虑烦躁的时候，是她给了我及时而富有神效的宽慰。感谢我的爱人刘文黎先生，在书稿成型和修改的过程中，他及时雨般的鼓励、百忙之中的陪伴和花样百出的美食，为我提供了最大的支持。同辈中，我要特别感谢姐姐和姐夫，他们孝顺父母，使我远在千里之外而毫无后顾之忧，能够全神贯注于学习和科研。感谢同在武大读博的表姐王玲玲，我们相约骑行于东湖绿道或漫步于珞珈山上，是她伴我度过许多有益而愉悦的闲暇时光。感谢毕业于中国人民大学的堂姐和任教于东南大学的堂姐夫的时时问候和热情鼓励，以及毫无保留向我提供的有关论文写作的经验。最后，感谢每一位因篇幅所限未被提及的家人，感谢你们，你们永远是我温暖而坚实的后盾。

感谢相互扶持、共同进步的益友。在德国联合培养期间，恰逢新冠疫情，幸得诸位好友相伴，守望相助，共克时艰——感谢林宁、李一凡、周闯、马齐云、曹雨雯、李翔、李小敏、陈南睿、徐文韬和曹夏天。疫情期间本书正处于文献收集和消化的阶段，感谢马普所的每一位工作人员，他们坚持图书馆和阅读室的有限开放，为我提供了珍贵的文献支持。也感谢武汉大学校友会、中国驻德国大使馆、湖北商会和每一位志愿者提供的物资支援，让我无后顾之忧，一片片薄薄的口罩,竟承载着温暖人心的力量。感谢龙威狄师兄在我访问学习和联合培养期间所给予的热情照顾和指导,他的宝贵经验,无论在学术研究还是人际交往方面,都对我大有裨益。感谢本书写作期间相互鼓励和督促的张权、赵运成和桑远棵,我们日渐稀疏的青丝,终于换来了内容比较丰茂的成果。

感谢一心向学、不负韶华的自己。每个万籁俱寂的夜晚,每个东方欲晓的清晨,都有自己在书桌前翻阅文献或潜心思考的记忆,看着本书日渐充实和完善,与日俱增的成就感便欣然完胜了写作过程中的疲惫和焦虑。学海无涯,学术之路漫漫,我深知从事科研工作的不易,本书的写作不过是为我日后的学术研究打了个薄薄的基础,它仅仅是一个开始——当然,也是一个很好的开始。在武大求学的 9 年中,有 2 年多我身在德国,感谢自己在此期间打下了扎实的英语和德语基础,这两扇语言的窗户让本书增色不少。感谢自己潜心学术,没有辜负青春,也希望自己日后谨记恩师教诲,踏实上进,笃志学术,勤勉严谨,不忘初心。最后,愿良师桃李芬芳,益友前程似锦,家人健康顺意,母校蒸蒸日上。一别母校,自当深铭校训:自强、弘毅、求是、拓新。愿归来时,仍是珞珈一少年。

李 珏

癸卯年夏于珞珈山